आध्यात्मिक क्रांति के बढ़ते कदम

आध्यात्मिक क्रांति के बढ़ते कदम

डॉ. अक्षयबर सिंह

KALPAZ

भारत में सन् 2023 में प्रकाशित

कल्पाज पब्लिकेशन

सी-30, सत्यवती नगर,

दिल्ली-110052

वेब साइट: www.kalpazpublications.com

ई-मेल: kalpaz@hotmail.com

Distribution Network

gyanbooks.com

India, USA, Canada, UK, Australia, France

आध्यात्मिक क्रांति के बढ़ते कदम

ISBN : 978-93-5722-280-8

मुद्रित: ज्ञान प्रेस, दिल्ली

आनंदयोग के सूत्रधार
परम संत श्री यशपाल जी महाराज और
पूज्यनीय माता श्रीमती रुपवती देवी जी

अनुक्रम

भूमिका

इस पुस्तक के वैचारिक जन्म की बात, गुरु कृपा व प्रभु प्रेरणा से जुड़ी है, जो 2 जनवरी, 2020 की सुबह, सुलतानपुर रेलवे स्टेशन के नये बने प्लेटफार्म-4 पर, मार्निंग वाक के समय चिन्तन में आयी (परिशिष्ट-1)। हाँ, इस कार्य को प्रारम्भ करने के पहले, भइया रमेश जी (भाई साहब जी के ज्येष्ठ पुत्र) से इजाजत व आर्शीवाद लिया। आप भाई साहब के मिशन के मूल रूप को संरक्षित करने के प्रयास में लगे हैं। आप अपने पिता, महात्मा यशपाल जी की प्रतिमूर्ति लगते हैं। लेखक ने, कुछ भाईयों को जो मिशन के विकास में सक्रिय रहते हुए, गृहस्थ जीवन में अध्यात्म साधना में रत थे, पत्र लिखकर अनुभवों को लिखने की प्रार्थना की। ऐसे प्राप्त लेख भी इस पुस्तक में संकलित हैं। इस संकलन का मुख्य उद्देश्य है, 'आनन्दयोग साधन पद्धति' के व्यवहारिक ज्ञान को जन कल्याण हेतु प्रकाश में लाना, जिसे यह लेखक आज के समय में अद्वितीय पाता है।

पुस्तक के नाम में 'आध्यात्मिक क्रांति' शब्द आया है। इसके पीछे, गृहस्थ संत महात्मा रामचन्द्र जी महाराज (लाला जी) जो हिन्दू सूफी परम्परा के आदिगुरु थे, 'महात्मा रामचन्द्र पब्लिकेशन लीग' फतेहगढ़ (भारत) से प्रकाशित पुस्तक 'दिव्य क्रान्ति की कहानी' को स्वाध्याय से मिली प्रेरणा रही है। लाला जी महाराज पहले हिन्दू सूफी सन्त हुए, जिनके माध्यम से नक्शबंदिया (सूफी) सिलसिले का भारत में प्रवेश हुआ। आपने अपनी गुरु परंपरा के संत हजरत ख्वाजा बाकी बिल्लाह साहब (रह. उ. अलैः) को आधारभूत स्तंभ कहा है। आप लिखते हैं 'कि ब्रह्म विद्या युगों-युगों तक परम गोपनीय तथा व्यक्तिगत रहस्य की स्थिति में अवस्थित रही है। अधिकारी

पात्रों की कमी, तथा इने-गिने ही लाभान्वित हुए। किन्तु क्षमा करें, इस सम्बन्ध में मेरा किंचित भिन्न मत है। मैं ब्रह्म विद्या को मात्र विद्या की कोटि में रखने का पक्षधर नहीं। विद्या कहाँ, वह तो जीवन ही है। उसे जिया जाय। प्रभु चंदन के वृक्ष हैं और हम (उनके अनुचर) मानों वायु हैं। उनकी सुगंध को दिग्दिगंत में फैला देना ही हमारी जीवन चेष्टा है। हमारा जीवन लक्ष्य है।

ब्रह्म विद्या और अध्यात्म मेरा क्षेत्र है। धर्म पर मेरी दृष्टि है। इसका अर्थ यह नहीं कि जीवन के अन्य पहलुओं पर मैं नहीं सोचता। मैं सर्वप्रथम एक आदमी हूँ-एक गृहस्थ-पुरूष। आपने लिखा है साधना के अन्तराल में माया का एक तमोगुणी रुप भी सक्रिय रहता है जो अत्यंत ही घिनौना व क्लेशकर होता है। यदि मैं उसका चित्र आपके समक्ष रख दूँ तो आपकी तबियत घिना उठेगी। मैंने एक बार घबड़ा कर, माया के इस रूप की स्थिति अपने सद्गुरूदेव की सेवा में एक पत्र के द्वारा लिख भेजी थी। मेरे सद्गुरूदेव ने मेरे पत्र का उत्तर दिया। आपने लिखा "परेशान किया जाना अच्छा है। घर इल्म और बरदास्त का स्कूल है। हमारे यहाँ इन्हीं बातों पर सब्र करना तप कहलाता है और जुम्ला अकसाम के तपों से यह बालातर है। बस बजाय गुस्सा या गम के गैरत अख्तयार करना चाहिए। गैरत कहते हैं उस जज्बा को, जिसमें दूसरों के कहने, सुनने और मलामत करने पर यह मालूम होता है, कि वाकई में यह मेरा ही कसूर है और फिर जब्त कर लेना पड़ता है। औरों के वास्ते जंगल और तन्हाई गोशान शीनी तहम्मुल और बरदास्त और दुनिया के जक-जक, बक-बक से रिहाई के असबाब हैं और हमारे वास्ते, घरवालों, दोस्तों, दुनिया वालों की झिड़कियाँ, ताने, मलामतें, रियाजत, और चिल्लाकसी हैं। बस चिड़चिड़ापन दूर करें और सब्र अख्तियार करें। इशां अल्लाह इसके बाद तसलीम और रजा भी आ जावेगी।" गीता में आया है-

मात्रास्पर्शान्तु कौन्तेय शीतोष्ण सुख दुःखदाः।
आगमापायिनोऽनित्यास्तांस्तितिक्ष्स्व भारत॥ (गीता2/14)

हे कुन्ती पुत्र। सर्दी, गर्मी और सुख-दुख को देने वाले इन्द्रिय और विषयों के संयोग तो उत्पत्ति विनाशशील और अनित्य हैं। इसलिए हे भारत उनको तू सहन कर।

मेरे परमपूज्य अध्यात्म दीक्षागुरु, हजरत मौलाना शाह फज़्ल अहमद खाँ साहब (रह. ऊ. अलैः) नक्शबन्दी मुजद्दी मजहरी) निवासी कायमगंज जिला फर्रूखाबाद उत्तर प्रदेश) द्वारा दिया गया मेरे लिए यह आदेश "मिशन को दुनियाँ के लोगों तक पहुँचा देना ही अब मेरा धर्म है।"

आपकी जीवन यात्रा की एक घटना का भी यहाँ जिकर करना परमात्मा की इच्छा के परिपेक्ष्य में आवश्यक लगता है। महात्मा बृजमोहन लाल (दद्दा जी), जब माँ के गर्भ में थे तो समस्या पैदा हो गई। मौलाना साहब को सूचना दी गई, आप आये और कहा कि "जिस परवरदिगार ने हमें यह खुशी की खबर दी है, मुझे यकीन कामिल है कि मेरे पोता पैदा होगा और मैं उसका नाम बृजमोहन रखता हूँ।" जब आप छोटे थे, गोद में, तो मौलाना फज़्ल अहमद खाँ साहब कुदुसुरुह घर पधारे। इस बच्चे को देखकर बहुत खुश हुए और गोदी में उठा लिया। बड़े प्यार से खिलाया। उसके बाद महात्मा रामचन्द्र जी महाराज को बुलाया और फरमाया "अल्लाह चाहेगा तो यह मेरा खलीफा होगा। देखो! इसकी तालीम का भार तुम्हारे ऊपर है। जब अल्लाह मुझसे पूछेगा कि संसार से क्या लाये तो मैं तुम्हें और इसको पेश करूँगा।" लाला जी महाराज ने अपनी वसीयत वास्ते (बरखुरदार जगमोहन नरायण) अपने पुत्र के लिए लिखा।

..."(१) पहले जज्ब और उसके बाद सुलूक के तरीके को तय करके तकमील के दर्जे तक पहुँचना चाहिए और यह काम सिर्फ तुम्हारे मुर्शिद से ही निकलेगा। काश अगर तुमको मौका न मिले तो जब और जिस वक्त इमदाद गैवी तुम्हारी तबियत को उभारे तो फिर तुम्हारे भाई बृजमोहनलाल (अल्लाहताला उसकी उम्र में बरकत अता फरमावें) से ज्यादह शफकत करने वाला नहीं मिलेगा। लाजिम है कि उसकी इताअत में फर्क न करना और दिल व जान से लगकर इस तरीके की तकलीम हासिल कर लेना। मुझको भरोसा है कि वह अजीज तुम्हारे वास्ते कोई कसर नहीं रखेंगे।"...

लाला जी महाराज के प्रिय शिष्य महात्मा बृजमोहनलाल जी ने यशपाल जी को दशहरे के दिन (1948), बुलन्दशहर (उ०प्र०) में उपदेश दिया और कहा कि जो बताया है यह अभ्यास करना, हर एक की इज्जत करना, कोई

साधु महात्मा हो सबका सत्कार करना, इच्छा किसी से कुछ न करना, परमात्मा सब कुछ देगा। आप अपने अनुभवों को पत्र द्वारा गुरूदेव को बताते रहते, एक बार गुरूदेव ने लिखा "बेटे, यह मार्ग ही हृदय के विकास और प्रेम का है। जब मालिक की दया-कृपा होती है तभी यह आत्मिक (रूहानी) उत्थान या उड़ान प्राप्त हुआ करती है।" क्या पता कि परमात्मा तुम्हारे रूप में ही वह बालक हमको दे रहा हो जिसके बारे में हमारे फतेहगढ़ वाले महात्मा ने फरमाया था कि ऐसा प्रेमी तुम्हे मिलेगा जो हमारा-तुम्हारा सबका नाम ऊँचा कर देगा। परमात्मा से यही प्रार्थना है कि वह अपना सच्चा प्रेम व ज्ञान प्रकाश प्रदान करें। गृहस्थी में रह कर अगर दोनों (पति व पत्नी) प्रेम के साथ ऐसा प्रकाश जगायें कि अपने घर के साथ चारों ओर दूसरे के अंधेरे को दूर कर सकें, यह सेवा बड़े भाग्य से मिलती है। 4 जून 1951 को, कुछ सत्संगी भाइयों की ओर मुखातिब होते हुए, बृजमोहन लाल जी महाराज ने फरमाया कि आज हम यशपाल को इजाज़त देते हैं। चले-चलाये तथा जमे-जमाये सत्संगों को चलाना आसान काम है परन्तु नया सत्संग कायम करना हिम्मत की बात है। परमात्मा चाहेगा तो अजीज़ से मिशन को काफी तरक्की मिलेगी। 11 अक्टूबर 1952 को आपने स्वप्न में श्री सतगुरूदेव महाराज के दर्शन किये। आप उदास थे और कह रहे थे "हमें तुमसे बहुत उम्मीद है। साधना पूरी करो हिम्मत से काम लो। कहीं यह सुन्दर विद्या लोप न हो जाय। कोशिश करो भगवान मदद करेगा" पोस्ट एण्ड टेलीग्राफ डिपार्टमेन्ट में टेलीग्राफिस्ट की नौकरी से प्रारम्भ कर, उसी विभाग से निदेशक (रिसर्च सेन्टर) के पद से सेवा निवृत्त हुए। साधना अनुभवों को लोक-हितार्थ, आपने 'श्री बृजमोहन वचनामृत' के पाँच भागों में संकलित किया।

आपने साधना प्रयासों को एक वैज्ञानिक दृष्टिकोण से अध्ययन व विश्लेषण करते हुए, एक ऐसी सरल साधन पद्धति का सृजन किया जो सर्व ग्राह्य, जाति-पाँति-धर्म की सोच व दायरे से बाहर के रुप में उदभिद् हुई, जिसका नाम 'आनन्दयोग' रक्खा। बाद में यह 'राजयोग' का परिर्वतित रुप साबित हुआ। साधन पद्धति की विशेषता यह रही कि मानव जीवन यात्रा व स्वधर्म पालन में, केवल दिनचर्या का खाली समय ही लगा कर अध्यात्म की

पराकाष्ठा पर पहुँचा जा सकता है। लेखक को आपके द्वारा अध्यात्म जगत में हुआ काम 'गीता मेड इजी' या 'कबीर डिकोडेड' लगता है। इस पुस्तक के चैप्टर 2 की तालिका 1 में साधना का संक्षिप्त विवरण, पद्धति की व्यवहारिकता का आभास कराती है।

भाई साहब जी अपना सिलसिला महात्मा रामचन्द्र जी, महात्मा बृजमोहन लाल जी से बताते थे। यह भी कहते कि महात्मा रघुबर दयाल जी (महात्मा बृजमोहन लाल जी के पिता श्री) भी इस सिलसिले में बहुत बड़े महात्मा हुए है। इन महात्माओं को गुरडम शब्द से बड़ी असहजता रही है, बल्कि एक पारिवारिक माहौल को ज्यादा महत्त्व दिया। इस संबन्ध में श्री बृजमोहन वचनामृत भाग 5 से एक अंश उद्धृत करना 'गुरु' शब्द के भाव को सूफी सिलसिले में बताने के लिये बड़ा उपयुक्त लगता है। श्री के०यन० चौघरी ने अपने घर जाने की आज्ञा माँगी और साथ ही महाराज (बृजमोहनलाल जी) से यह प्रार्थना की-कल साँय आप श्री यशपाल जी और अन्य प्रेमी शिष्यों के साथ उनके घर पधारें और उनका घर भी पवित्र करें। शिष्य शब्द को सुनकर महाराज बड़े उदास से हो गये और रुलासे होकर फरमाया कि आपने इस सेवक को गुरु कैसे समझा और यशपाल जी या अन्य भाइयों को शिष्य। आपको इस सेवक मे गुरुपने की कौन सी बात नजर आई जो आपने इसे गुरु कहा। न कोई गुरु है, न कोई शिष्य। यशपाल तो मेरा सबसे बड़ा लड़का है। इस पर श्री के. यन. चौधरी सकुचाये से हो गये और कहने लगे, आइन्दा ऐसी गलती नहीं होगी" (वचनामृत भाग 5 पे० 198)।

आज महात्मा रामचन्द्र जी के माध्यम से मानव कल्याणार्थ यह अध्यात्म साधना पद्धति विभिन्न रूपों/तरीकों/पद्धतियों में, विश्व में सच्चे पात्रों, व जिज्ञासु बन्धुओं व बहनों का जीवन खुशहाल बनाने के उपयोग में है जिसका विकास सतत् जारी है। लाला जी महाराज की 'दिव्य क्रान्ति की कहानी' का विस्तार इस 'आध्यात्मिक क्रांति के बढ़ते कदम' पुस्तक के रूप में, आध्यात्म विज्ञान में रचि रखने वाले जनों को निःसंदेह उपयोगी साबित होगी। महात्मा यशपाल जी कहते थे कि वैज्ञानिक साधक इसका और सरली करण करने का प्रयास करें। आज का इंसान, लेथार्जी से ग्रसित होता जा रहा

है, आराम तलवी व तनाव ग्रस्त होता जा रहा है, जिससे इस क्षेत्र में बड़ी आसानी से शोषण का शिकार हो रहा है। ऐसे में यह पुस्तक परमात्मा चाहेंगे तो उपयोगी साबित होगी। परमात्मा तू ही है तेरी इच्छा पूरी हो।

–अक्षयबर सिंह

सन्त यशपाल परिचय

देश की आजादी के दौर में कलकत्ता में हुए डाइरेक्ट एक्शन डे के दिनों के अनुभवों से त्रस्त, यशपाल जी (भाई साहब) के मन में उठे विचार 'जीवन का मकसद केवल संसार में कीड़े मकोड़ों की तरह आना, जानवरों की तरह रहना और उन्ही की तरह मर जाना ही नहीं है। सारे दिन मशीनों को पीटना और सारा जीवन इसी में बिता देना जीवन को बेकार नष्ट कर देना है' पर मंथन ने आपको लखनऊ के गृहस्थ हिन्दू सूफी सन्त महात्मा बृजमोहन लाल जी (दद्दा जी) से मिला दिया। आपके दो ही काम रह गये, जीवनोपार्जन का काम या फिर दिनचर्या के खाली समय को आध्यात्मिक साधना में लगाना। आप दोनों में अग्रणी रहे। पोस्ट एण्ड टेलीग्राफ डिपार्टमेन्ट में, टेलीग्राफिस्ट की पोस्ट से नौकरी प्रारम्भ कर, उसी विभाग में डाईरेक्टर (निदेशक शोध) के पद से सेवा निवृत्त हुए और गृहस्थियों के लिए अध्यात्म साधना में दिन के 24 घण्टे ध्यान साधना पद्धति 'आनन्दयोग' का सृजन कर, प्रचार-प्रसार करते हुए 'अखिल भारतीय सन्तमत सत्संग' संस्था दिल्ली के संस्थापक बने। आप आई.ई.टी.ई. के फेलो भी रहे।

भाई साहब के मानव जीवन दर्शन में, साधनात्मक शोध के रुख की साधना स्पष्ट दिखती है, जिसका अनुपम उदाहरण आपके द्वारा लिखा गया पाँच भागों में श्री बृजमोहन वचनामृत है। आप इसे भविष्य की गीता कहते थे। आपके अनुयायी एक 'आनन्दयोग' के साधक श्री चिरंजी लाल शर्मा, भाई साहब जी को जीती जागती गीता कहते थे। आपके द्वारा लिखी गई 'गीता सुधा' (गीता सुधा गृहस्थ जीवन का गीता भाष्य) वचनामृत हमें 'गीता शास्त्र की डिकोडिंग' सी दिखती है। गृहस्थ में रहते हुए कैसे जीवन में राम-नाम

जोड़ें कि 'हाथ काम में और दिल परमात्मा की याद में' (दस्तबकार व दिल बयार) की स्थिति को प्राप्त किया जा सकता है। भगवान कृष्ण का अर्जुन को दिया गया यही अंतिम उपदेश था कि 'तू अपना कार्य हमारी याद में रहकर, फल की इच्छा न कर, हर वक्त ईश्वर की याद, या ध्यान की अवस्था' में रहना। यशपाल जी का कहना था कि कि ऐसी जीवन पद्धति से दीन व दुनिया दोनों संवरती है, जिसके आप स्वयं उदाहरण रहे।

आपके अनुयायिओं मे एक थे डॉ. पुरुषोत्तम। इन्होंने हमें बताया कि भाई साहब जी कह रहे थे कि सेवक से जितना हो सका अध्यात्म के बारे में लिखा। आप वैज्ञानिक लोग इसका और सरलीकरण करने का प्रयास करें! डॉ. पुरुषोत्तम की इस बताई बात व दैवी प्रेरणा के फलस्वरूप यह वर्तमान संकलन हो सका जिसे यह अपने गुरूदेव भाई साहब जी की प्रेरणा मानता है, सरलीकरण मानता है, बेहतर ईश्वर जानें। परमात्मा तू ही है तेरी इच्छा पूरी हो।

प्राक्कथन

परम पूज्य गृहस्थ सन्त श्री यशपाल जी मेरे पिता एवम् गुरु थे तथा डॉ. अक्षयबर सिंह के भी गुरु थे। हम दोनों ने महात्मा यशपाल जी के निकट मार्ग दर्शन में उस ढंग से आध्यात्मिक व लोकाचार की शिक्षा ग्रहण की थी जैसे गुरु के रुप में भगवान कृष्ण ने सखा और साधक की तरह ही अर्जुन के शिक्षण को ऊँचा उठाया था। आप अपने को साधक कहते थे, गुरु शब्द के प्रयोग से उद्बोधन को सुनकर असहज हो जाते थे। उनकी हम लोगों पर अत्यंत कृपा थी। डॉ. सिंह अपने गुरु से यथेष्ठ प्राप्त कर लिया है। उनके चिन्तन दर्शन को ठीक से ग्रहण करके न केवल अपने निजी जीवन विधि में उतारा है बल्कि अन्य बहुतों को भी लाभान्वित करने के लिए अनेक पुस्तकें लिखी हैं जिनमें महात्मा यशपाल जी द्वारा प्रैक्टिकल अनुभव के निष्कर्ष को साधन पद्धति पुस्तक के रुप में संकलित करके संस्था के जरिए प्रकाशित कराया था। डॉ. साहब द्वारा लिखी अन्य पुस्तकों में 'गृहस्थ जीवन में अध्यात्म-यशपाल कथनामृत' प्रमुख रुप से उल्लेखनीय है, जिसे अन्य लोगों ने सराहा है।

इस संदर्भ में मैं अपनी ओर से और अधिक न लिखकर अपने गुरु व पिता द्वारा मुझे लिखे गये एक पत्र को ज्यों का त्यों यहाँ उद्धृत करना चाहता हूँ जो मेरे द्वारा अथवा डॉ. साहब द्वारा अथवा मेरे सद्गुरु द्वारा जो कुछ भी संदेश जगत को दिया जाना चाहिए, दिया गया है।

"प्रिय रमेश जी चिरंजीव रहो।

यह पत्र आपको पिता के नाते नहीं, गुरु के नाते लिख रहा हूँ। इस पत्र के साथ आपके दो पत्रों की नकल एक **12-6-1969** जो आपने जबलपुर

से लिखा था, जब आप **Engineering Student** थे और दूसरा प्रणव जी के जन्म से पहले **23-11-1971** जब आप पटना में थे भेज रहा हूँ। इन दोनों पत्रों को मैंने अपना बहुमूल्य **treasure** के बतौर रक्खा हुआ है। आप शायद यह सब भूल गये होंगे।

गुरु के नाते चेताना मेरा फर्ज़ है कि आप सोचें कि जिन्दगी की किस रौ में आप बह रहे हैं। परमात्मा ने दुनियावी तरीके पर भी इतनी अच्छी जगह पर बिठा दिया है जिसका इसको आपकी student life की performance से आशा नहीं थी। यह सब उसकी कृपा के ही तो करिश्मे हैं। शादी के बाद जिन्दगी में नया मोड़ आता है। Adjustment में समय लगता है। 'कामिनी कांचन' अपना पूरा जोर लगाते हैं रास्ते से हटाने के लिए। हर एक के साथ ऐसा होता है। इस सेवक के गुरु शरण में जाने के बाद आपकी माता जी ने व घर वालों ने तरह-तरह के वाद-विवाद व प्रलोभन दिये लेकिन इसने इस मामले में स्त्री, माता और पिता किसी की तनिक भी परवाह न की। और नतीजा, हार कर तुम्हारी माता जी भी इस रास्ते में पूर्ण रुप से आ गई। हम भी मनुष्य हैं और दुनियाबी तरीके पर हमारे अन्दर बहुत सी कमियाँ नजर आ सकती हैं और हो भी सकती हैं परन्तु जहाँ तक सतसंग का ताल्लुक है तुम्हारी माता जी ideal हैं। सच यह है कि इस सेवक ने कामिनी कांचन की तनिक भी परवाह नहीं की। अब जो कुछ है वह सब उस मालिक की केवल कृपा ही कृपा है। इस रास्ते में पहला पड़ाव "कामिनी कांचन"। जब साधक इससे ऊपर उठ जाता है और इन दोनों से अधिक ईश्वर या गुरु को स्थान देता है तब दूसरी सीढ़ी 'मान अपमान' की है। कबीर साहब ने कहा है–

"माया तजना सरल है और तिरिया का नेह,
मान, बड़ाई, ईर्ष्या तजे सो बिरला एक"

तीसरी सीढ़ी जो सबसे आखिरी है implicit obidience (अदब) के साथ, इन तीनों मुकामों को तय कर लेने के बाद ही साधक ईश्वरमय हो पाता है और अपने मनुष्य जीवन के सच्चे लक्ष्य को प्राप्त कर जीवन मुक्त अवस्था में इसी संसार में सबके बीच विचरता है।

अब आपकी शादी को लगभग ७ वर्ष बीत चुके हैं। काफी समय जीवन में मोड़ लाने के लिए मिल चुका है। अब सोचें जीवन में क्या चाहते हैं? संसार में केवल वाह-वाह और कामिनी-कान्चन में लिप्त रह कर और सांसारिक position बनाने में ही अपना जीवन खर्च कर देना। अगर यही लक्ष्य है तो यह तो प्राप्त हो ही जावेगा। परन्तु दूसरी चीज जिसके लिये शायद आपने इस घर में जन्म लिया होगा, रह जावे और जीवन के आखिरी दिनों में पछतावा हाथ लगे। भगवान कृष्ण ने गीता में कहा है कि योगी के घर में जन्म योग भ्रष्ट साधकों को ही मिलता है ताकि वह अपना योग पूरा कर सकें। यह प्रभु कृपा आपको जन्म से प्राप्त है। आजकल आप भण्डारे में भी आते हैं। गुरु पूर्णिमा पर भी आये तो क्या पहले जैसे अनुभव या मानसिक स्थिति प्राप्त होती है? कभी सोचा ऐसा क्यों?

समय निकल जाने के बाद जो भी आपके लिखे इन पत्रों को जिनकी कापी संलग्न है पढ़ेगा कहेगा परमात्मा और गुरु ने तो सब कुछ दिया परन्तु कामिनी कान्चन के लोभ में पड़कर सांसारिक कूड़ा-करकट इकट्ठा करके सब कुछ खो दिया। सच है जो दे दिया जाता है वह वापस नहीं लिया जाता। परन्तु साधक की निज कृपा पर है कि उसे कायम रक्खे या माया के संस्कारों द्वारा सांसारिक कूड़े करकट से उसे दबा ले और सब कुछ डारमेन्ट हो जावे। उस पर माया के गिलाफ चढ़ जावें और धीरे-धीरे इस कदर चढ़ जावें कि फिर सत्संग सतगुरू से मन कतराने लगे और धीरे-धीरे सत्संग में शामिल होना भी अपमानजनक महसूस होने लगे, पूजा करने को भी मन न होने लगे तो इससे ज्यादा दुर्भाग्य की बात क्या होगी।

गुरु के नाते यह मेरी duty थी कि आपको एक चेतावनी दूँ अगर ईश्वर कृपा आप पर हो जावे और जिन्दगी में एक drastic परिवर्तन हो जावे और छूटी हुई सच्ची राह मिल जावे, गाड़ी फिर पटरी पर आ जावे तो अहोभाग्य।
आपका तुच्छ दासानुदास, यशपाल

मानव जीवन दुर्लभ कहा गया है। आनादिकाल से, मनुष्य अपने को जानने का प्रयास करता रहा लेकिन आज भी यह एक रहस्य ही बना हुआ है। अध्यात्म ही इस रहस्य की गुत्थी को सुलझाने का मार्ग है। इसमें हमारा

ध्यान अपने को परिष्कृत करने पर ही होता है। दुनिया के कार्य धर्मानुकूल करते हुए, साधक अपनी कमियों को देखते व परिष्कृत करते हुए जीवन यात्रा करता है। इस पुस्तक में डॉ. सिंह ने गृहस्थ सन्त यशपाल जी महाराज व उनके कुछ अनुयायियों के अनुभव को संकलन करने का सकारात्मक व एक अच्छा प्रयास किया है। यह पुस्तक आध्यात्मिक जीवन की ओर अग्रसर साधकों के लिए प्रेरक व आत्मनिरीक्षण के लिए उपयोगी होगी, ऐसा यह पुस्तक की विषय वस्तु को देखकर कह सकता है। परमात्मा डॉ. अक्षयबर सिंह जी को ऐसे ही गुरु सेवा में जीवन पर्यंत लगाये रक्खें की कामना सेवक करता है। लेखक को सेवक का बहुत बहुत साधुवाद।

परमात्मा तू ही है तेरी इच्छा पूरी हो।

सेवक

रमेश चन्द गुप्ता

संरक्षक

यश रुप पीठ

नोयडा (उ०प्र०)

फो० **9873368938**

दो शब्द

डॉ. सिंह जी से मेरा परिचय हमारे परम पूज्य सतगुरूदेव श्री यशपाल जी द्वारा चलाये जा रहे सत्संग में हुआ। वे मूलतः एक वैज्ञानिक इंजीनियर और रिसर्च स्कालर हैं। यही वृत्ति उनकी अध्यात्म मे भीं बहुत काम आयी। उन्होंने इसी वृत्ति के बूते पर सतगुरू के भौतिक असूलों और दर्शन को बिल्कुल ठीक से पकड़ा। उनके सतगुरूदेव द्वारा जो आध्यात्मिक उन्नति की साधन पद्धति बताई गई थी, निर्धारित की गई थी उसको डॉ. अक्षयबर सिंह जी ने हू-बहू (सतगुरूदेव जी के प्रवचन शब्दों में) एक पुस्तिका के रूप में संकलित की तथा जिसे सत्संग संस्था ने प्रकाशित किया। उसके बाद उनका यह रिसर्च व लेखन का काम आगे बढ़ता गया और अपने सतगुरूदेव के असूलों तथा आध्यात्मिक साधन मार्ग को अधिकाधिक गहन रुप से प्रसारित व प्रचारित करता रहा है। इस अभियान में डॉ. अक्षयबर सिंह जी ने अनेकों सार पूर्ण पुस्तकें लिखी हैं, जिनमें से एक पुस्तक 'गृहस्थ जीवन में अध्यात्म–सन्त यशपाल कथनामृत है।' इन पुस्तकों के बाद जो संदर्भित पुस्तक अब छपने जा रही है, इसका भी और कुछ इस सिलसिले के गृहस्थ साधकों के लेख है, इसको मैं प्रेरणात्मक और बहुत उपयुक्त मानता हूँ।

अखिल भारतीय सन्तमत सत्संग के Fundamental Principles के सुस्थापित और प्रकाश में आ जाने पर, हृदय में जगह बनाने के लिए इस पुस्तक का प्रकाशन उपयोगी होगा। उनसे मेरा सत्संगी के अलावा इस सत्संग संस्था द्वारा चलाये जा रहे एक सीनियर सेकण्डरी स्कूल के संचालन कार्य से भी एक साथ जुड़े रहने का अनुभव है जिसमें ये अध्यक्ष थे और मैं प्रशासनिक अधिकारी था। इसमें भी स्कूल चलाने के सिद्धांतों के विषयों में

भी सतगुरूदेव की सोच और उनके आदर्शों को implement करने में हम दोनों का प्रयास रहा था। गुरूदेव का कहना था कि यह स्कूल सत्संगियों द्वारा चलाया जाना चाहिए। इसमें पैसा कमाने, बड़ा वेतन देने, आर्थिक लाभ प्राप्त करने के उद्देशय ना आये तो बेहतर है, क्योंकि ऐसे पब्लिक स्कूल चमक दमक वाले तो गली-गली में हैं, शहर-शहर में बने हुए हैं। मैंने भी सत्संग द्वारा अगर ऐसे ही एक स्कूल को बना दिया या कोई और एक स्कूल जुड़ गया तो कोई खास काम नहीं होगा। ये सतसंग द्वारा चलाया जाने वाला स्कूल उन सब पब्लिक स्कूलों से भिन्न हो और सबसे सुपर हो। जो छात्रों में आचरण, व्यवहार, चिन्तन, मनन और चरित्र की अति उत्तम संस्कार, अक्षर ज्ञान की, गणित, विज्ञान आदि की शिक्षाओं के साथ-साथ पैदा करता हो। इस तरह की विशेष शिक्षा प्राप्ति किए हुए छात्र स्कूल से निकलें तो समाज वाह-वाह करे कि ये हैं सत्संग स्कूल के छात्र। इस तरह के स्कूल स्थापित करने का संकल्प हमारे गुरूदेव परम संत यशपाल जी के मन में था और इसकी शुरुआत उन्होंने बहुत अच्छी की थी और इसमें डॉ. अक्षयबर सिंह और मेरा तुच्छ सहयोग रहा। हम यह तो नहीं कह सकते कि गुरूदेव की पूर्ण आपेक्षा के अनुसार हम कर सके, यह दावा तो नहीं करते, लेकिन हमने यथाशक्ति करने का प्रयास किया और प्रभु की जैसी इच्छा। अब आगे यह पुस्तक इस मिशन को और गुरूदेव के शिक्षण को बढ़ाने में कामयाब होगी, जन-जन तक पहुँचेगी यह मैं आशा करता हूँ और यह अध्यात्म चरित्र-निर्माण और चिन्तन की समाज में रुचि जगायेगी यह मुझे पूरी आशा है।

परमात्मा तू ही है तेरी इच्छा पूरी हो।

चिरंजी लाल शर्मा

प्रशासनिक अधिकारी (भू. पू.)

सेन्ट बृजमोहन लाल सीनियर सेकण्डरी स्कूल, अनंगपुर

फरीदाबाद

24.01.2022

1

आध्यात्मिक क्रांतिः एक अनुभव

डॉ. अक्षयबर सिंह, सुलतानपुर (उ.प्र.)

भारत भूमि आध्यात्मिक ज्ञान की एक सुलभ उर्वराभूमि रही है। यह शायद सृष्टिकर्त्ता की इच्छा रही है। वेदों व उपनिषदों को सृष्टि का प्रथम साहित्य माना जाता है। मानव जीवन का कोई भी पहलू ऐसा नहीं बचा है जिसके विषय में इस मौलिक साहित्य में पूर्ण जानकारी तथा मानव के काम की हर जरूरी सलाह न दी गई हो। यही कारण है इस ज्ञान के अनुसार यहाँ की संस्कृति, एक गाथा व जीवन विधि के रूप में सर्वग्राही है। अतः इसका विस्तार विश्व के पूर्वोतर देशों तथा मध्य एशियायी देशों में भी हुआ। अनेक धर्मों और समुदायों में भी इस सनातन संस्कृति का प्रभाव देखा जाता है। इस्लामिक धर्म जो एक पक्षीय धर्म है के प्रचार के लिए जो सूफी सन्त विश्व में निकले थे उनकी विविधि शाखाओं में नक्शबन्दिया शाखा के भी एक पक्षीय दृष्टिकोण वाले न होकर सर्वधर्म संभाव वाले हुए, जो अन्य मतों में योग्य परामर्शों को भी स्वीकार्य मानते रहे हैं। इसलिए ये भारत की सनातन संस्कृति के प्रति भी आकृष्ट रहे। इसी प्रेमाकर्षण के कारण नक्शबन्दिया सूफी सन्त मौलाना फज़्ल आहमद खां साहब भारत भी पधारे जहाँ वैचारिक समानता के कारण हिन्दुओं में भी उनका स्वागत हुआ। अनेकानेक लोग उनके प्रशंसक व अनुयायी बने। ऐसे लोगों में गृहस्थ सन्त महात्मा रामचन्द्र जी (लाला जी) प्रमुख रूप से उल्लेखनीय हैं। जिनके साथ तथा जिनके बाद भी अनेकानेक लोग उनके सत्संग में शामिल होते गये। महात्मा रामचन्द्र जी मौलाना साहब

के हार्दिक मुरीद थे। वे मौलाना साहब के 'वसुधैव कुटुम्बकम' वाले स्वभाव के इस हद तक कायल थे कि जब सतसंग में बैठने वाले मुसलमान भाईयों ने मौलाना साहब से अनुग्रह किया कि रामचन्द्र को मुसलमान धर्म में शामिल कर लिया जाय तो महात्मा रामचन्द्र जी ने मौलाना साहब से कहा कि आप जैसे उदार बड़े दिल वाले सन्त के पास बैठ कर अब मेरे लिये गीता और कुरान का फर्क मिट गया है। अतः आपका आदेश हो तो कलमा पढ़ लूँ। इस पर मौलाना साहब ने उदास होकर कहा कि यदि तुम गलती से ऐसा कर भी लिया तो मेरे काम के नहीं रहोगे। यहाँ से हटना होगा। मेरे काम के तब ही हो जब तक जहाँ जनमे हो और बड़े हुए हो वहीं रह कर मुझसे और अल्लाह से मुहब्बत करो।

ऐसे आदर्श गुरु और शिष्य के पावन सत्संग का जो सिलसिला शुरू हुआ तो वह अबाध्य रूप से अभी तक चल रहा है तथा समय के साथ व्यवहारिक साधन पद्धति के रुप में विकसित भी हो रहा है। अध्यात्म गृहस्थ साधकों के लिए हजारों-हजारों सत्संग केन्द्र भारत तथा विदेशों में चल रहे हैं। इसी सिलसिले में महात्मा रामचन्द्र के समय के सत्संगियों की श्रृंखला में ऐसे अनेकानेक उच्च स्तरीय साधक सन्त होते रहे हैं जिन्होंने नई सभ्यता की आँधी की धूल में दबते हुए अध्यात्मिक मूल्यों और उत्तम संस्कृति को पुनः जमाया है। ऐसे सन्त साधकों ने अपनी सोहबत संस्कारी तथा साधकों के जरिए समाज का यह मिथक तोड़ा है कि परमात्मा/अल्लाह से मुहब्बत का नाता सिर्फ सन्यासी/फकीर बन कर ही जोड़ा जा सकता है। तथा यह विश्वास पैदा किया है कि गृहस्थ में रहकर सारे कार्य करते हुए परमात्मा/अल्लाह से नाता जोड़कर रक्खा जा सकता है। इस सिलसिले के कुछ ऐसे परम हितकारी महात्माओं के उदाहरण यहाँ प्रस्तुत हैं।

महात्मा यशपाल जी 'परमात्मा तू ही है तेरी इच्छा पूर्ण हो' विचार के राही रहे। एक सच्चे साधु (सन्त) की जीवन यात्रा, परमात्मा की इच्छा पर यंत्रवत होती है। इस बात का एहसास उन्हें नहीं होता कि उनसे कुछ हुआ।

कबीर दास जी ने इस स्थिति का वर्णन 'कर्त्ता-धर्त्ता, परमात्मा है-के भाव' को "न कुछ किया न कर सका, न कुछ किया कबीर। जो कुछ किया

सो हरि किया कहत कबीर-कबीर।।" के पद के माध्यम से किया है। मानव समाज में ऐसे कम लोग होते है और इनकी कृतियाँ, भविष्य में इन्हें, परमात्मा के चुने हुए 'आइकन' या अवतार के रुप में प्रतिष्ठित करती हैं। आध्यात्म का व्यवहारिक ज्ञान प्रदर्शित करने वाले-भगवान राम, भगवान शंकर, भगवान कृष्ण, राजा जनक व कबीर जैसे गृहस्थों के द्वारा स्थापित जीवन मूल्य आज प्रासंगिक हैं। परमहंस रामकृष्ण, विवेकानन्द और अनगिनत योगियों व सन्यासियों के योगदान, समाज को आध्यात्मिक रुप से संगठित करने के प्रयास भी, अभूतपूर्व रहे। ऐसे कार्यों में निहित 'सेवा भावना व मार्ग-दर्शन' ने ही मानव समाज को शान्तिपूर्ण-गतिमान व अस्तित्व में बनाये रक्खा है।

गृहस्थ सन्त के रुप में उभरते हुए महात्मा यशपाल जी की आरूढ़ता परमात्मा की इच्छा में रही, न कि-

अपनी कोई स्वयं की इच्छा या प्लानिंग में। लेखक का सानिध्य आपके साथ लगभग, 21 वर्षो (1979-2000) का रहा। शोध छात्र-स्वभाव के चलते, आपकी कार्य-विधि का अध्ययन करता रहा, अनुभवों व बातों को नोट करता रहा। आपको प्रायः कहते सुनता कि आपसे कुछ न हुआ, जो आप देख रहे हैं (संस्था व आध्यात्मिक विज्ञान का विकास) यह सब महात्मा बृजमोहनलाल जी (गृहश्त संत व आपके गुरुदेव) का खेल है, वही करने-कराने वाले हैं, यह तो 'यंत्र' मात्र है। आप निष्काम कर्मी रहे, अपने को 'माटी का माधो' कहते। ऐसे ही विवेकानन्द जी ने कहा है।

'यदि मैंने जीवन भर में एक भी सत्य वाक्य कहा है तो वह उन्हीं (रामकृष्ण) का वाक्य है; पर यदि मैंने ऐसे वाक्य कहे हैं जो असत्य, भ्रम पूर्ण अथवा मानव जाति के लिये हितकारी न हों, तो वे सब मेरे वाक्य हैं, उनके लिए पूरा उत्तरदायी मैं ही हूँ।' ऐसी ही अभिव्यक्ति किसी न किसी रुप में हम सभी, ऐसे महापुरुषों के कथनों में पाते हैं, जो मनुष्य को यन्त्रवत होने का प्रमाण है, जिसकी अनुभूति कुछ लोग ही कर पाते हैं और समाज में आइकन या पथ-प्रदर्शक का दर्जा हासिल करते हैं। आपने, हर वक्त परमात्मा की याद बनी रहे और हमारे कार्य धर्मानुकूल होते हुए, अच्छे और अच्छे होते चले जायँ के लिये, 24 घण्टे के ध्यान करने की पद्धति विकसित की।

साधन-पद्धति की विशेषता, यह रही कि इसमें मानव जीवन के दिनचर्या का खाली समय ही लगे और सुगमता से साधक की 'निष्काम कर्मता' पर आरूढ़ता बन जाय। आपने इस साधन-पद्धति का विस्तृत विवरण 'आनन्द योग' के रूप में प्रस्तुत किया, जिसे हम गृहस्थियों के लिए 'गीता-मेड इजी' की संज्ञा दी जा सकती है। आनन्द योग के समर्पित साधक व मिशन के विकास में महत्त्वपूर्ण योगदान देने वाले श्री चिरंजी लाल शर्मा, भाई साहब जी को "जीती जागती गीता (Embodiment of Gita)" कहते थे।–

पहली बार यशपाल जी के दर्शन, लेखक को शिलांग में 23 सितम्बर 1979 मे हुए जब आप अपने 52 गृहस्थ अनुयायियों के साथ, श्री मान शोभाकांत मिश्रा जी के अनुरोध पर, सत्संग हेतु पधारे। वह भी, इसलिये प्रोग्राम में जाना हुआ, क्योंकि इसकी धर्मपत्नी श्रीमती शिवकुमारी सिंह, मिश्रा जी के यहाँ सप्ताहिक सत्संग में जाया करती थीं। इस समय तक इसकी सोच में संत या महात्मा गेरुआ धारी की ही छवि बनी थी। आप कुर्ता-धोती व काली गाँधी टोपी में थे। भीड़ में आपको पहचाना नहीं जा सकता था। आगे चलकर 21 वर्षों तक यह आपको, एक साधारण, धर्मानुकूल जीवनयापन करते, गृहस्थ के ही रूप में देखा व पाया।

सिलसिला:

भाईसाहब जी सूफी मत के सन्त थे और जो भी उपलब्धि आपने हासिल की (जो अभूतपूर्व रही), उसके पीछे संपूर्ण सूफी सन्तो व साधकों का सदियों से योगदान रहा है। आप अपना सिलसिला-गृहस्थ हिन्दू सूफी-सन्त महात्मा रामचन्द्र जी महाराज (लाला जी)-महात्मा बृजमोहन लाल जी महाराज (दद्दा जी) का बताते थे। साथ-साथ यह भी कहते थे, कि हमारे सिलसिले में लाला जी महाराज के छोटे भाई महात्मा रघुबर दयाल जी (चच्चा जी) भी बहुत ऊँचे सन्त हुए हैं। चच्चा जी, महात्मा बृजमोहन लाल जी के, पिता 'श्री' थे। यह सभी सन्त गृहस्थी हुए और अपनी रोजी-रोटी स्वयं, अर्जित करते हुए जीवन यात्रा की।

सूफी मत:

आध्यात्म साधना में इस पद्धति के मूल में है–प्रेम। It is not concerned with knowledge. It's whole concern is love (intense) passionate love. How to fall in love with the whole, how to bridge the distance between the creation and creator. मौलाना फज़्ल अहमद खाँ साहब कुद्दुसुरुह से इस सिलसिले के आत्म-ज्ञान प्राप्ति की तरीकत, हिन्दुओं में श्री रामचन्द्र जी को हुई, श्री बृजमोहन लाल जी के माध्यम से श्री यशपाल (भाई साहब) जी को मिली और आपने इसे आगे बढ़ाया। इस काल के सूफी साहित्य की कुछ बातों का अवलोकन सहायक होगा, की सोच के साथ लेखक आगे बढ़ता है।

महात्मा रामचन्द्र जी:

"..... अभी तक मात्र ब्रह्मविद्या की शिक्षा-दिक्षा तक ही मैंने अपने को सीमित रक्खा हुआ था। जैसा की दूसरे पंथ व संप्रदायों में होता है कि सामाजिकता भी उससे जुड़ती चली जाती है और पंथाइयों के आचार-व्यवहार व अनुशासन के निर्माण के कार्यक्रम भी साथ-साथ चलते हैं। मैं अभी तक उस ओर अग्रसर नहीं हो पाया हूँ। बहुत देर से मुझे अनुभव हुआ कि जो कुछ भी मैं कर पाया, उसके अतिरिक्त, कुछ और भी मुझे करना चाहिए था किन्तु जो मुझसे छूटता चला गया। मेरे साथ चलने वालों की संख्या, बिना विराम लिए बढ़ती चली गयी। धीरे-धीरे शिविरों की संख्या और उनका आकार बढ़ने लगा। यह एक ऐसा अवसर था कि मुझे अब इस समाज को एक व्यवस्थित स्वरूप प्रदान करने की चिन्ता सताने लगी थी। वर्ष **1927** में कुछ नियम बनाये गये।.... इसी क्रम में, मेरे चारों ओर बिखरी हुई, समस्त सत्संग-व्यवस्था को पुनर्गठित करने के लिये इस पूर्व लिखित रूपरेखा को स्वयं प्रस्तुत करने के बजाय रामप्रसाद नामक एक सत्संगी लड़के द्वारा उसको पढ़वाया; बगैर इस खुलासे के, कि वह मेरी ओर से था। इस पर लोगों की जो प्रतिक्रिया आई, उसके लिए मैं सर्वथा तैयार न था। मेरे आश्चर्य की सीमा उस समय छोटी पड़ गयी जब मैंने देखा कि मेरे सबसे अधिक, आगे-पीछे चलने वाले, जिनसे मुझे अनेक आशाएं थी और जिन्हे मैं 'मुरीद' स्थान पर 'मुराद' कहकर उनका अभिवादन किया करता था, वे ही विरोध स्वरूप उठकर खड़े हो गये। कहने लगे हम तो शुद्ध-आध्यात्मिकता के लिए आते हैं, यह सब क्या तमाशा

है। पहले से इतने अधिक धर्म और संप्रदाय हैं, एक नया खेल, एक नया धार्मिक संगठन और खड़ा कर देने का क्या अर्थ है। विधाता की इच्छा समझ मैं शांत हो गया।

इस संबंध में मेरा निवेदन है कि किसी भी धर्म का कोई संगठन न आज तक कभी हुआ है न हो सकना संभव ही है। ...... मैं जिस रूप को सामने रखना चाहता हूँ वह जागृति का आव्हान है, किसी धर्म विशेष का संगठन नहीं। मैं किसी अन्य समाज या दूसरों की बात नहीं करता। मेरे चारों ओर जो एक छोटी सी जमात है, उसी समाज को केन्द्र मानकर मैं यह बात कह सकता हूँ कि, उसमें इतनी बीमारियाँ हैं, इतना उपद्रव है, इतनी कुरुपता है कि जो थोड़ा सा भी धार्मिक है, वह चुपचाप इस कुरुपता, इस गंदगी, इस मूर्खता और छिछोड़ेपन को सहन करने को तैयार नहीं हो सकता। जो धार्मिक है वह बर्दाश्त करने को तैयार नहीं होगा कि यह बेसुरापन और कुरुपता जीवित रहे और समाज गतिशील बना रहे। जिस किसी के जीवन में धर्म की थोड़ी-सी भी किरण आई है वह तो आमूल परिवर्तन चाहेगा। आमूल परिवर्तन का अर्थ है 'क्रान्ति'। इसके लिये संगठन चाहिए। किसी भी धार्मिक संगठन का मैं विरोध करता हूँ किन्तु संगठन और उससे संबंध अनुशासन का मैं पक्षधर हूँ–इस भेद को समझ लेना आवश्यक है। जहाँ तक बात विकास की है, मेरी बात को मानने से न तो आपका विकास होगा और न ही वह उससे रुकेगा। किन्तु किसी की भी बात को समझ लेने से विकास की संभावनायें अवश्य बनती हैं। क्योंकि जितना आप समझने की कोशिश करते हैं, उतनी ही आपकी समझ विकसित होती है। किन्तु हम उत्सुक हैं 'मानने' अथवा 'न मानने' को। क्योंकि समझने में श्रम करना पड़ता है जब की 'मानने' अथवा 'न मानने' में श्रम की आवश्यकता नहीं पड़ती। मैं देख रहा हूँ कि आज संसार में आर्थिक शोषण इतना प्रभावी नहीं है जितना की मानसिक और आध्यात्मिक शोषण।

मेरे मित्रो! मानसिक या आध्यात्मिक शोषण वह है कि जिसमें मैं सोचूँ और आप मान लें अथवा आपको जबरदस्ती मनवा दूँ। पहले में, आपने मेरा शोषण किया जबकि दूसरे मामले में, मैंने आपका शोषण किया। धन का

शोषण इतना भयावह नहीं है जितना की मानसिक या आत्मिक। धन छीन लेने से किसी का कुछ नहीं बिगड़ता, वह और अधिक धन कमा लेगा। किन्तु जब किसी व्यक्ति की आत्मा या सोच छिन जाती है तब उसका सब कुछ छिन जाता है। आज सारा संसार जो आध्यात्मिक व मानसिक रुप से गुलामी की जंजीरों में जकड़ा हुआ है, उसका मूल-कारण यह ही है कि आज का व्यक्ति मानसिक आलस्य अथवा मैटल लेथार्जी से बुरी तरह घिरा हुआ है। एक नये समाज की संरचना की खोज के क्रम में मेरे द्वारा प्रस्तुत, आलेख, जो प्रिय रामप्रसाद से पढ़वाने और उसके प्रवर्तक (Author) का नाम गुप्त रखने के परोक्ष में मेरा आशय केवल इतना ही था कि उसकी अंतर्वस्तु पर राजी होने अथवा उस पर सक्रिय व प्रभावी होने से पूर्व, उसको सुनने वाले, उस पर विचार करें और समझें, उसकी आत्मा व उसमें छिपे हुए संदेश को पहचानें। वस्तुतः एक नये संगठन या आंदोलन को जन्म देने का मेरा कोई इरादा नहीं था। मैंने तो एक विचार क्रांति की बात सामने रक्खी थी।....

ब्रम्हविद्या और अध्यात्म मेरा क्षेत्र है। धर्म पर मेरी दृष्टि है। इसका अर्थ यह नहीं कि जीवन के अन्य पहलुओं पर मैं नहीं सोचता। मैं सर्वप्रथम एक 'आदमी' हूँ-एक गृहस्थ पुरुष। जिस समाज में मैं रहता हूँ, जिस देश में मैंने जन्म लिया, उसके प्रति मेरा क्या कोई दात्यित्व नहीं? मेरे परमपूज्य (अध्यात्म दीक्षागुरु, हजरत मौलाना शाह फज़्ल अहमद खाँ साहब (रह. उ. अलैः) नक्शबन्दी मुजद्दी मजहरी (निवासी कायमगंज जिला फर्रुखाबाद, उत्तर प्रदेश) द्वारा दिया गया मेरे लिए यह आदेश "मिशन को दुनिया के लोगों तक पहुँचा देना ही अब मेरा धर्म है।" इसका अर्थ यह बिल्कुल नहीं कि "दुनिया के लोगो" के नाम पर मैं भीड़ जमा कर लूँ और उस भीड़ की व्यवस्था का बहाना लेकर, पहले संस्था और उसके बाद एक नया गुट व संप्रदाय, एक नया पंथ, मैं अस्तित्व में ले आऊँ। उनके उपदेशों को आधार बना कर स्वयं उनकी पैरवी करूँ और शीघ्र ही उस समुदाय का मठाधीश बन बैठूं और इसी क्रम में अपने बाद, अपने उत्तराधिकारी का चुनाव करके उसके नाम की घोषणा, अपने इसी पार्थिव शरीर के चलते, कर जाऊँ। मेरे आस-पास एकत्रित अधिकांश व्यक्ति इसी सब की अपेक्षा मुझसे रखते हैं, नहीं, हरगिज नहीं।

मेरी तो अपनी, अभी तक यही सोच जीवित रही है कि जिस व्यक्ति के जीवन में धर्म और अध्यात्म के प्रकाश की एक छोटी सी भी किरण आई है वह उस प्रकाश के सहारे, जीवन के समस्त और समूचे पहलुओं को देखने में समर्थ हो जाता है। धर्म व ब्रह्म विद्या का दीपक हाथ में हो तो हम जीवन की समस्त समस्याओं को देखने में समर्थ हो जाते है। अतः जीवन के हर पहलू पर मेरी दृष्टि है। अब तक का समाज जिस प्रतिमान पर निर्मित हुआ है, सचेष्ट रूप से, विचार करके समाज के किसी भी अंग का निर्माण अभी तक नहीं हो पाया है। अब आवश्यकता इस बात की है कि हम सचेष्ट हो कर जीवन के एक-एक पहलू पर पुनर्विचार करने की सोचें। सब कुछ बदला जा सकता है।

आपने लिखा है 'पूज्य गुरूदेव हुजूर महाराज ने कभी मेरा साथ नहीं छोड़ा। यही वजह थी कि न तो मैं कभी भटका और न दिशा हीनता ही कभी मार्ग में आई। मिश्रित तथा मिली-जुली सफलता पर मैंने कभी संतोष नहीं किया। किन्तु न तो मैं कभी निराश हुआ और न कभी पीछे मुड़ कर देखा। मैं तो अपनी साधना में लीन और लक्ष्य की ओर बढ़ना चाहता था। इसी बीच मेरे चारों ओर भीड़ नुमा एक जमात इकट्ठी हो गई। ये लोग अपने-अपने ढंग से मेरा अभिवादन करते, बहुत से दण्डवत होकर भी। समझने वाले इन्हें मेरा शिष्य समझने लगे। किन्तु मेरी दृष्टि में अभी से ये स्वयँ ही गुरु, तो कुछ महागुरु दिखाई पड़ते हैं। स्पष्ट है कि अपने-अपने काल व क्षेत्र में वे अपना मत चलायेंगे। बहुत सी संस्थायें होंगी, अनेक संप्रदाय होंगे। सभी का नामकरण, मेरे नाम पर किया जायेगा।' (आगे चलकर ऐसा ही हुआ, और आज विश्व के करीब 140 देशों में किसी न किसी रुप में यह ब्रह्म विद्या की साधना गृहस्थियों में तमाम संस्थाओं के माध्यम से पहुँच चुकी है)। लाला जी महाराज के गुरूदेव ने इजाजतनामा देते हुए आपसे कहा, कि देखो बेटे इन बातों का ख्याल रखना–

1. मखदम (स्वामी) बनने से हमेशा बचना और दूर रहना।
2. खादिम (सेवक) बनकर दूसरों की खिदमद (सेवा) करना।

3. कभी किसी से ऐसा वादा न करना कि इतने दिनों में फलां (अमुक) मुकाम (स्थान) तक सिखा या पहुँचा (अनुभव करा) दूँगा। बल्कि खिदमद बे-लौज होकर करना और किसी भी बात का दावा कभी भी न करना।

"आपने लिखा है......" मेरे एक बेटे और हैं, चि. डॉ. श्याम लाल। आध्यात्मिक पुत्र, किन्तु सम्बन्ध रक्त से निकट का। इन दिनों वह शासकीय सेवा रत थे। स्वास्थाधिकारी के पद पर स्थानान्तरित होकर अभी कुछ दिन पूर्व दिलदार नगर पहुँचे थे। उनके आग्रह पर मुझे जाना पड़ा। वहाँ के प्रवास का यह मेरा प्रथम ही दिन था। मैं वहाँ पर इन्हीं डॉ. श्याम लाल के निवास पर ठहरा हुआ था। साँयकाल जब वह अपने कार्य से वापस आये तो सत्संग प्रारम्भ हुआ। सदगुरू नाम व रूप की चर्चा चल निकली। प्रेम विभोर हो चित्त हिलकोरे लेने लगा। ईश्वर कृपा जो निरन्तर प्रवाहित होती, उस क्षण भी उसी में हम डुबकियाँ लगाने लगे। कुछ समाधि जैसी चेतना जाग्रत होने लगी। प्रभु की जैसी इच्छा। उन्हीं के आवाह्न पर मैंने चिं. श्याम लाल से प्रश्न किया आज-सत्संग में तुम्हारे अतिरिक्त यहाँ और कोई नहीं दिखता। उन्होंने उत्तर दिया-"अभी हम यहाँ कुछ सप्ताह पूर्व ही आये हैं। अतः नई जान पहचान किसी से नहीं हो पायी है, इसके अतिरिक्त इस बस्ती में जहाँ हम रहते हैं कोई अन्य सत्संगी बन्धु नहीं हैं, न ही ऐसे अभिरूचि वाले किसी से अभी तक हमारा संपर्क हो पाया है।" प्रभु की उस अभूतपूर्व कृपा के आवेग में मुझे उनके उत्तर से संतुष्टि नहीं हुई। मैंने तीन बार अपने प्रश्न की पुनरावृत्ति की, उनका उत्तर भी हर बार वही था। प्रभु की जिस लीला सार के उस क्षण हम दर्शन कर रहे थे, मैं चाहता था कि सब उसका अनुभव करें। किंतु ऐसा न हो सका। वहाँ हम दो ही थे और भक्त वहाँ न थे। उनकी यह कमी मुझे खल रही थी। आनन्द हृदय में समाता न था मानो मधुर रस ही बरस रहा हो। इसे बाँटने की इच्छा होती पर वाणी स्वयं उस अमृत में छकी हुई थी। समस्त चराचर प्राणेश्वर थे। किसी से कोई क्या कहे क्या सुने? वह प्रकाश, वह शोभा, वह मंजुल आनन्द। नवीन आवेग ने पुन; हिलकोरें ली। मेरे जी में आया, उड़ेल दूँ इस अमृत को यहीं भू पटल पर। बिखर जाय सारी धरा पर

यह जीवन पराग, यह मंजुल प्रवाह। कौन जानता था यही कल्याण कुंज बन जायेगा किन्तु हुआ ऐसा ही। मैंने वहाँ उसी स्थान पर उस सारी बस्ती की सम्पूर्ण परिधि पर शक्तिपात किया। एक परम रहस्य की अद्‌भुत लीला चरितार्थ होने लगी। इसी आत्मानन्द के अतिरेक में बेसुध हो जीवन और मृत्यु से ऊपर उठकर आनन्दमयी उस दिव्य शब्द की ध्वनि वहाँ कण-कण से प्रवाहित होने लगी अब क्या? मेरे जन्म की लालसा पूरी हुई। प्रभु ने स्वयं दयाकर अपने दर्शन और स्पर्श से मुझे निहाल कर दिया। हृदय हिलोरे ले रहा था।। प्राण बेसुध से थे।। रोम-रोम नहा रहा था उस अमृत वर्षा में। सभी मानो दिव्य धारा के प्रवाह के सुख से बेहाल होकर मतवाले से नाच रहे थे।

"चरचा करी कैसे जाय।
बात जानत कछुक हम, सो कहत जिय थहराय।"

प्रकृति व वातावरण के सत्संग में यह मेरा प्रथम प्रयोग था, जिसके परिणाम बड़े ही संतोष जनक रहे। मैं कुछ दिन के प्रवास के बाद वहाँ से वापस आ गया। श्याम लाल वहाँ कुछ समय रहे। उनका कहना है जो अमृत वर्षा उस दिन वहाँ हुई थी, आज भी उस छटा के दर्शन होते हैं। मेरे एक और प्रेमी-डॉ. चतुर्भुज सहाय भी कुछ दिन के लिये वहाँ गये। उन्होंने खुलकर वहाँ की स्थिति का वर्णन किया कि उस स्थान की भी स्थिति काकभुशुण्डि जी के आश्रम जैसी ही जान पड़ती है। वहाँ के स्त्री-पुरुषों की आंतरिक स्थिति में स्वतः ही परिवर्तन हो रहा है और अनेकों भाई-बहिन सत्संग में भी आने लगे हैं।

मैंने अन्तर में अनुभव किया यही प्रकृति-पुरूष का लीला विलास है, यही माया और मायापति का अलौकिक महा-मिलन है। जगत का सारा आनन्द, सारा श्रृंगार, सारा माधुर्य, सारी शोभा और सारा लावण्य उस मूल संयोग की एक लहर का लीला विस्तार ही है। सब कुछ वहीं से आ रहा है। वही मूल स्रोत है, वही सत्य सनातन है। काकभुशुण्डि जी की साधना का फल भी वही है और मुझ दास पर उस अलौकिक कृपा का आधार भी वही है। आत्म सुख की जो दिव्य एवं सुखद अनुभूति जो साधक को होती है, उसका प्रत्यक्ष प्रतिफल उसके आचार-विचार में होता है। वह राग द्वेष से ऊपर

उठकर मानव मात्र का जन्म-जात प्रेमी बन जाता है। अपने आराध्य के दर्शन होते हैं और वह गद्‌गद् हो उठता है "सियाराम मय सब जग जानी, करहूं प्रनाम जोरि जुग पानी।"

ब्रह्म विद्या युगों-युगों तक परम गोपनीय तथा व्यक्तिगत रहस्य की स्थिति में अवस्थित रही है। अधिकारी पात्रों की कमी रही तथा इने-गिने ही लाभान्वित हुए। किन्तु क्षमा करें, इस सम्बन्ध में मेरा किंचित भिन्न मत है। मैं ब्रह्म विद्या को मात्र विद्या की कोटि में रखने का पक्षधर नहीं। विद्या कहाँ वह तो जीवन ही है। उसे जिया जाय। प्रभु चन्दन के वृक्ष हैं और मानो हम (उनके अनुचर) मानों वायु हैं। उनकी सुगंध को दिग् दिगन्त में फैला देना ही हमारी जीवन चेष्टा है, हमारा जीवन लक्ष्य है।" (दिव्य क्रान्ति की कहानी, पुस्तक से साभार)

महात्मा बृजमोहन लालः

लाला जी महाराज के प्रिय शिष्य बृजमोहनलाल जी ने यशपाल जी को दशहरे के दिन (1948), बुलन्दशहर (उ०प्र०) में उपदेश दिया और फरमाया कि तुमने बहुत अभ्यास किया है। मैंने तो बिल्कुल भी अभ्यास नहीं किया। वह हम जानते हैं। जो बताया है यह अभ्यास करना, हर एक की इज्जत करना, कोई साधु महात्मा हो सबका सत्कार करना, इच्छा किसी से कुछ न करना, परमात्मा सब कुछ देगा। उपदेश मिलने के बाद आप वापस दिल्ली आ गये। साधना जो महाराज ने बताई थी करते रहे। अच्छे-अच्छे अनुभव होते रहे, जिससे गुरूदेव में श्रद्वा व विश्वास बढ़ता गया। इसी बीच एक अद्‌भुत अनुभव 'आत्मिक-उड़ान' का हुआ, जिससे कुछ डर का अनुभव हुआ। पत्र द्वारा इस सबकी जानकारी आपने गुरूदेव को दी। उत्तर में गुरूदेव ने लिखा तुम्हारे दो पत्र आये। पहले पत्र के बाद से दूसरे पत्र का कुछ इंतजार सा था और वह आ ही गया।। खुशी हुई। बेटे, यह मार्ग ही हृदय के विकास और प्रेम का है। जब मालिक की दया कृपा होती है, तभी यह आत्मिक (रूहानी) उत्थान या उड़ान प्राप्त हुआ करती है। आपने लिखा, कि कभी-कभी बुलन्दशहर (अपने चाचा मोहनलाल जी के पास) हो आया करो। कभी-कभी जब हो सके यहाँ भी आ जाया करो। सचमुच, जितना विश्वास व प्रेम जिसके दिल

में गुरू के प्रति होता है, उतनी ही उन्नति उसकी आत्मिक चढ़ाई में स्वयं ही हुआ करती है। क्या पता है कि परमात्मा तुम्हारे रूप में ही वह बालक हमको दे रहा हो जिसके बारे में हमारे फतेहगढ़ वाले महात्मा ने फरमाया था कि ऐसा प्रेमी तुम्हें मिलेगा जो हमारा तुम्हारा सबका नाम ऊँचा कर देगा। परमात्मा से यही प्रार्थना है कि वह अपना सच्चा प्रेम व ज्ञान प्रकाश प्रदान करें। हमारी अजीज बेटी (बहू) से कह देना कि वह घबरा न जाये, क्योंकि यह आशा है कि उसके साथ भी प्रेम, प्रसन्न व खुश रहने का यशपाल अपना स्वभाव नहीं छोड़ेगा। गृहस्थी में रह कर अगर दोनों प्रेम के साथ ऐसा प्रकाश जगायें कि अपने घर के साथ चारों ओर दूसरे के अंधेर को दूर कर सकें, यह सेवा बड़े भाग्य से मिलती है।

"परमात्मा से प्रार्थना है कि वह सबको प्रसन्न रक्खें। सबको राम-राम। अपनी अवस्थाओं और सब बात की सूचना बराबर देते रहें।"

जुलाई 1949 में आपका बैत हुआ। गुरूदेव ने फरमाया "कि तुम्हारे ऊपर मालिक की विशेष कृपा है। तुम्हारे बैत को सारे ही बुजुर्गों ने कबूल किया है—यह दूसरी तवज्जह है जो तुम्हे इस समय दी गई है। सारे बुजुर्ग खुश हैं। परमात्मा ने चाहा तो बड़ा सुन्दर कार्य होगा।" 4 जून 1951 को, कुछ सत्संगी भाइयों की ओर मुखातिब होते हुए, दद्दा जी महाराज ने फरमाया कि आज हम यशपाल को इजाजत देते हैं। चले-चलाये तथा जमे-जमाये सत्संगों को चलाना आसान काम है परन्तु नया सत्संग कायम करना हिम्मत की बात है। ऐसे लोग तो है, जो जमे-जमाये सत्संग को चला सकते हैं परन्तु इस अजीज से उम्मीद है कि जहाँ जायेगा और परमात्मा चाहेगा तो हर जगह नया सत्संग कायम कर सकेगा। मालिक ने अजीज की तवज्जो में वह कशिश और प्रेम की चाशनी भर दी है कि जिससे सम्पर्क में आये कठोर से कठोर हृदय में भी प्रभु प्रेम पैदा हो जायेगा। परमात्मा चाहेगा तो अजीज से मिशन को काफी तरक्की मिलेगी। 11 अक्टूबर 1952 को आपने स्वप्न में श्री सतगुरूदेव महाराज के दर्शन किये। आप उदास थे और कह रहे थे "हमें तुमसे बहुत उम्मीद है। साधना पूरी करो हिम्मत से काम लो। कहीं यह सुन्दर विद्या लोप न हो जाय। कोशिश करो भगवान मदद करेगा" बस आँख खुल गई। आपने

अध्यात्म साधना को, दिनचर्या का खाली समय लगा कर, प्राथमिकता देते हुए, एक ऐसा अनुपम उदाहरण स्थापित किया कि दीन व दुनिया दोनों सँवरी। पोस्ट एण्ड टेलीग्राफ डिपार्टमेन्ट में टेलीग्राफिस्ट की नौकरी से प्रारम्भ कर, उसी विभाग से निदेशक के पद से सेवा निवृत्त हुए। आप इन्स्टीटयूशन आफ N.C. एण्ड टेलीकम्यूनिकेशन इंजीनियर्स के फेलो भी रहे। साधना अनुभवों को लोक-हितार्थ, आपने 'श्री बृजमोहन वचनामृत' के पाँच भागों में संकलित किया है। (श्री बृजमोहन वचनामृत, से)

आध्यात्मिक सेवा कार्य:

17 जनवरी, 1951 को आपके गुरूदेव महात्मा बृजमोहनलाल जी ने परदा ले लिया। जबलपुर में आपके यहाँ सत्संग चलता था। आपने सत्संगी भाइयों से कहा कि भाई अब तो वह गये और जो रास्ता उन्होंने दिखलाया है, घर बैठ कर सब अपना अपना अभ्यास करें। लेकिन दो रोज बाद, अपको बड़ा अजीब अनुभव हुआ। मंगलवार के दिन, इसने सत्संगी भाइयों को यह खबर दी थी कि अब रविवार का सत्संग नहीं होगा, आप लोग घर बैठकर अभ्यास करें। शुक्रवार के रोज रात्री में लगभग दो बजे इसे ऐसा एहसास हुआ कि वह सशरीर (bodily) आये (हांलाकि निर्वाण हो चुका था), उन्होंने इसे झकझोर दिया और बहुत नाराजगी के साथ कहा कि तू मेरा काम नहीं करेगा। यह सेवक उठकर बैठ गया और उस वक्त से इसकी आत्मा को विश्वास हो गया कि वह मौजूद हैं और हमेशा साथ हैं। यह अटल विश्वास इसको इस वाक्ये के बाद हुआ और फिर यह सत्संगी भाइयों के पास गया कि भाई सत्संग इतवार के रोज जैसा होता था वैसे ही होगा। जबलपुर में वैसा ही होता रहा। इसके बाद समय के साथ-साथ ऐसी परिस्थितियाँ बनती गई कि 'अखिल भारतीय संतमत सत्संग' संस्था का उदय हुआ और अध्यात्म साधना हेतु एक व्यवहारिक उपक्रम (खासकर गृहस्थियों के लिए), आकार लेता गया। इस प्रक्रिया का वर्णन संस्था के साहित्य में उपलब्ध है। सिलसिले के गुरुजनों की शिक्षाओं व अनुभवों का भरपूर लाभ लेते हुए, आपने अपनी जीवन यात्रा का मूल मंत्र 'परमात्मा तू ही है तेरी इच्छा पूरी हो' को माना। इसके साथ-साथ 'जनता जनार्दन' की राय को मुख्य आधार बनाया। लेखक को आपके साथ

के 21 वर्षों के अनुभवों में, सफल व सार्थक समय जीवन यात्रा में, पाँच सूत्रों की अहम भूमिका दिखी (1) हर वक्त ईश्वर याद में रहने का अभ्यास (सत्संग) (2) स्वपोषित जीवन यापन, (3) ईश्वर इच्छा ही सर्वोपरि, (4) आवश्यकतानुसार विकास और (5) न चन्दा न निन्दा के सिद्धांत पर चलते हुए संस्था का विकास। आज आपको पर्दा लिये 22 वर्ष बीत चुके हैं। लेखक स्वयं व कुछ सत्संगी भाईयों के अनुभव में, यह पाता है कि जब वे शरीर में थे, तब और अब में कोई अंतर नहीं है, बल्कि पहले से कहीं ज्यादा आज आपकी उपस्थिति व मार्ग दर्शन (प्रेरणा रुप में) का आभास होता है। आप कहते थे कि 'जिन भाइयों के विश्वास कायम रहेंगे उनके लिये यह सेवक हमेशा जिन्दा रहेगा।' सन्तों ने कहा है 'गुरु' शरीर नहीं-तत्व है, जो परमहंस शाश्वत है। संतो ने तरह-तरह से इस बात का अनुभव किया और बताया है, जिसका आपके बहुत से अनुयायी अनुभव कर रहे हैं।

लेखक: रामकृष्ण परमहंस, ईश्वर प्राप्ति के लिये लिये कामिनी-कांचन के त्याग की अनिवार्यता मानते थे और भाई साहब जी आज के घोर भौतिक व आर्थिक युग में गृहस्थ में रहते हुए ईश्वर प्राप्ति का स्वयं के धर्मानुकूल अर्जित धन पर जीवन यापन का सुगम मार्ग अपनाया और साथ-साथ, इसके लिये साधन-पद्धति भी विकसित की। आपका कहना था, कि जीवन को ईश्वरमय बनाना होगा, जिसके लिये ध्यान की सरल पद्धति भी विकसित की। आप अपने प्रवचनों में, केवल और केवल, गृहस्थ में रहते हुए, 24 घण्टे का ध्यान कैसे कर सकते है कि पद्धति को तीन-स्टेप्स में बताते व साथ-साथ श्रोता समूह को एक घण्टे के ध्यान का अभ्यास भी कराते। तरीकत की व्यवहारिकता से प्रभावित हो, इस लेखक ने आपकी बताई पद्धति का संकलन किया, जिसे आपने, मिशन (संस्था) के नाम पर 'अखिल भारतीय सन्तमत सत्संग की साधना पद्धति' पुस्तक प्रकाशित कराया। वर्ष 2003 में सेवा निवृत्ति के बाद, तो यह (लेखक) पूर्ण कालिक, सत्संग व संस्था के काम में ही लग गया। लाला जी महाराज का काकभुशुण्डि आश्रम के वर्णन का सूक्ष्म अनुभव, इसे भाई साहब जी के शिलांग में प्रथम दर्शन के समय हुए, जिसे आज यह, उस समय लिखे अपनी डायरी के इस अंश में पाता है-

"शिलांग सत्संग (23-09-1079 से 26-09-1979), समाप्ति के बाद, भाई साहब जी, 52 सत्संगी भाई-बहनों के साथ वापसी यात्रा हेतु बस अड्डे गये, यहाँ भी यह औपचारिकता बस, विदा करने वाली भीड़ के साथ गया। वहाँ पर, ग्रुप फोटो लिया गया। हालाँकि, आपके प्रवचन इसे बहुत ही हृदयग्राही लगे थे, लेकिन, माउन्ट पर ग्रुप फोटो लेने के बजाय, एक प्रिन्ट अलबम के लिए ही लेने का मन बना। भाई साहब जी के साथ आये अनुयायियों का व्यवहार व अदब देखकर, आप एक ईश्वरी शक्ति का आभास अवश्य करा रहे थे, यह इसने अनुभव किया। आपके जाने के बाद, कुछ सूना-सूना सा लगने लगा। आपकी ही चर्चा होने लगी। इस बीच दो-तीन दिन में, आपकी लिखी पुस्तक श्री बृजमोहन वचनामृत के उपलब्ध भाग पढ़ डाले। जीवन में एक अजीब प्रकार का परिवर्तन व आनन्द आने लगा। 4 अक्टूबर, 1979 के बृहस्पतिवार का सत्संग इसके यहाँ पड़ा। आज टूर पर नहीं गया। वैसे, जब भी सत्संग का दिन इसके यहाँ पड़ता, यह टूर पर जान-बूझ कर चला जाता। सत्संग में शामिल होने से बचता। विचार में आया कि रबिवार सत्संग में जाया करूँ। बाधा सिर्फ शर्म की रह गई थी, क्योंकि अबतक यह जाने से मना ही करता रहा था। इसकी धर्मपत्नी सत्संग की साधन पद्धति के अनुसार सुबह-शाम आधे-आधे घण्टे की पूजा करती थीं। 27 अक्तूबर 1979 को साँय, पूजा (ध्यान) करते समय, इनका शरीर जमीन से ऊपर उठने लगा, इन्होंने, जोर से रोकने की कोशिश की, शरीर लुन्ज-पुन्ज हो गया। डाक्टर बुलाना पड़ा। जाँच में सब कुछ सामान्य। मिश्रा जी ने फोन से भाई साहब जी से बात कराई। आपने इसे बड़े भाग्य की बात बताई और कहा कि, बहन जी डरें नहीं, कुछ अनिष्ट नहीं होगा। इसके पहले हम दोनों ने इलाहाबाद के आगामी सत्संग में, आपसे उपदेश पाने हेतु पत्र द्वारा प्रार्थना की थी। कुछ आध्यात्मिक अनुभवों की भी सूचना दी थी। आपने उत्तर में लिखा।

"पूजा के बाद लेट जाने पर स्वप्न की-सी अवस्था में जो अनुभव हुआ है, वह बहुत ही सुन्दर है और ऐसा परमात्मा की कृपा से ही होता है। मुझे बड़ी खुशी है कि आप दम्पत्ति के संस्कार बड़े उज्जवल हैं। ऐसा भी बड़े

भाग्य से होता है। परमात्मा से प्रार्थना है कि आपके हृदयों में अपना सच्चा प्रेम, भक्ति व ज्ञान प्रकाश भर दें, जिससे अपना घर तो रोशन हो ही जाय और यह रोशनी दूसरे घरों में भी पहुँचे। भगवान चाहेंगे, तो आप सबके दर्शन इलाहाबाद सत्संग में होंगे। ईश्वर मालिक हैं।" इलाहाबाद सत्संग में पहुँचना भी, एक अनुभव रहा। दिनांक 28-12-1979 को आपने हम दोनों को उपदेश दे, गुरु शरण में ले लिया (सन्तसुधा मार्च 1980)। इसके बाद, धीरे-धीरे, ईश्वर कृपा से हमारे दो ही काम रह गये, या तो दुनियावी (स्वधर्म पालन) या खाली समय में सत्संग या संस्था के कार्य, जो गुरु कृपा से आज भी कायम हैं।

अवतारः- अध्यात्म जगत में कुछ महापुरूष अवतारी पुरुष कहे गये हैं, जो अपने अनुयायियों के बीच शरीर में रहते हुए, इस बात का इशारा भी करते रहे है। एक सत्संगी बहन ने भाई साहब जी से पूछा, कि भाई साहब! क्या भगवान को देखा जा सकता है? आपने कहा 'क्यों नहीं! लेकिन पहचानेंगे कैसे?' यह बड़ा गूढ़ उत्तर था।

आपका, ऐसा यह लेखक मानता है! ऐसे ही 'गुरु-शिष्य' का एक संवाद रामकृष्ण वचनामृत में आया है। " ... एक दिन नरेन्द्र के साथ वार्तालाप में, श्री रामकृष्ण ने कहा कि कुछ लोग मुझे 'अवतार' के रुप में देखते व कहते हैं–तू क्या समझता है?" नरेन्द्र ने कहा, दूसरों की राय सुनकर मैं कुछ नहीं कहूँगा; मैं स्वयं जब समझूँगा, तब मेरा विश्वास होगा, तभी कहूँगा।

"काशीपुर बगीचे में श्रीरामकृष्ण जिस समय कैंसर रोग की यंत्रणा से बेचैन हो रहे हैं, भात का तरल माँड़ तक गले के नीचे नहीं उतर रहा है, उस समय एक दिन नरेन्द्र श्री रामकृष्ण के पास बैठकर सोच रहे हैं, इस यंत्रणा में यदि कहें कि मैं ईश्वर का अवतार हूँ तो विश्वास होगा।" उसी समय रामकृष्ण कहने लगे,

"जो राम, जो कृष्ण, इस समय वे ही रामकृष्ण के रुप में भक्तों के लिए अवतीर्ण हुए हैं।" नरेन्द्र यह बात सुन कर दंग रह गये।" गायत्री पीठ के संस्थापक आचार्य श्री राम शर्मा जी की बात भी, ऐसा ही संदेश देती है–

उन्होंने ही, कभी अपने पूर्व अवतार में कहा था 'जे राम जे कृष्ण, सेई रामकृष्ण। फिर उन्होंने अपने तीन जन्म में स्वयं की अनंतता का परिचय दिया और तीन जन्मों की कथा सुनाई; स्वयं की अनंतता का परिचय दिया। एक नासमझ शिष्य का मन समझा नहीं। बरबस उसने पूछ ही लिया, गुरूदेव यह पार्थसारथी कहाँ हैं। उत्तर में उन्होंने बड़ी स्पष्टता से बेबाक कहा 'यहाँ तुम्हारे सामने और कहाँ,' ऐसा कहते हुए उनके मुख पर आलौकिकता सघन हो गई। इन उदाहरणों से यह स्पष्ट है कि, संतों के वास्तविक स्वरूप को पहचानना असंभव है। भीड़ या समूह में भाई साहब जी को वेष-भूषा से प्रथम दृष्टि मे पहचानना मुश्किल था, कि इसमें कौन हैं संत जी! ऐसे संत अपनी कृत्तियों से, न रहने के बाद ही जाने व पहचाने जाते हैं। ऐसा देखा गया है कि उनके अनुयायी ही अपने-अपने अनुभवों के आधार पर बाद में लिखते है, गुणगान करते हैं या चर्चा करते रहते हैं। चूँकि भाई साहब जी, स्वयं अपने अनुभवों का ऐसा विशाल व गूढ़ साहित्य लिख गये हैं, जो अध्यात्म विज्ञान को समझने में एक मजबूत आधार साबित होगा, ऐसा इसका मानना है।

अखिल भारतीय सन्तमत सत्संग-संस्थाः

इंसान, अपनी जीवनचर्या के खाली समय का उपयोग करते हुए, परमात्मा का नाम जीवन में जोड़कर आध्यात्मिक जीवन यात्रा कर सके की 'साधन पद्धति' के शिक्षण हेतु, उपरोक्त नाम से, संस्था, 1969 में अस्तित्व में आई। इसकी आवश्यकता, बढ़ते हुए साधक बन्धु व बहनों की संख्या की वजह से पड़ी। संस्था का मुख्य लक्ष्य बना,-धर्मानुकूल जीवन यापन की साधना व पद्धति का विकास, प्रचार व प्रसार, जिससे मानव समुदाय का संस्कारी वर्ग, अतीत में हुए राजा जनक, कबीर, रहीम व अन्य गृहस्थ संतों के दर्शन व दिखाये गये मार्ग के अनुरुप आध्यात्मिक जीवन यात्रा कर सके। साप्ताहिक आंतरिक सत्संग, मासिक शान्तिपाठ, वार्षिक भण्डारा व गुरु पूर्णिमा पर सत्संग उत्सव का आयोजन प्रमुख रुप में साधना पद्धति के अंग बने। अध्यात्म साधना में निरंतरता बनी रहे उसके लिये देश के सभी प्रांतों व भाषा- भाषी जनों के जुड़ते जाने के साथ-साथ, सत्संग केन्द्र स्थापित होते गये। ऐसे केन्द्र, किसी प्रेमी भक्त के निवास स्थान ही होते, जहाँ साधक जन

सप्ताह में रविवार के दिन 2 घण्टे के सत्संग के लिये इकट्ठे होते। ऐसे ही बृहस्पतिवार की साँय डेढ़ घण्टे का सत्संग, केन्द्र से जुड़े साधकों के यहाँ बारी-बारी (Rotation) होता। इन सत्संगों में आंतरिक साधना में क्रमशः एक और पौन घण्टे का ध्यान तथा स्वाध्याय की प्रक्रिया रक्खी गई।

समय के साथ, भक्तों की संख्या में वृद्धि होने पर बी-२० सी०सी० कालोनी दिल्ली-7 में सत्संग संस्था का मुख्यालय अस्तित्व में आया और वर्ष 1989 में फरीदाबाद के पास, अनंगपुर गाँव में "अखिल भारतीय सन्तमत सत्संग आश्रम" की स्थापना हुई। कुछ वर्षो के बाद, भाईयों से देश के अन्य भागों में, सत्संग भवन व आश्रम बनाने के प्रस्ताव आने लगे। ऐसे प्रस्तावों पर लेखक, भाई साहब जी को बहुत असंमजस की हालत में देखता। अन्ततोगत्वा, आपका निर्णय रहा कि, नहीं! जो भी विकास का कार्य होगा वह अनंगपुर आश्रम का ही होगा। आप कहते 'बुजुर्गों के बताये रास्ते से हमें बिल्कुल भी विचलित नहीं होना है', development हो या न हो, उसकी उतनी अहमित नहीं जितनी की हमारी संस्था के उसूलों की है। जो भी विकास हो, ईश्वर इच्छा, स्वेच्छा के अनुदान, श्रमदान तथा जनता-जनार्दन की सहमति से हो, चन्दा इकट्ठा करके या कर्ज लेकर नहीं।' इस तरह आश्रम का विकास होता रहा और मुख्य लक्ष्य सत्संग ही रहा। आवश्यकतानुसार आश्रम स्थल पर बाउण्डरी वाल, गेट, कुआँ, ऑफिस, ट्यूबवेल, शान्तिपाठ कक्ष, काउन्सिलिगं कामप्लेक्स अस्तित्व में आये। आर्थिक दर्शन के चलते यह विकास प्रक्रिया बड़ी धीमी रही, और ज्यादातर आश्रम का विकास श्रमदान के माध्यम से आगे बढ़ा। यहाँ, लेखक अपना एक अनुभव साझा करता है।

वर्ष 2003 में सेवा निवृत्ति के बाद, यह परिवार सहित अनंगपुर निकेतन में मकान बना कर रहने लगा। निकेतन में मकान बनने की प्रक्रिया, भाई साहब जी के 3 अप्रैल, 2000 में पर्दा लेने के 3 वर्ष बाद प्रारम्भ हुई और इसका पहला मकान था, जो बना।। डॉ. आर० पी० सिंह भी वहीं मकान बनाकर रहने लगे। एक दिन उनके बड़े भाई, हिन्दी साहित्य के विद्वान डॉ. कन्हैया सिंह आजमगढ़ से पधारे। उन्हें, यह आश्रम दिखाने लगा। इस समय तक भाई साहब जी के आध्यात्मिक उपक्रम (Spiritual Complex Base) में निकेतन

व स्कूल भी आकार ले चुके थे। लेकिन सब कुछ बहुत साधारण-सा ही था, कोई तड़क-भड़क व दिखावा न था। अमूमन समयानुसार, जो आश्रमों की आधुनिकता (modernity) होती है, वह न थी और उन्हें यह कैम्पस दिखाते हुए, इसे शर्म सी लग रही थी।

'नाम बड़े-दर्शन थोड़े'। इसने अपनी नकारात्मक झेंप मिटाने लिए भाई साहब जी के आर्थिक दर्शन की बात बताई कि यहाँ जो भी विकास होना है वह ईश्वर इच्छा से ही होना है (भाईयों या बहनों के स्वेच्छा के योगदान voluntary)। हाँ! यहाँ, पहली बार जो आते हैं, कहते सुना जाता है, कि यह स्थान बड़ा सुन्दर लगता है और बड़ी शान्ति है। आप तत्काल बोल पड़े कि हमारे हिन्दू शास्त्र में आया है–

शनैः कंथा, शनैः पंथा, शनैः पर्वते लंघने।
शनैः बिद्या, शनैः वितं, एते पंचाः शनैः शनैः॥

यह श्लोक बोलकर बताया कि कथरी सीना धीरे-धीरे, रास्ता चलना धीरे-धीरे, पर्वत लाँघना धीरे-धीरे, धन का आना धीरे-धीरे। यह हमारे शास्त्रों में आया है और स्थायित्व इसी में आता है। यह स्थान देख और विचार जान कर मैं यही कह सकता हूँ, कि यशपाल जी बड़े दूरदर्शी थे जो आप लोगों को बड़ा मजबूत आधार आगे के आध्यात्म विकास के लिए दे गये। स्थायित्व इसी तरह के विकास से आयेगा, धीरे-धीरे ही होने दें। यह बात सुनकर हमें भाई साहब जी की याद आती रही कि आप कहते थे कि इसे मामूली न समझो, इस समय दुनिया में इसके (पद्धति) मुकाबले की चीज नहीं है। सत्संग व्यवस्था में, क्षेत्र, जोन, केन्द्र बनाने के प्रयोग भी किये, जैसा कि लाला जी महाराज ने भी जिकर किया है, जो तमाम मानवीय कमजोरियों के कारण होते कटु अनुभवों के कारण छोड़ते चले गये। अन्ततोगत्वा, साधना व्यवस्था के प्रबन्धन हेतु–सत्संग संचालक, परसेप्टर, इजाजत खिलाफत, आचार्य, सह-संरक्षक ऐसे लोगों को चिन्हित व सृजित किया। आपने यह स्पष्ट किया ये कोई पद नहीं हैं, केवल सेवा के अवसर हैं, और यह मानें कि जो हो रहा है, ईश्वर इच्छा से कर्ता-धर्ता, हमारे गुरदेव हैं। हाँ, यह बात,

उन्होंने अपनी एक वसीयत में, लिखा कि, सेवक की इच्छा है कि इसके बाद इस कार्य को एक टीम वर्क की तरह चलाया जाय।

सेन्ट बृजमोहन लाल स्कूलः

आश्रम पर मुख्य सत्संग आयोजनों का समय मार्च-अप्रैल (भण्डारा) व जुलाई (गुरुपूर्णिमा) के दिनों में पड़ता था। उन दिनों प्रायः वर्षा हो जाया करती थी, जिससे सत्संगी भाइयों व बहनों के बिस्तर व कपड़े गीले हो जाने से बड़ी असुविधा होती। इस समस्या का हल तीन कमरों का निर्माण कराके निकाला गया। यह कमरे वर्ष में, कुछ दिन ही उपयोग में आते और खाली पड़े रहते। कुछ भाईयों से सलाह आई कि, इस क्षेत्र के पिछड़े वर्ग के बच्चों के लिए स्कूल खोलने पर विचार किया जाय। सत्संगी भाइयों की इस सलाह पर भाई साहब जी बड़े पशोपेश में पड़ गये। आपका लक्ष्य सत्संग था, न कि और कुछ। विचार मंथन चलता रहा। अन्तःतोगत्वा आपने कहा कि स्कूल की स्थापना की जाय, लेकिन यह स्कूल औरों से अलग हो, हमारा लक्ष्य दुनियावी शिक्षा के साथ-साथ जीवन मूल्यों व संस्कारों पर भी हो। स्कूल तो बहुत हैं, हमारा किसी भी स्कूल से कोई कम्पटीशन न हो, कोशिश हो कि जो बच्चे यहाँ से निकलें, वे देश के अच्छे नागरिक बनें। स्कूल का नाम अपने गुरूदेव 'बृजमोहन लाल' के नाम पर रखा और कहा कि वे जैसा चाहें चलायें। समय के साथ-साथ, कुछ बातें अनुभवों के आधार पर पुख्ता होती गईं। ये विचार बने कि "–This school runs as a community center of service and not as a business center and that commercialization does not take place in the school in any shape whatsoever" लेखक वर्ष 1990 में शिलांग से दिल्ली ट्रान्सफर हुआ। आपने इसे स्कूल का अध्यक्ष बनाया और प्रबन्धन में, साइंटिस्ट, इन्जीनियर, सेवानिवृत्त शिक्षक, प्रोफेसर, समाजसेवी, समर्पित सत्संगी व एकेमेडिशियंस को सदस्य के रुप में नामित किया। आपका कहना था कि हम कोई भी सरकारी सहायता नहीं लेंगे, स्कूल सी० बी० यस० सी० से मान्यता ले, हमारा सत्संग राष्ट्रीय स्तर का है, यहाँ सत्संगी भाई कहीं से भी अपने बच्चों को पढ़ने के लिये भेज सकते हैं। शिक्षक वे हों जिनकी जीवन की प्राथमिकता अध्यात्म हो न की धनोपार्जन। हम, स्कूल की आमदनी के

अनुरुप स्टाफ को सैलरी दें। स्कूल के लिये जनता से चन्दे की माँग कर सकते हैं, स्कूल के इन्फ्रास्टरक्चर विकास के लिये आवश्यकतानुसार सत्संग संस्था मदद करे, स्कूल का पैसा स्कूल के ही काम में लगे। इसके और कुछ भाईयों के मन में यह विचार उठे कि यह चन्दा लेने वाली साहब की बात समझ नहीं आती? इसका निराकरण, एक दिन आपने इससे, बिहार के श्री यस० के० मिश्रा जी द्वारा इकट्ठा किये गये और स्कूल को दिये गये, एक लाख रुपये की बात को बता कर की। कुछ भाई, इस बात की आलोचना कर रहे थे। यह नहीं सोचते कि इतनी रकम इकट्ठा करने के लिये उसे कितनों के सामने हाथ फैलाना पड़ा होगा, humiliation (आत्मग्लानि) झेलना पड़ा होगा, अहंकार को चोट लगी होगी। तब, यह बात इसके समझ में आई कि, यह तो अध्यात्म साधना का एक अंग है। अतीत में साधक जन, आश्रमों के लिये भिक्षा करते थे। अपरोक्ष रुप में, इसे साहब की इस भावना का पता चला, क्योंकि यह तो एक प्राविधान था, न कि कोई लक्ष्य, जो चाहें इसे अपनी साधना का अंग बना सकते थे। इसने इसके लिये प्रयास भी किया, वह भी अपने एक मित्र से माँग कर, लेकिन, उनके त्वरित उत्तर ने ऐसा आत्मग्लानि का झटका दिया कि दुबारा किसी से चन्दा माँगने की हिम्मत न पड़ी।

स्कूल की प्रबन्धन व्यवस्था बनने की प्रक्रिया में उत्तर प्रदेश के एक सत्संगी भाई श्री चिरंजी लाल शर्मा जी (रिटायर्ड आडिटर), एकाउन्टस की रुप-रेखा बनाने के लिये आये जो अनंगपुर स्कूल के साथ 10 वर्ष रहे, और भाई साहब जी के आर्थिक दर्शन के पक्ष को भली-भाँति समझा और वैसे ही व्यवस्था बनाने का प्रयास किया। ऐसी व्यवस्था के लिये भाई साहब ने कहा कि सिंह साहब, ऐसे नि:स्वार्थ भाव से सेवा करते साधकों को भी, कुछ परिश्रमिक देने की व्यवस्था अवश्य बनायें, जिससे इनके परिवार से, विरोध न हो कि वहाँ चले गये और पेंशन के पैसे या काम में सहयोग से वे महरुम हो गये। आपके साथ स्कूल के काम को करने में, इसे ईश्वर इच्छा की बात पर चलने के सुन्दर अनुभव रहे। इतना आज भी याद है कि उस समय 42 प्रतिशत बच्चों की फीस माफ थी और हर शिक्षक के दो बच्चों को भी नि:शुल्क शिक्षा का प्रावधान बना। इस अवधि में स्कूल व सत्संग के कार्य

के प्रति समर्पित होने से, इसमें बड़ी गलतफहमी पैदा हुई और मान बैठा कि यह स्कूल का आजीवन अध्यक्ष बना रहेगा। भाई साहब जी के पर्दा लेने के 6 वर्ष बाद, एक दिन मीटिंग में तत्कालीन संरक्षक महोदय ने कहा कि सिंह साहब मैं, आपकी जगह डॉ. आर०यन० प्रसाद जी को अध्यक्ष बनाना चाहता हूँ, अब आप हमारे साथ सत्संग का काम करें। हमारे सभी साथी और (श्री ओ०पी० सूरी, श्री यस० यन० खन्ना०, प्रिन्सिपल-श्री यम० यस० वशिष्ठ, श्री चिरन्जी लाल शर्मा) जो प्रबन्धन के काम में लगे थे, इस निर्णय से अचम्भित रह गये। यह बताने में मुझे जरा सी भी हिचकिचाहट नहीं है कि मेरी अन्दरूनी प्रतिक्रिया शत-प्रतिशत ईश्वर इच्छा मानना ही रही। डॉ. प्रसाद जी हमारे. पी० यच० डी० शिक्षा स्तर पर गुरू रहे थे, बड़े पदों पर काम करने के उन्हें अनुभव थे, अतः इसके तत्कालिक स्वर विचार सकारात्मक ही थे कि यह हमसे बेहतर करेंगे। हाँ! हमारी पत्नी और बेटी सरिता, संरक्षक महोदय से सहमत नहीं थीं और दुखी भी हुई। यह संसार ऐसे ही चलता है, इंसान सब कुछ अपने स्वार्थ के दृष्टिकोण से ही देखता व करता है। स्वाभाविक है, परिवर्तन बदलाव के लिये और ईश्वर (संस्कार) प्रेरित होते हैं। यदि हम अध्यात्म साधना व वैज्ञानिक दृष्टिकोण से देखें तो यह अनुभव सूफी सिलसिले की साधन पद्धति में साधकों के लिये कही बात 'अजब सिलसिला है सलारे हक का, कि ले जाते हैं पर्दे में हरम तक' ऐसे तमाम अनुभव भाई साहब जी ने इस बदलाव में इस लेखक को कराये। ऐसी मन की स्थिति बने, इसके लिये केवल आश्चर्य ही रहा, अपना कोई प्रयास नहीं।

कालांतर में स्कूल की दिशा में होते परिवर्तनों की जानकारी होने पर श्री चिरन्जीलाल शर्मा ऐसे आहत हुए कि, एक लेख 'सेंट बृजमोहनलाल स्कूल अनंगपुर-एक आंतरिक अवलोकन' लिखा, जिसकी एक प्रति इस लेखक को इस आशय के साथ संस्था की त्रैमासिक पत्रिका 'सन्त-सुधा' में दी जाय के लिये दी। उसकी कुछ पंक्तियाँ यहाँ देना, संस्था के विकास के प्रति ईश्वर-इच्छा का द्योतक है। आप लिखते हैं-"लेखक का मत है कि इस विद्यालय के कार्य संचालन की नीति के निर्धारण का एक मात्र आधार सत्संगी किस्म की सोच अर्थात स्प्रिचुअल एप्रोच ही होना चाहिए। यह स्कूल सत्संग

संस्था का ही बच्चा है। इस बच्चे के जन्म की कथा, जैसी स्वयं परमपूज्य भाई साहब जी ने एक बार सुनाई थी, यह है कि आश्रम में आयोजित सत्संग कार्यक्रमों मे आने वाले सत्संगियों के ठहरने हेतु कुछ कमरे बनवाये गये थे। कहीं से प्रस्ताव आया कि इन कमरों में गाँव के बच्चों को पढ़ाने तथा संस्कारित करने का कार्यक्रम चलाया जा सकता है। आपने इस प्रस्ताव में सत्संग के आध्यात्मिक एजेण्डा का उज्जवल भविष्य देखा। अतः इस उम्मीद के साथ इस प्रस्ताव को मंजूरी दे दी कि सत्संग के स्कूल के जरिये ग्रामीण क्षेत्र में शिक्षा के प्रसार के साथ-साथ आध्यात्मिक संस्कार भी पल्लवित होंगे। अन्यथा यहाँ स्कूल चलाने की योजना लेकर सत्संग संस्था नहीं आई थी। पूज्य भाई साहब जी के जीवनकाल तक समर्पित कार्यकर्त्ताओं के भरसक प्रयत्न के बावजूद पूर्णतः संतोषजनक स्वरूप स्कूल को नहीं दिया जा सका। उन्हें शिकायत बनी ही रही। चाहिए तो यह था कि उसी दिशा में विकास के प्रयत्न जारी रहते ताकि अभीप्सित लक्ष्य की प्राप्ति की प्रतीक्षा एवं आशा तो बनी रहती, किन्तु दुर्भाग्य वश ऐसा नहीं हुआ। स्कूल के प्रयोजन तथा तदनुसार प्राथमिकताओं में परिवर्तन होने लगे। पहले तो संस्कारार्जन कम तथा धनार्जन अधिक जरूरी लगा तथा आगे चलकर संस्कारार्जन पूर्णतः लक्ष्य से ओझल हो गया और केवल धनार्जन ही लक्ष्य रह गया। लेखक के विनम्र मत के अनुसार यह स्थिति सैद्धांतिक रूप से स्कूल के सत्संग-संस्था (मात्र संस्था) की जड़ों से कट चुकने की स्थिति है तथा परम पूज्य भाई साहब जी द्वारा निर्धारित प्रयोजन को हमारे द्वारा बदल दिये जाने की स्थिति है। हम रजोगुण की चपेट में आ गये हैं। रजोगुण जिसे अपनी चपेट में ले लेता है उसे अपरमित महत्त्वाकांक्षा, कर्त्ताभाव तथा अहंकार से भरकर पुरुषार्थ के बल पर आसमान छूने को प्रेरित करता है"।

यह लेख शर्मा जी ने एक पत्र के माध्यम से, तत्कालीन संरक्षक महोदय को भेजा था, जो संत-सुधा पत्रिका में जगह न पा सका।

कोआपरेटिव हाउस बिल्डिंग सोसायटी:

मिशन के कर्मठ सहयोगी, श्री आशानन्द जी से भाई साहब जी ने कहा कि यदि यहीं आश्रम के पास कुछ जमीन मिल सके तो सत्संगियों के लिये

आवासीय सोसाइटी की व्यवस्था की जाय। इससे काफी सुविधा हो जायेगी। प्रोग्रामों में, यहाँ रह रहे भाईयों के यहाँ, आने वाले साधक बन्धु ठहर सकेंगे, यहाँ रहने वालों के बच्चे आगे चलकर सत्संग के स्कूल में शिक्षक की सेवा दे सकेंगें तथा अध्यात्म साधना का अच्छा वातवरण बनेगा।

उस समय के संस्था के प्रथम सेक्रेटरी श्री आर० यस० अग्रवाल व सत्संगी भाई श्री आर० यस० सिंह, सोसायटी के लिये जमीन खरीदने में काफी भाग दौड़ किये, टुकड़ों-टुकड़ों में जमीन खरीदी गई। वर्ष 1980 में हाऊसिंग सोसायटी का रजिस्ट्रेशन कराया गया। लेखक का सोसायटी में कोई प्लॉट लेने का विचार न था। लेकिन वर्ष, 1990 में दिल्ली आने के बाद, इसकी बेटी वर्षा सिंह की दिल्ली में मकान होने की इच्छा व भाई साहब जी के इशारे के फलस्वरुप एक 200 गज का प्लाट ले लिया गया। भाई साहब जी सोसायटी के सदस्य नहीं थे, लेकिन इसे इस उपक्रम की इक्ज्यूटिव कमेटी में सदस्य बनवाये और सोसायटी के आकार लेने में सक्रिय भूमिका निभवाई। यह प्रक्रिया बड़े आध्यात्मिक अनुभवों की रही। वैसे तो बहुत लोगों का सहयोग रहा, लेकिन इलाहाबाद के श्री विनोद कुमार मित्तल का जमीन की हदबन्दी व कब्जा लेने तथा लेखक के साथियों की टीम शिलांग (आई०सी०ए०आर०) व पूसा इंस्टीटयूट दिल्ली से आकर जमीन का नक्शा बनाने, प्लानिंग, प्लाटिंग व पानी की व्यवस्था बनाने में अहम व निःस्वार्थ भूमिका रही। शिलांग के श्री के० के० दत्ता, दिल्ली के डॉ. आर०सी० सोलंकी (इंजीनियर बन्धु), डॉ. आर० पी० सिंह, एग्रोनामिस्ट, डॉ. यच०सी० चन्द्रसेखरन जियो-फिजिसिस्ट, व डॉ. राम लगन मिश्रा फलोरोकल्चरिष्ट बधाई के पात्र हैं जिन्हें भाई साहब जी का भरपूर आशीर्वाद मिला। यह सारे काम, भाई साहब जी की कृपा के आश्चर्यचकित करने वाले अनुभव के रहे, जिनकी कोई भी नव-आगन्तुक, सोसायटी के उभरते दृश्य की तारीफ किये बगैर न रहता। कितने तो प्लॉट की उपलब्धता के बारे में भी पूछते। स्वप्न में भी कभी, दिल्ली यन०सी०आर० में मकान की इच्छा न होते हुए, सोसायटी में इसका पहला मकान बना। गुरु-कृपा का ही अनुपम उदाहरण है। माता जी ने कितनी बार इसकी धर्मपत्नी श्रीमती शिव कुमारी सिंह से कहा कि बहन जी आपने यहाँ पहला मकान

बनाकर बड़ी हिम्मत दिखाई, अब सोसायटी बन जायेगी। दद्दा जी की कल्पना का सामाजिक विकास होते लेखक ने देखा व रहकर अनुभव किया। लेकिन, अन्ततोगत्वा ईश्वर इच्छा ही प्रिवेल करती है। तुलसीदास जी ने बहुत सही लिखा है "होइ हैं वही जो राम रचि राखा-को करि तरक बढ़ावै शाखा।" वर्ष 2005 तक, लेखक की जीवन यात्रा का समय बड़ा सुखद रहा जब हम लोगों ने सिलसिले के बुजुर्गों के आध्यात्मिक जीवन की कल्पना का अनुभव किया। उसके बाद धीरे-धीरे हालात बदलते गये और वर्ष 2015 में निकेतन से विदा होना पड़ा।

जीवन यात्रा में ईश्वर इच्छाः

15 अप्रेल, 2015 के दिन अनंगपुर आश्रम से निकल कर हम लोग लखनऊ और 12 मार्च 2018 में गृह जनपद सुलतानपुर आ गये। अध्यात्म क्या है? बता पाना बड़ा मुश्किल है, लेकिन इस बीच जो भी अनुभव रहे, वे भी सुखद के अलावा और कुछ नहीं। गुरु-सत्ता की कदम-कदम पर सहायता का प्रत्यक्ष अनुभव, चाहे कितने भी किसी तरह के जीवन यात्रा में उतार-चढ़ाव रहे हों। हाँ! किसी न किसी रुप में सत्संग या सत्संग कार्य से जुड़ा रहना आवश्यक लगा। मुझ जैसे अनुभव भाई साहब जी के निकटतम रहे साधक, भाई रमेश जी, भाई आशानन्द जी, डॉ. आर० पी० सिंह, श्री जे०पी० अग्रवाल, श्री अशोक कुमार गुप्ता व श्री हरि ओम गुप्ता (वकील साहब) के साथ भी देखता हूँ और बहुत से भी भाई होंगे, जिनसे अब संपर्क न रहा। काश! यह बन्धु भी अपने अनुभवों को लिपिबद्ध कर सकें तो निःसंदेह आध्यात्मिक विज्ञान की कबीर दर्शन पर विकसित होते व्यवहारिक पक्ष की सुन्दर प्रस्तुति होगी। रमेश भाई, पूज्य गुरूदेव जी के ज्येष्ठ पुत्र हैं। आप 'यशरुत पीठ' के माध्यम से, भाई साहब जी की शिक्षाओं व तरीकत को मूल रुप में संरक्षित करने का प्रयास कर रहे हैं। आप देखने व व्यवहार में अपने पिता जी के प्रतिरुप लगते हैं। अन्य बन्धु जिनके नाम ऊपर आये है, इस समय महाभारत में आये पात्रों के प्रतिरूप की तरह कर्मरत रहते हुए आज के युग में यशपाल जी महाराज के द्वारा स्थापित उपक्रमों के लिए न्यायोचित व्यवस्था स्थापित करने का प्रयास में रहते हुए संतोष के साथ जीवन यात्रा कर रहे हैं। गीता में

वर्णित कर्मयोगी का यही जीवन जीना होता है। भाई साहब जी के अनुयायियों में जिनसे लेखक का आज भी संपर्क है, वे सब अपने गुरूदेव की शिक्षाओं को अपनी-अपनी समझ के अनुसार गृहस्थ जनों में प्रसारित करने का काम कर रहे हैं। श्री राम मनोहर सेंगर, 'आनन्दयोग पीठ' भोपाल, डॉ. बीरबल सिंह 'यशरूपाश्रम' लखनऊ, श्री दिनेश प्रताप सिंह व सरिता सिंह 'आध्यात्मिक जागृति सेवा केन्द्र' सुलतानपुर, श्री चिरंजीलाल शर्मा जी प्रबन्धन कमेटी के अध्यक्ष के रुप में 'मौनीबाबा आश्रम' बुलन्दशहर के माध्यम से सेवारत हैं। ये बन्धुजन, भाई साहब जी द्वारा स्थापित मूल अध्यात्म सेवा उपक्रम में बदलावों से सहमत न हो सके और स्वेच्छा से बाहर हो गये या निकाल दिये गये। लेखक इस प्रक्रिया को स्वाभाविक रुप में ईश्वर की इच्छा के तहत मानता है। सोचिये, लाला जी महाराज जी के माध्यम से प्रारम्भ हुआ यह मिशन आज विश्व के 140 देशों में फैल चुका है और विश्व के मानव समूह का एक बहुत बड़ा वर्ग, आध्यात्मिक लाभ प्राप्त कर रहा है। यदि हम प्रचलित कहावत "जो होता है, अच्छे के लिये होता है" के चश्मे से देखें और सकारात्मक रुख से सोचें तो जो भी जैसा कर रहा है, उसे सही ही मानता है। महात्मा तुलसीदास जी ने क्या खूब कहा है कि "जो जस करा, सो तस फल चाखा-कर्म प्रधान विश्व कर राखा।" सारा खेल तो कर्म व कर्म फल का है। आध्यात्मवादियों के लिए, लाला जी महाराज की कही 'शोषण' बीमारी की बात पर मनन करने से इसके यथार्थ का आभास करना संभव है। भाई साहब जी के माध्यम से अस्तित्व में आई इस अनुपम संस्था के अनुभावों में लाला जी महाराज की कही बातों के यथार्थ को देखा जा सकता है। और लगभग सभी आध्यात्मिक संस्थाओं मे यही मर्ज हावी है।

सत्संग से जुड़े रहने के अपने 36 वर्षों के अनुभवों का संक्षिप्त विश्लेषण लेखक ने तत्कालीन संस्था के संरक्षक महोदय को अनंगपुर आश्रम छोड़ते समय पत्र द्वारा लिखा था, जो सन्तसुधा, जुलाई 2015 के अंक में, उत्तर के साथ आया है। इस बीच, लेखक द्वारा संकलित पुस्तक 'गृहस्थ जीवन में अध्यात्म-संत यशपाल कथनामृत' भी प्रकाशित हुई है। यह पुस्तक व प्रारम्भ से लेकर अप्रैल 2000 तक की प्रकाशित सन्त सुधा पत्रिका के सभी

अंक, महात्मा यशपाल जी के माध्यम से उद्‌भिद आत्म-ज्ञान सम्बन्धी साहित्य, शोध सामग्री के रुप में उपलब्ध है, जो गहन शोध का अमूल्य संसाधन हैं। आज, आवश्यकता है अध्यात्म विज्ञान पर शोध की और यह ज्ञान जनमानस के हितार्थ व्यवहारिक रुप में उपलब्ध कराने की। भाई साहब जी द्वारा विकसित 24 घण्टे ध्यान की तकनीक आपकी मानव समुदाय को दी गई एक अनुपम भेंट है, ऐसा यह लेखक मानता है। आपके द्वारा किया गया संस्थागत उपरोक्त कार्य, एक उदाहरण है जो सच्चे अध्यात्म सेवकों को आने वाले समय में मार्गदर्शन करता रहेगा, ऐसा लेखक मानता है। आपकी जीवन यात्रा आधुनिक कबीर की रही, जिसे लेखक को देखने व अध्ययन करने का अवसर मिला।'

अध्यात्म विज्ञानी, इस बात से सहमत होंगे, कि संसार की गति गतिमान (Dynamic) है। कोई भी गतिशील कार्य किसी एक विधा पर नहीं चल सकता, इसमें समय व परिस्थितियों के अनुरुप परिवर्तन करने ही पड़ते हैं और होते भी हैं। ऐसे परिवर्तन में, खासकर आध्यात्मिक संस्थाओं में जनता जनार्दन की राय, भाई साहब जी की कार्य विधी में, इसने खास बात देखी, जो उन्होंने दृढ़तापूर्वक अपनाया हुआ था। अमूमन देखा गया है कि, ऐसी संस्थाओं में, संस्थापक के जाने के बाद परिवारिक वर्चस्व की वजह से कालान्तर में संस्थायें विकृत हो, मूल उद्देश्य से भटक जाती हैं और ऐसा गीता में वर्णित मैं, मेरा (अहम्, मम्) की वजह से होता है। इसमें संस्थापक का कोई दोष नहीं, बल्कि संसार की रीति (प्राकृतिक नियम के समझ का अभाव है।) संभवतः इसीलिये, महात्मा यशपाल जी ने परमात्मा की ईच्छा को ही सर्वोपरि मानने का उदाहरण प्रस्तुत किया। लेखक के अनुभव में भी, बचपन में सुनी कहावत "जो होता है अच्छा होता है" में ईश्वर इच्छा की अनुभूति होने के अनुभव रहे हैं। लेकिन, महात्माओं की जीवनचर्या व विचारों में गूढ़ जीवन मूल्य के सिद्धान्त होते हैं, जो तमाम समर्पित साधकों का मार्गदर्शन करते रहते हैं। इन विचारों से प्रेरित हो, जितना यह महात्मा यशपाल जी को जान पाया, की बातों व सिद्धांतों को इस लेख में समेटने का प्रयास किया है। महात्मा रामचन्द्र जी महाराज के द्वारा काकभुशुण्डि जी के आश्रम के अनुरुप प्रयोग,

उसके अनुभव, और भाई साहब जी का अनंगपुर में किया गया प्रयोग आध्यात्म जगत में, भविष्य में भी उपयोगी बना रहेगा। इन स्थानों पर जब भी, कोई, उन सन्तों के बताये मार्ग व सिद्धान्तों को अपनायेगा, वही बात अवश्य पैदा होगी और इन महापुरूषों के, बाधित कार्य जग उठेंगे व आगे बढ़ेंगे, ऐसा लेखक के विचार में आता है।

परमात्मा तू ही है, तेरी इच्छा पूरी हो।

2

आनन्द योग

डॉ. अक्षयबर सिंह, सुलतानपुर (उ.प्र.)

रामचन्द्र जी महाराज (लाला जी) पहले हिन्दू सन्त हुए, जिनके माध्यम से नक्शवंदिया (सूफी) सिलसिले का भारत में प्रवेश हुआ। लेखक की जीवन यात्रा में, इसी सिलसिले के गृहस्थ संत महात्मा यशपाल जी (भाई साहब) का सानिध्य मिला जिन्होंने एक स्वाभाविक जीवन यात्रा करते हुए, सिलसिले के महान आध्यात्म वेत्ताओं के माध्यम से चली आ रही साधन पद्धति पर चलते हुए 'आनन्द योग' नाम से जीवन में परमात्मा का नाम जोड़ने की तरीकत का व्यवहारिक तरीका साधना-रत रहते हुए विकसित और प्रचारित किया। आप अनुभवों से उपजे व्यवहारिक आध्यात्मिक ज्ञान को साथ-साथ लिपिबद्ध व पारिवारिक संस्था को सुदृढ़ बनाने हेतु भी चिन्तनशील रहे। आनन्द योग वस्तुतः राजयोग का सूक्ष्मातिसूक्ष्म रूप है, जिसमें राजयोगी द्वारा अनुभव की जाने वाली कठिनाईयों का परिहार हो जाता है। विवाहित जीवन इसमें बाधक नहीं है और मन की एकाग्रता के अभ्यास से साधना प्रारम्भ की जाती है। सम-सामयिक सन्तों अथवा गुरुओं ने साधना का अधिक से अधिक भार अपने ही ऊपर धारण कर लिया है। इस प्रकार साधना के क्रम में एक प्रकार की समग्र क्रांति उपस्थित कर दी गई है तथा उसे सरल बना दिया गया है। यशपाल जी महाराज ने इस विधा को अपने सद्गुरूदेव महात्मा बृजमोहनलाल जी से स्पष्ट एवं सरस रुप से प्राप्त कर साधा और सृजित किया।

भाई साहब जी ने आनन्द योग साधना पद्धति को समस्त आध्यात्मिक ग्रंथों, पंथो, मजहबों, श्रीमद्‌भगवत गीता, अष्टावक्र संहिता (गीता), रामचरित मानस एवं सूफी साधन पद्धति को मंथन करके ऐसा अनुपम प्रेम के मार्ग के रुप में प्रस्तुत किया, जो सहज-सहज ही साधक को अन्तिम मंजिल तक (आत्म साक्षात्कार) ले जाने में सक्षम / समर्थ है। सूफी संतों द्वारा प्रतिपादित सहजयोग को आत्मसात करते हुए, उनकी साधन पद्धति समर्पण-सुमिरन-सेवा-प्रेम, के आधार पर सत्संग-सद्‌गुरु-सतनाम के मार्गमयी साधन पद्धति का विकास किया। आप लिखते हैं कि 'योग के क्षेत्र में यह कोई नयी खोज नहीं है। यह जीवन क्रम में ईश्वर का नाम जोड़ लेने का मार्ग है। आप अपने गुरूदेव को अद्वितीय पुरुष कहते थे जिन्हें तत्कालीन तीन महान सन्तों ने आध्यात्मिक ज्ञान की शिक्षा दी थी। हम उनमें मौलाना साहब की आत्मिक शक्ति, लाला जी महाराज का आध्यात्मिक ज्ञान, तथा चच्चा जी का प्रेम तथा भक्ति का सम्मिश्रण एक साथ देखते थे। यशपाल जी महाराज ने आनन्द योग पुस्तक दो भागों में सृजित की, जिसकी मूल प्रस्तुति अंग्रेजी भाषा में हुई। पुस्तक के हिन्दी रूपांतरण में विषय वस्तु का संक्षिप्त विवरण इस प्रकार आया है-

आनन्द योग भाग-1

ईश्वर कृपा (सद्‌गुरु की आवश्यकता, हठयोग और राजयोग, मानसिक योग, आनन्द योग); जटिल मानव व्यक्तित्व (मानव शरीर के कार्य, मानव में भौतिक तथा मानसिक शक्ति का ह्रास, रहस्यमयी दिल की विद्या);

आध्यात्मिक साधना (आन्तरिक साधना, हृदय, एक साधक जिज्ञासु की आवश्यकताएँ, आत्मिक शिशु, हृदय केन्द्र पर आध्यात्मिक साधना, महत्त्वपूर्ण रहस्य); आत्मिक संस्कार और सतुगुरू-कृपा; इति मार्ग-जोड़ने का मार्ग (प्रथम सीढ़ी, द्वितीय सीढ़ी, तृतीय सीढ़ी); योग और उसकी साधना (स्थूल शरीर पर नियन्त्रण, सूक्ष्म शरीर पर नियन्त्रण, चितवृत्तियाँ और उनके विभिन्न प्रकार, मन की एकाग्रता प्राप्त करने का सरलतम उपाय); पूजा; पाँच शत्रु और उन्हें मित्र बनाने के उपाय; सन्तों के लिये चेतावनी।

आनन्द योग भाग-2

अवतार, महापुरुष, तथा गुरू (आसक्ति में अनासक्ति, भक्ति मार्ग); गुरू द्वारा शक्ति का सम्प्रेषण; सत्गुरू की पहचान कैसे करें; सत्संग; सत्नाम (आदि ब्रम्ह, सत्नाम); आत्मिक शिशु और उसका भोजन (आत्मिक शिशु, प्रकाश या नूर, आत्मिक शिशु के रोग); आध्यात्मिक जीवन तथा उसके रहस्य (आध्यात्मिक जीवन क्या है, कथा, सहज एकाग्रता कैसे प्राप्त करें); शगल राब्ता, दीक्षा तथा शक्तिपात दीक्षा या बैत, शक्तिपात, तवज्जह, शक्तिपात प्राप्त करने की विधि, बहुमूल्य मोती) सुलूक तथा जज्ब (जज्ब, कल्ब के पड़ाव, सत्गुरू की खोज); ईश्वर-कृपा, गुरु-कृपा तथा निज-कृपा (ईश्वर कृपा, गुरु कृपा, निज कृपा); बीज मंत्र, शक्ति मंत्र और कीलक मंत्र (बीज-मंत्र, कीलक मंत्र, शक्ति मंत्र); आत्म-साक्षात्कार (आत्मिक उड़ान)।

आनन्द योग का सृजन, भाई साहब जी ने अपनी साधना के अनुभवों, शास्त्रों के स्वाध्याय व गुरू आदेश एवं मार्ग दर्शन के आधार पर किया। इन अनुभवों का विस्तृत वर्णन आपने-अपने गुरूदेव के नाम पर लिखी पुस्तक 'श्री बृजमोहन वचनामृत' में किया है जो पाँच भागों में उपलब्ध है। वचनामृत, 'आनन्दयोग' का प्रैक्टिकल रूप व स्वरूप है। इसे आप मानव विकास के लिए भविष्य की 'गीता' कहते थे। इस साधन पद्धति का भाई साहब जी ने और सरलीकरण अपने प्रवचनों के माध्यम से किया। आपसे प्रभावित हो, लेखक ने प्रवचनों का संकलन किया जो वर्ष 1985 में अखिल भारतीय सन्तमत सत्संग की 'साधन पद्धति' के नाम से प्रकाशित हुई। इस पुस्तक की विषय वस्तु का संक्षिप्त विवरण इस प्रकार है-

अखिल भारतीय सन्तमत सत्संग की साधन पद्धतिः

प्राक्कथन, परम पूज्य भाई साहब जी का संदेश, साधन की पहली सीढ़ी (पूजा कैसे करें); पूजा कैसे और क्यों करें (पूजा क्यों करें, पूजा कैसे करें); विनय प्रेम बस भई भवानी-खसी माल मूरत मुस्कानी (प्रेम शब्द की व्याख्या); साधना की दूसरी सीढ़ी (किसानों के लिए, व्यापार बिजनेस का काम करने वाले, बुद्धिजीवी दफ्तर का काम, Skilled Workers-कारखानों में

काम, गृहणियाँ-देवियाँ, उलटधार); साधना की तीसरी सीढ़ी; निष्काम कर्म; योग और उसकी साधना (नजर बरकदम, दूसरा है होश-दरदम, खिलवत-दरअंजुमन, मन की एकाग्रता प्राप्त करने का सरल उपाय)।

साधन पद्धति का सार 'ध्यान' है। इसे कैसे सहज-सहज में गृहस्थ की कशमकश की परिस्थिति में रहते हुए साधा जा सकता है। आनन्द योग साधना का सार है—हमारे महर्षियों ने बताया कि मन को एक तरफ लगाओ, वह विचार शून्य हो जायेगा। यदि मन विचारों से शून्य होगा तो उसका सीधा सम्बन्ध आत्मा से हो जायेगा। सुन्दर-सुन्दर भावना पैदा होगी। फिर आप चाहेंगें कि इस संसार में जितने लोग हैं सब आनन्द से रहें, सब सुखी हों, दुख संसार से मिटे। दूसरों की सेवा के लिये आप अपने को न्यौछावर कर देंगें। अपने स्वयं के विकास के लिये ध्यान आवश्यक है। लेखक महात्मा यशपाल जी द्वारा बताये ध्यान के तरीके को बड़ा व्यवहारिक पाया जिसमें गृहस्थ में रहते हुए, दिनचर्या के खाली समय को देकर कोई भी इंसान दिन के 24 घण्टे ध्यान की अवस्था में रह सकता है और उसके कार्य आज से और भी अच्छे होते जायेंगें। आप स्वयं इसके उदाहरण रहे और डाक व टेलीग्राफ विभाग में टेलीग्राफिस्ट की नौकरी शुरु कर डाइरेक्टर पद से सेवा निवृत्त हो 82 वर्ष तक गृहस्थ जीवन निभाते हुए इस यूनिवर्सल पद्धति का प्रचार-प्रसार किया। ध्यान की पद्धति के तरीके का संक्षिप्त विवरण इस प्रकार है।

आठ घण्टे का ध्यान: हमारे महर्षियों ने बताया कि चाहे गृहस्थ हों या सन्यासी, हमें आधा घण्टा सुबह व आधा घण्टा शाम को पूजा (ध्यान) अवश्य करनी चाहिए। संसार में दो तरह के व्यक्ति हैं, एक साकार पुजारी तथा दूसरे निराकार पुजारी। किसी को चेहरे से प्यार होता है वह परमात्मा के किसी रुप को मानते है, इन्हें साकार पुजारी कहते हैं और दूसरे परमात्मा के नाम को पकड़ते हैं, वह निराकार पुजारी हैं। पूजा के लिए इन दोनों तरह के व्यक्तियों का मुख्य काम है अपना एक इष्ट निश्चित करना, जिसमें परमात्मा की सबसे ऊँची भावना डाल सकें, उसे अपना इष्ट मानें। उसी का ध्यान करें, उसी की याद करें और हर मूर्ति में उसे ही देखें (ऐसी भावना बनायें)। ऐसा नहीं कि कभी राम की पूजा करें, कभी कृष्ण की करें, कभी माँ की करें।

अगर रोज–रोज बदलेंगें तो इसका विशेष लाभ नहीं होगा। असल में पूजा का जो मकसद है वह चित्त की एकाग्रता प्राप्त करना है। मन को एकाग्र करना या विचार शून्यता प्राप्त करना। यह तभी हो सकता है जब हमारा एक इष्ट हो। साकार पुजारी अपना एक इष्ट निश्चित करें। जो निराकार भगवान के उपासक हैं, परमात्मा की मूर्ति नहीं मानते, वे भगवान के नाम को छाँटें और उस नाम को चुनें जो उनकी आत्मा को सबसे प्यारा लगता है। किसी न किसी नाम से याद तो करते ही हैं। हिन्दू भाई ओउम् नाम, मुसलमान भाई अल्लाह, सिक्ख भाई वाहेगुरु, क्रिश्चियन भाई क्राइस्ट या गॉड कोई नाम चुनें जो आपकी आत्मा को प्यारा लगे, उसे पकड़ें। पूजा के लिये साफ चद्दर या कम्बल का आसन हो

1. धूप बत्ती या अगरबत्ती जलायें।

2. रात्रि के वस्त्र बदल कर बैठें। यदि स्नान न कर सकें तो कोई बात नहीं। मुँह हाथ धोकर सुखआसन में बैठें।

3. कल्पना करें कि आपका ईष्ट सशरीर आपके सामने विराजमान है।

4. कोई भक्तिभरा भजन गायें या ऐसा भाव बनायें कि ईष्ट की गहरी याद बन जाय। बहिर्मुखी विचार अन्तर्मुखी होने लगेंगे और ईष्ट पर ध्यान बनेगा। पहले बाहर देखिये, जब ध्यान बन जाय तो उस पवित्र मूर्ति को, हृदय में उतारिये, प्यार से बैठाइये कि वही वह रह जाय, न दूसरा ख्याल रहे न विचार। जब मन हट जाय तो फिर प्यार से इसी मूर्ति को हृदय पर जमायें। ऐसे करते रहें। आधे घण्टे बाद जब चेतन अवस्था में लौटेंगे तो बड़ी सुन्दर अनुभूति होगी कि आपका हृदय, मस्तिष्क आनन्द से भर गया। महात्माओं ने यह तरीका साकार पुजारियों के लिये बताया कि यदि ऐसी पूजा करेंगें तो चित्त की एकाग्रता प्राप्त होगी, सुषुप्ति की अवस्था प्राप्त होगी। धीरे–धीरे सहज समाधि में प्रवेश कर जायेंगे।

दूसरे वे लोग हैं जो निराकार भगवान के उपासक हैं जो भगवान की मूर्ति नहीं मानते। वे भगवान के किसी एक नाम को पकड़ें।

1. आसन तो वही है, सुख आसन से बैठें।

2. हृदय की तरफ निगाह रहे, आनन्दमयी अवस्था बनायें।
3. हृदय धुक-धुक करता है, ख्याल करें कि हर धड़कन के साथ वही चुना हुआ नाम निकल रहा है।
4. धीरे-धीरे उसमें ऐसे तल्लीन हो जायेंगें कि विचार शून्यता की अवस्था आ जायेगी।
5. जब चेतन अवस्था में लौटते हैं तो एहसास होता है कि बड़े आनन्द की अनुभूति और बड़ी शान्ति मिलती है।

इस तरह आधा घण्टा सुबह और आधा घण्टा सायं हम पूजा कर सकते हैं।

भोजन कैसे करें:

हम भोजन करते हैं और भोजन करने में आधा घण्टा दोपहर और आधा घण्टा रात्रि में लगाते है। यह ऐसा समय है जो खाली है। भोजन करने के तरीके में परिवर्तन करें। यह परिवर्तन क्या है?

1. जब भोजन सामने आ जाये तो भगवान (अपने ईष्ट) को अर्पण करें।
2. हर कौर भगवान (अपने ईष्ट) की याद में खाएँ।
3. न कोई ग्रास बिना भगवान की याद के पेट में जाये और न कोई चीज बिना भगवान की याद के पियें, यह अभ्यास है।
4. भोजन जिन विचारों में डूब कर किया जाता है, खून जो बनता है, उन्हीं विचारों का रंगा हुआ बनता है।
5. भोजन भगवान की याद में करने से, दिन में जब भी खाली होगें भगवान की याद आयेगी।
6. भगवान कृष्ण ने गीता में साधक की दृष्टि से चार विशेष बातें बताईं। पहली है आहार की शुद्धि, दूसरी है विहार की शुद्धि, तीसरा अभ्यास और चौथा वैराग्य। तो यह है आहार की शुद्धि जो हमें करनी है। भोजन भगवान की याद में करने में परमात्मा की याद करते हैं, पूजा में भी परमात्मा की याद करते हैं तो यह आधा घण्टा दोपहर

भोजन का और आधा घण्टा रात्रि भोजन का समय पूजा में बदल जायेगा।

7. सन्तों ने स्वाद-निग्रह पर बड़ा जोर दिया है। भगवान की याद में भोजन करने से स्वतः ही स्वाद- निग्रह हो जायेगा।

इस तरह पूजा के दो घण्टे हो जायेंगें (आधा घण्टा सुबह पूजा का, आधा घण्टा सायँ पूजा का, आधा घण्टा दोपहर भोजन का और आधा घण्टा रात्रि भोजन का)

सोयें कैसे?

हर मनुष्य सोता है और औसतन 6 घण्टे सोने में लगाता है। सन्तों ने कहा कि सोने से पहले २० मिनट परमात्मा को दें, तो विहार की शुद्धि हो जायेगी।

1. आप अपनी चारपाई पर बैठिये, आसन लगाने की जरूरत नहीं है।
2. आत्म-निरीक्षण कीजिये। अपनी आत्मा से पूछिये कि आज आपसे क्या कोई अच्छा काम बना। ऐसा काम जिससे किसी दूसरे की आत्मा को प्रसन्नता प्राप्त हुई हो। अगर कोई ऐसा परोपकार का काम आपसे बना है तो उसे भगवान को अर्पण कर दीजिये कि हे प्रभो! आपकी दया व कृपा से बना है। इस सेवक में कहाँ शक्ति है कि इससे कोई ऐसा काम बने। आपने अवसर प्रदान किया और हो गया।
3. फिर सोचिये कि आपमें कोई कमी तो नहीं है, अपनी आत्मा से पूछिये। नहीं है तो बड़ी अच्छी बात है। अगर आत्मा कहती है कि झूठ है, कपट है, काम है, क्रोध है, लोभ है, मोह है, अहंकार है। अगर ऐसी कोई चीज नजर आती है तो प्रायश्चित करना बहुत आवश्यक है। भगवान के सामने प्रायश्चित करें कि परमात्मा हमें इन कमियों से मुक्त करें। प्रार्थना बहुत बड़ी चीज है।
4. परमात्मा के सामने अगर ऐसा करते हैं तो भगवान हमारी आत्मा को बहुत ऊँचा उठाता चला जाता है।

5. इसके बाद अपने ईष्ट का ध्यान करें और उसी ध्यान में सो जायँ, यह है अभ्यास। नींद अच्छी आयेगी, उटपटांग सपने आने बन्द हो जायेंगें, बेखबर होकर सोयेंगें। ऐसा साधक जिस ध्यान में सोता है उससे अच्छे ध्यान की अवस्था में उठता है। आत्मा कहती है कि जिस ध्यान में सोया, रात उसी ध्यान में रहा। तो यह 6 घण्टे जो सोने के हैं, पूजा में बदल जाते हैं। मन का विशेष गुण है कि मन जिन विचारों में डूब कर सोता है, उन्हीं विचारों में रात भर पड़ा रहता है। यदि ईश्वर की याद में सोयेंगे तो रात भर ध्यान बना रहेगा और जो 6 घण्टे सोने के हैं वह पूजा में बदल जायेंगें। यह है विहार की शुद्धि, जिस पर भगवान कृष्ण ने जोर दिया है। विहार शय्या ही सच्चा योग क्षेम का क्षेत्र है, जहाँ साधक को सच्ची प्रगति मिलती है।

इस तरह आधा घण्टा सुबह पूजा का, आधा घण्टा सायं पूजा का, आधा घण्टा दोपहर भोजन का, आधा घण्टा रात्रि भोजन का और 6 घण्टे सोने के हर व्यक्ति पूजा में बदल सकता है चाहे कितनी भी व्यस्त दिनचर्या क्यों न हो। यह है आठ घण्टे ध्यान की साधना पद्धति। साथ-साथ सोने के पहले आत्म-निरीक्षण से निष्काम कर्म करने की भावना स्वत: बनने लगती है। अगले दो 8, 8 घण्टे के स्टेप्स की साधना पहले 8 घण्टे की तरह खाली समय को लगा कर कोई भी इंसान चाहे कितनी ही व्यस्त जीवनचर्या हो दिन के 24 घण्टे ध्यान की अवस्था (परमात्मा की याद) में रह सकता है। संक्षेप में पूरी साधन पद्धति का विवरण सारिणी संख्या 1 में दिया गया है।

इस साधना से मन का स्वभाव परमात्मा की याद करते रहने का बनने लगता है, हृदय में जो निरन्तर दैवी चिन्तन हो रहा है वह सुनने लगता है। मलिन वासना ऐसे हृदय में पैदा नहीं होती। ऐसे हृदय से किसी का बुरा चिन्तन नहीं होता। हर एक की भलाई चाहता है, सारे विश्व का कल्याण चाहता है। ऐसी सुन्दर स्थिति पैदा हो जाती है। निरन्तर प्रभु का चिन्तन बना रहता है, ऐसी तारी लग जाती है कि अलग करने से भी नहीं होती। यह दशा होती है जब 24 घण्टे निरन्तर परमात्मा की याद बन जाती है, परमात्मा ऐसे व्यक्ति का हाथ पकड़ लेता है। योग क्षेम परमात्मा कराता है। अपने बस की

सारणी-1 आनन्द योग साधना में ध्यान करने की तरीकत का सारांश

पहला स्टेप 8 घण्टे की साधना	दूसरा स्टेप 8 घण्टे की साधना	तीसरा स्टेप 8 घण्टे की साधना
1. सुबह आधा घंटा ध्यान 2. सायँ आधा घण्टा ध्यान 3. दोपहर भोजन इष्ट की याद में करें (आधा घण्टा) 4. सायँ भोजन अपने ईष्ट की याद में करें (आधा घण्टा) 5. रात सोने के पहले प्रति दिन किये कार्य का आत्मनिरीक्षण करना व ईष्ट की याद में सो जाना (सोने के 6 घण्टे का ध्यान स्वत;) इस प्रैक्टिस से मन, दिन के 24 घण्टे में आठ घण्टे ध्यान की अवस्था में रहेगा।	पहली सीढ़ी के बाद, खाली समय (सामान्य कार्य के बीच का) अपने ईष्ट की याद में ध्यान लगाना (आदत बनाना) सुबह नित्य क्रिया के समय ईष्ट की याद ब्रश करते हुए शेव करते हुए दिन के कार्य का, नहाते हुए, टहलते हुए, दिन में कार्य के समय का खाली समय सामान्यत: हर इन्सान के पास ऐसा ढेर सारा समय फालतू विचारों मे बर्बाद हो जाता है। ऐसे समय को ध्यान की प्रैक्टिस में लगाना	दूसरी सीढ़ी पूरा करने के बाद दिन का कार्य शुरु करने के पहले अपने ईष्ट की याद यह सोचते हुए करें कि हम उनके हाथ के यन्त्र हैं और मन ही मन कहें कि हे प्रभु यह तेरा ही कार्य है तू जैसे चाहे कर। फिर कार्य में लग जायें जब कार्य समाप्त हो जाये तो फिर उसकी याद यह सोचते हुए करें कि यह कार्य तूने किया, तुझे ही अर्पण है। तूने शक्ति दी इसलिये मुझसे यह हो सका। इस प्रैक्टिस के लाभ पहली व दूसरी सीढ़ी के पूरा करने पर आभास होगा।

बात नहीं है। वह ऐसी परिस्थिति बनाता रहता है कि उसके भक्त का ध्यान निरन्तर प्रभु चरणों में लगा रहता है।

महात्मा यशपाल जी कहते हैं कि ऐसे व्यक्ति का काम खुदा (ईश्वर) करता है। भगवान ने गीता में कहा है:

अनन्याश्चिन्तः यन्तो मं जनाः पर्युपासते।

तेषां नित्या भियुत्कतानां योग क्षेमंवहाम्य हम॥

'जो भक्त मेरी अनन्य भक्ति करते हैं, मुझी में अपने चित्त को लगाए रखते हैं, उन नित्य योग उक्त पुरुषों का योग क्षेम मैं किया करता हूँ'। भगवान उनकी सारी आवश्यकतायें पूरी करते हैं। जिन-जिन वस्तुओं की उन्हें जरूरत होती है देते हैं, जो कुछ उन्हें प्राप्त है उसकी रक्षा करते हैं। भगवान के मार्ग में चलता हुआ मनुष्य किसी प्रकार की हानि नहीं उठाता। उसका जीवन पूर्ण और स्वतन्त्र होता है। "जन कहँ नहिं अदेय कछु मोरे" कोई ऐसी वस्तु नहीं जो भगवान अपने जनों को न दें। यद्यपि भक्त जनों को किसी भी वस्तु की कामना नहीं होती, न इस लोक की न परलोक की तथापि बिना माँगें उन्हें सभी कुछ मिलता है। 'जिसने आँख मीच ली वह बचा'। जिसने केवल प्रभु जी को चाहा अन्य सब वस्तुओं को भूला, उसने सभी कुछ पाया। भगवत्प्राप्ति में जीवन बहाल हो गया। उसका कोई काम नहीं बिगड़ता।

लाभस्तेषां जयस्तेषां कुतस्तेषां पराजयः।
येषामिन्दी वर श्यामो हृदयास्थो जनार्दनः॥

जिनके हृदय में भगवान निवास करते हैं उनकी सर्वत्र विजय ही विजय है पराजय कहीं नहीं। (बृजमोहन वचनामृत, भक्त संत और सत्गुरू चैप्टर से)

गीता के दूसरे अध्याय के 72वें श्लोक की विवेचना करते हुए, यशपाल जी महाराज लिखते हैं ..... इस स्थिति को प्राप्त होकर योगी फिर संसारी विषय वासनाओं के मोह-जाल में नहीं फँसता। वह इस संसार में रहते हुए, सब काम धर्मानुकूल करते हुए निरन्तर 'सहज समाधि' में मग्न रहता हुआ जीवन मुक्त होकर विचरता है। अन्त काल में शरीर छोड़ते समय भी स्थित प्रज्ञ की यह अवस्था अटल बनी रहती है और वह जन्म-मरण के बन्धन से मुक्त हो जाता है। ज्योति-ज्योति से एकाकार हो जाती है।

कभी-कभी ऐसा भी होता है कि सारे जीवन भर साधक परमात्मा और सत्गुरू में सच्चे विश्वास के साथ साधन में तत्पर रहता है। निरन्तर परमात्मा के चिन्तन में अपने मन को लगाये रहता है पर आत्मा का अनुभव ज्ञान (साक्षात्कार) प्राप्त नहीं होता। परमात्मा की विशेष कृपा ऐसे जीव पर जब होती है तो अन्तकाल में उसके सारे चक्र ज्वालामुखी की तरह एक साथ

जाग्रत हो जाते हैं और आत्मसाक्षात्कार के साथ-साथ उसकी आत्मा अपने सच्चे स्वरूप में विलीन हो जाती है। फिर उसे जन्म नहीं लेना पड़ता। (गीता सुधा भाग २)

आध्यात्मिक जीवन यात्राः

आनन्दयोग साधक की जीवन यात्रा कैसी होती है, इसका बड़ा सुन्दर वर्णन कबीर दास जी ने अपने कुछ पदों के माध्यम से किया है-

"सन्तो सहज समाधि भली"

24 घण्टे ध्यान की दशा को सहज समाधि कहा है। निरन्तर ईश्वर की याद है, पूरा ज्ञान है, ध्यान भी बना हुआ है और काम भी हो रहा है।

सन्तो सहज समाधि भली।
गुरु कृपा जिस दिन से जागी,
निशि दिन अधिक चली।।

यह सहज समाधि की जो अवस्था है, बड़ी सुन्दर है जो मन की एकाग्रता से आती है। अगर किसी ऐसे सन्त की सोहबत मिल जाय, जिसका हृदय निरन्तर 24 घण्टे परमात्मा की याद में लगा रहता है तो बहुत जल्दी काम हो जाता है। उसकी सोहबत से ध्यान बनने लगता है। इसलिए कहा है कि "गुरु कृपा जिस दिन से जागी निशि दिन अधिक चली"। जैसे-जैसे खाली समय परमात्मा को देते जाते हैं, इस अभ्यास में डूबते जाते हैं, साधक की पहुँच और गहरी होती जाती है। अधिकाधिक आनन्दमय अवस्था बनती चली जाती है। कबीर साहब आगे कहते हैं

जहँ-जहँ डोलौं सो परिक्रमा,
जो कुछ करौं सो सेवा।
जब सोवौं तब करौं दण्डवत,
पूजौं और न देवा।

जहाँ-जहाँ ऐसा व्यक्ति चलता है, वह परिक्रमा कर रहा होता है और जो कुछ करता है वह सेवा होती है। जब हम मन्दिर में भगवान की परिक्रमा

करते हैं तो झरोखों में से भगवान को निहारते जाते हैं, भगवान के ध्यान में परिक्रमा करते हैं। जब यह साधक (24 घण्टे ध्यान वाला) चलता है तो प्रभु की गहरी याद में डूब कर चलता है, चल नहीं रहा होता, परमात्मा की सच्ची परिक्रमा कर रहा होता है। सच्ची सेवा करता है, बहुत बड़ी सेवा होती है। जब ऐसा व्यक्ति सोता है, वह भगवान की गहरी याद में डूब कर सोता है वह सो नहीं रहा होता, परमात्मा को दण्डवत प्रणाम कर रहा होता है,

"जब सोवौं तब करौं दण्डवत, पूजौं और न देवा"

आगे कहते हैं–

कहौं सो नाम सुनौं सो सुमिरन, खाऊँ पियौं सो पूजा।
गिरह उजाड़ एक सम लेखौं, भाव मिटाव दूजा।।

ऐसे व्यक्ति की जो वाणी होती है, उसमें भगवान की लीला का ही वर्णन होता है। परमात्मा के गुणानुबाद में ही उसको सच्चा आनन्द व सुख मिलता है। निरन्तर आत्मा के शब्द को ही सुनता रहता है। कहता है ईश्वर का नाम, सुनता है ईश्वर का नाम, और जब भोजन करता है तब भगवान को अर्पण करके करता है, हर ग्रास परमात्मा की याद में खाता है, भगवान को सच्चा नैवेद्य चढ़ाता है, सच्ची पूजा उससे बन रही है। ऐसा व्यक्ति निरन्तर अपनी आत्मा के आनन्द को चूसता रहता है। ऐसे व्यक्ति को मखमल के गद्दे पर सुलायें या नीचे जमीन पर सुलायें–कोई फर्क नहीं पड़ता। चाहे महल में रखें या झोंपड़ी में, उसके ऊपर कोई प्रभाव नहीं पड़ता क्योंकि वह तो अपनी आत्मा के आनन्द में रमा हुआ होता है। महात्मा बृजमोहन लाल जी बहुत सुन्दर बात कहा करते थे–

निशाते जिन्दगी है जिन्दगी का यों बसर होना।
निशाते जिन्दगी में जिन्दगी से बेखबर होना।।

यह सबसे ऊँची जिन्दगी है। दुनिया के सारे वैभव मौजूद हैं लेकिन इसे उसका एहसास नहीं है। उसका मन तो अपनी आत्मा में लगा रहता है उसी आनन्द में निरन्तर डूबा रहता है, यह है सच्ची जिन्दगी। गीता में चार बातें विशेष हैं। पहला है आहार की शुद्धि, दूसरा विहार की शुद्धि, तीसरा अभ्यास

और चौथा वैराग्य। वैराग्य को ज्यादातर लोग बहुत गलत समझते है कि जो घर-बार छोड़ दे, बीबी-बच्चे छोड़ दे, नौकरी-व्यवसाय छोड़ दे, जंगल में जाकर बैठ जाय, उसे वैरागी कहते हैं। वास्तव में वह वैरागी नहीं, त्यागी है, उसने हर चीज का त्याग कर दिया है। वह त्यागी है वैरागी नहीं। सच्चा वैरागी वह है जिसके हृदय में परमात्मा की गहरी याद है, सिवा उसके उसका मन इधर-उधर नहीं जाता। जब आप पूजा में बैठते हैं और अगर सच्ची पूजा बनती है तो चित्त परमात्मा में एकाग्र हो जाता है, दूसरे विचार नहीं आते। जितने समय आप की अवस्था ऐसी रहती है, उतने समय आप से ऊँचा कोई वैरागी नहीं है। परमात्मा के समीप हैं—माया और संसार से दूर हैं। यही अवस्था आपकी बढ़ती चली जाय, निरन्तर प्रभु की याद में हृदय डूबा रहे। कोई काम आया तो उस प्रभु का कार्य है, प्रभु की याद में किया जा रहा है, काम खतम हुआ, उसको अर्पण है, उसकी याद बराबर बनी है तो आपसे बड़ा कोई वैरागी नहीं है। इसी दुनिया में, इसी संसार में हैं लेकिन दुनियाँ की वस्तु आपको छुएगी नहीं, यह है वैराग्य, और वैराग्य आता है, अभ्यास से। कैसे भोजन करें, कैसे सोयें, कैसे दातुन कुल्ला करें, कैसे स्नान करें, कैसे निरन्तर ईश्वर की याद बनाये रहें। जैसे-जैसे अभ्यास बढ़ता जाता है, जैसे-जैसे आपके हृदय में निरन्तर परमात्मा की याद कायम होती चली जाती है, वैसे-वैसे आपका ध्यान बढ़ता चला जायेगा। रहते हैं इसी संसार में, बच्चों के बीच, दफ्तर में लेकिन आपके वैराग्य की अवस्था बढ़ती चली जाती है। इसीलिए कबीर साहब ने कहा—"गिरह उजाड़ एक सम लेखौं, भाव मिटावौं दूजा"। आगे बहुत सुन्दर कहते हैं—

आँख न मूदौं कान न रूधौं, तनिक कष्ठ नहिं धारौं।
खुले नैन पहिचानौं हँसि-हँसि, सुन्दर रूप निहारौं।।

आँख खोलकर निरन्तर उसके दर्शन करता रहता है, हर समय उसका हुजूर, उसकी अगाही है एवं क्षण भर के लिए भी उससे दूर नहीं होता। ऐसी सुन्दर अवस्था प्राप्त हो जाती है। फिर कबीर साहब कहते हैं—

शब्द निरन्तर से मन लागा, मलिन वासना त्यागी।
ऊठत बैठत कबहूँ न छूटै ऐसी तारी लागी।।

निरन्तर उस परमात्मा का चिन्तन है। हृदय में जो दैवी चिन्तन हो रहा है, निरन्तर उसे सुनता रहता है क्योंकि उसका हृदय परमात्मा की गहरी याद में डूबा हुआ है, मलिन वासना ऐसे हृदय में पैदा नहीं होती। ऐसे हृदय से कभी किसी का बुरा चिन्तन नहीं होता। हर एक की भलाई चाहता है, सारे विश्व का कल्याण चाहता है। ऐसी सुन्दर स्थिति प्राप्त हो जाती है। निरन्तर उस प्रभुका चिन्तन बना रहता है, ऐसी तारी लग जाती है कि अलग करने से भी नहीं होती। यह है दशा जब 24 घण्टे निरन्तर परमात्मा की याद बन जाती है। अब परमात्मा अपने भक्त का हाथ पकड़ लेता है। योग क्षेम परमात्मा कराता है। अपने वश की बात नहीं है। वह ऐसी परिस्थिति बनाता रहता है कि उसके भक्त का ध्यान निरन्तर प्रभु चरणों में लगा रहे।

कहत कबीर यह उनमनि रहनी, सो प्रकट कर गाई।

दुख-सुख से कोई परे परम पद, तेहि पद रहा समाई॥

यह सन्तों की गुप्त रहनी-सहनी है, उनका जीवन ऐसा चलता है और इसी दुनिया में रहते हैं। सर्व साधारण मनुष्यों में रहते हैं, ज्यादा कोई विशेष बात नजर नहीं आयेगी। सुख आया भगवान को अर्पण, परमात्मा का कोटिशः धन्यवाद कि हे प्रभो! आप मालिक हैं जैसे चाहे वैसे रखें। आपका दिया है आपको अर्पण है। सुःख में ऐसी बात नहीं कि उसमें फूला न समाय, परमात्मा की ओर और झुकता है कि हे प्रभो! तेरी बड़ी निराली शान है, जैसे चाहे वैसे रखे, और दुःख आया तो परमात्मा के चरणों को और कस कर पकड़ता है। कोई न कोई कमी जरूर रह गई है, कोई दोष इसकी भक्ति में पैदा हो गया है, भगवान शायद चेता रहे हैं। ईश्वर के चरणों को और कस कर पकड़ता है और अधिक ध्यान, दुख में और सुन्दर ध्यान बनता है और बाज वक्त उस ध्यान की अवस्था में बड़ी-बड़ी मंजिलें तय करता है। तो उसका दुःख भी आनन्द में बदल जाता है। फिर अनुभव होता है इस दुःख से क्या गुल खिला, क्या लाभ हुआ। ऐसे व्यक्ति का सुःख-दुःख एक सा हो जाता है। सुःख में फूलता नहीं, दुःख में ईश्वर के चरणों को और कस कर पकड़ता है। ऐसे साधक की जो आत्ममयी अवस्था बनती है, न सुःख से विचलित होती है न दुःख से विचलित होती है। उसके जीवन का ध्येय बन कर रह जाता है कि

"तू रहे और तेरी रजा रहे, न मैं रहूँ न मेरी आरजू रहे"। कोई इच्छा नहीं है। केवल एक ही इच्छा रहती है कि हे प्रभो! तेरे चरणों में ध्यान बना रहे। कुछ नहीं चाहता, मुक्ति नहीं चाहिए, स्वर्ग नहीं चाहिए, नर्क नहीं चाहिए, कुछ नहीं चाहिए, दुनिया नहीं चाहिए, योग क्षेम नहीं चाहिए। बस निरन्तर प्रभु में ध्यान बना रहे। इच्छाओं से जेब खाली, कोई इच्छा न रह जाये, ऐसी अवस्था। ऐसी सुन्दर अवस्था बनती है कि विश्वास हो जाता है कि जब आखिरी समय आयेगा तो जरुर उस परमात्मा की याद बनी रहेगी। वेद में भगवान ने कहा है "जो व्यक्ति मुझे याद करते-करते अपना शरीर फूल की तरह छोड़ता है, वह मुझे पाता है।" जरूर ज्योति से ज्योति एकाकार होगी-ऐसा विश्वास हो जाता है। ऐसा उसका जीवन बन जाता है। चलते-फिरते, खाते-पीते, सोते-जागते, संसार का हर व्यवहार करते निरन्तर परमात्मा में उसका ध्यान लगा रहता है, चौबीस घण्टे का ध्यान। लेकिन बिना किसी सहारे के मंजिल पर पहुँचना कठिन है, यह सहारा सद्गुरु है, जिसका मिलना पूर्णतः परमात्मा की कृपा पर ही निर्भर है। इस साधना में गुरु को ही सब कुछ करना होता है। साधक को केवल अपनी दिनचर्या का खाली समय ही रामनाम (साधना) में लगाना है। गुरु से कोई छिपाव नहीं रखना है। सिलसिले के संतों ने कहा है-

अव्वले मां आखिरे हर मुस्तहीस्त। आखिरे मां जेबे तमन्ना तिहीस्त।

योग साधन में आम तौर पर कड़ी मेहनत, रियाजत, यम-नियम आदि कठोर साधना या तपस्या के पश्चात अंत में सुषुप्ति व समाधि की जो उच्चावस्थायें प्राप्त करके सफर समाप्त समझ लिया जाता है, उन अवस्थाओं को आनन्द योग साधना में शुरु से ही ले लिया जाता है और यहीं से सुरत शब्द योग द्वारा इस मार्ग का आरम्भ होता है। अर्थात जहाँ लोग अन्त समझते हैं वहाँ से आनन्द योग का सफर शुरु होता है। जिस स्थान को वहाँ पर शान्तिपद माना जाता है उस पर यहाँ साधक की जेबें सारी आशाओं और तमन्नाओं से खाली होती हैं (सरंक्षक का सन्देश पे० 116, 1997)।

इस सिलसिले के सदगुरुओं की श्रृंखला के सभी सन्त पक्के गृहस्थ हुए, जो स्वयं कार्य कर अपनी रोजी-रोटी की व्यवस्था करते हुए इस बहुमूल्य विद्या का प्रचार बिना किसी भेदभाव के सभी में करते रहे।

कहा है–

अजब सिलसिला है सलारे हक का

कि ले जाते हैं परदे में हरम तक

गुरु के शरण और फज़्ल से अभ्यासी के जजबात में चढ़ाव–उतार में सहूलियत आती है, अहंकार नहीं होने पाता। क्योंकि गुरू उसको अपने मुकामों से बेखबर रखता है। परमात्मा की विशेष कृपा ऐसे जीव पर जब होती है तो अन्तकाल में उसके सारे चक्र ज्वालामुखी की तरह एक साथ जागृत हो जाते हैं और आत्मसाक्षात्कार के साथ–साथ उसकी आत्मा अपने सच्चे स्वरूप में विलीन हो जाती है। फिर उसे जन्म नहीं लेना पड़ता (गीता सुधा भाग २ पे० 106)। परमात्मा तू ही है तेरी इच्छा पूरी हो।

3

आनन्द योगः एक जीवन दृष्टि

चिरन्जी लाल शर्मा, अलीगढ़

एक लकड़हारा अपनी कुल्हाड़ी से एक पेड़ को काटने में सुबह से ही लगा था। दिन ढलने तक परिश्रम करके पसीना-पसीना होने पर भी काम काबू में नहीं आता दिख रहा था। वह निराश होकर सुस्ताने बैठ गया। एक साधु वहाँ से निकले तो उसकी दशा देख कर दया से द्रवित हुए और लकड़हारे से कहा कि भैया निराश दिखते हो, तुम ऐसा करो कि वह बड़ा सा पत्थर है, दस-पंद्रह मिनट का समय लगा कर कुल्हाड़ी की धार को उस पर घिस कर तेज बना लो, तुम्हारा श्रम सार्थक होने लगेगा। उसने बात मानी और लाभ उठाया।

कथाकार ने यह कहानी सुनाकर श्रोताओं से कहा कि हमारे सबके जीवन में अनेकों प्रकार की प्रतिकूलतायें, कठिनाईयाँ तथा बाधायें समय-समय पर आती रहती हैं, क्योंकि सब कुछ हमारी इच्छाओं और अपेक्षाओं के अनुसार ही नहीं घटता बल्कि दैवी विधान के अनुसार घटता है। हमारे पुरुषार्थ की एक सीमा होती है। इसलिए जो कुछ अप्रिय तथा कठिन लगने वाला घटे उसके लिए ईश्वर या भाग्य को कोसने के बजाय, स्वीकार करें तथा उसका सामना करने और पार निकलने के लिए युक्ति तलाश करें और तदनुसार पुरुषार्थ करते रहें। कथाकार ने युक्ति का सुझाव देते हुए आगे कहा कि जैसे लकड़हारे को एक धारदार कुल्हाड़ी की जरूरत थी उसी प्रकार हमें ऐसी

आध्यात्मिक समझ की जरूरत है, जिसकी धार तेज हो अर्थात जो स्थिर हो, डगमगाती न हो और सदा हमारा साथ दे।

यहाँ आध्यात्मिक समझ के विषय में विमर्श की आवश्यकता है कि कैसी समझ को आध्यात्मिक समझ माना जाये! तो वेदांत दर्शन के ज्ञान की भाषा में कहें तो मनुष्य देहधारी जीव को इस बात का बोध होना चाहिए कि वह अविनाशी परब्रह्म का अंश अविनाशी आत्मा है, देह नहीं, नाशवान देह का साथ तो विधाता द्वारा कुछ करने के प्रयोजन से कुछ निश्चित अवधि के लिए दिया गया है। ऐसा बोध ही अध्यात्मिक समझ है।

लेकिन ज्ञान योग की वाणी और साधना शुष्क एवं नीरस होती है, अतः सबके बस की बात नहीं होती और प्रेम साधना, सरस और सुगम्य है। अतः यह सब कर सकते है और करते हैं। भगवान से प्रेम का संबंध बनाने में भक्त को आनंद मिलता है। हम सुनते आये हैं कि गोपियों ने ऊधव का ज्ञानोपदेश मंजूर नहीं किया और उन्हें प्रेम रस में डुबो कर कृष्ण के पास वापस भेज दिया। इसलिए भक्तिमार्गी आध्यात्मिक समझ का अर्थ यह समझते हैं कि हम भगवान से संबंध स्थापित करके उनकी याद में हर समय डूबे रहें। उन्हें याद रखते हुए ही सांसारिक कर्तव्य कर्मों को उन्हीं के लिए उनका दिया हुआ समझ कर करते रहें। अर्थात् 'दस्त बकार दिल बयार' हाथ काम में दिल परमात्मा की याद में)।

बहरहाल, दोनों दृष्टिकोणों के अनुसार भागवतकार ने अपने प्रवचन में आध्यात्मिक समझ का एक ही अर्थ समझाया और वह यह कि मुझे बोध हो कि मैं नित्य परम आत्मा का अंश नित्य आत्मा हूँ, उस पिता की ही संतान हूँ अतः मुझे उसी से जुड़ा रहना है तथा किसी भी अनित्य को पास नहीं फटकने देना है। भले ही वे अति प्रिय दिखने वाले देहादिक रिश्ते हों, विषय रसों के आकर्षण हों। यदि ऐसा हो सका तो हमारे पैर कभी कुपंथ पर नहीं जायेंगे सिर्फ सुपंथ पर ही चलेंगे जिसका परिणाम आनंद ही होता है। हम किसी क्लेश में नहीं फँसेंगे।

परन्तु विमर्श का विषय यह भी है कि यदि ईश्वर कृपा से सद्गुरु कृपा मिल जाय तो ऐसा बोध हो तो जाता है किन्तु उसका स्थाईकरण तथा व्यवहार

में ठीक-ठीक क्रियान्वन (Implementation) कैसे हो? तो शास्त्रों में बताया गया है कि इस प्रयोजन की सिद्धि पूरी तरह मन के सहयोग तथा सक्रिय समर्थन पर निर्भर करती है! अर्थात बोध रूपी कुल्हाड़ी की धार यह मन ही है और इसका शार्प (धारदार) बने रहना अत्यंत आवश्यक है। अतः इसको शार्प बनाये रखने के लिए, इसका स्वभाव देखते हुए विशेष जतन करने पड़ते हैं। मन में अपार शक्ति भरी होती है, किन्तु इसके स्वभाव में कुछ कमजोरियाँ भी होती हैं। पहली कमजोरी यह है कि यह अत्यंत संवेदनशील होता है। जैसे किसी चांदी के पात्र या गहने को बार-बार यदि साफ न किया जाय तो इस पर कलौंछ जम जाती है, वैसे मन को यदि नित्य पूजा-भजन, कीर्तन-सत्संग आदि द्वारा स्वच्छ न किया जाता रहे तो इस पर मैल चढ़ जाता हैं-जैसे नकारात्मक सोच, अकारण शक करना, पूर्व धारणायें बनाना, ईर्ष्या, नफरत तथा द्वेष आदि। दूसरी कमजोरी यह होती है कि यह बहुत चंचल होता है अतः इंद्रियों के विषय रसों की ओर शीघ्रता से लपकता है तथा मोह माया में फँसता है। यह एक चंचल स्वभाव के शक्तिशाली घोड़े के समान है जो अप्रशिक्षित होने के कारण अनियंत्रित भी है। अतः ऐसे घोड़े पर सवारी करना खतरों से खाली नहीं होता, वह कहीं भी ले जाकर विनाश के गड्ढ़े में पटक सकता है।

ऐसे स्वभाव वाले मन का साथ हमें अध्यात्मिक समझदारी को अमल में उतारने के काम के लिये चाहिए ही, तो सर्वप्रथम इसे प्रशिक्षण में भेजना होगा। जैसे एक घोड़े को हॉर्सट्रेनर को सौंपा जाता है। वैसे ही मन को सद्गुरु के सुपुर्द करना पड़ेगा। वे ही इस को प्रशिक्षित करके नियंत्रण में रहना सिखा सकते हैं।

वैदिक युग में तो ऋषिकुलों के माध्यम से ऐसे शिक्षण-प्रशिक्षण की बहुत उत्तम व्यवस्था थी, जिसके द्वारा जीवन के प्रारंम्भिक वर्षों में ही पूर्ण शिक्षण हो जाता था। इसका वर्णन छांदोग्योपानि पद के एक मंत्र में किया गया है जिसका आचार्य संत विनोबा भावे द्वारा किया गया हिन्दी अनुवाद इस प्रकार है:- "जब मनुष्य बलवान होता है तब वह उठ कर खड़ा होता है और उठ कर खड़ा होने पर वह गुरु की सेवा करता है, फिर वह गुरु के पास जाकर

बैठता है। पास में जाकर बैठने पर वह गुरु का जीवन ध्यान से देखता है, उनका व्याख्यान सुनता है, उस पर मनन करता है, समझ लेता है और उसके अनुसार आचरण करता है, उसमें से उसे प्रत्यक्ष अनुभूति अर्थात् विज्ञान प्राप्ति का लाभ होता है (छां० 7/8/1)"

कालांतर में समाज में ढांचागत परिर्वतनों के कारण आधुनिक युग में यह व्यवस्था बिगड़ चुकी है। लेकिन परमात्मा ने अपनी प्रिय संतान मनुष्य जाति के लिये सदगुरु संत हमेशा उपलब्ध कराते रहने की व्यवस्था किसी न किसी प्रारूप में बना रखी है। जिसके अतंर्गत समर्थ सद्गुरु जरूरतमंदों को प्रभु कृपा से मिल ही जाते हैं। ऐसे महापुरूष चलते-फिरते गुरुकुल ही होते हैं। इस युग में भी हुए हैं और मौजूद भी हैं जिनमें अनेक नामचीन हो गये और अनेक गुमनाम रहना पसंद करते हैं। ये सभी चलते-फिरते गुरुकुल अपने अस्तित्व मात्र से समाज को आध्यात्मिक समझ का प्रकाश देने हेतु लाइट हाउस का काम करते हैं। छांदोग्योपनिषद के उपरोक्त कथन के अनुसार इन चलते-फिरते ऋषिकुलों के पास आकर बैठने वाले सभी शिक्षार्थी, श्रोता, मन्ता, बोद्धा होते हुए विज्ञाता बन जाते हैं।

बीसवीं शताब्दी में एक ऐसे ही प्रकाश-स्तम्भ गृहस्थ संत महात्मा यशपाल जी हुए। उनके सद्गुरु परमसंत महात्मा बृजमोहन लाल जी भी गृहस्थ संत थे। वे सूफी मत की एक ऐसी शाखा के सिलसिले से निकले थे जो भारतीय दर्शन तथा संस्कृति के रंग में रंगी है अतः उसमें न तो साधक को घर संसार छोड़कर फकीर बनना अनिवार्य है और न अपना धर्म बदलना पड़ता है। इसी कारण इस शाखा की साधना विधि का मूल आधार परमात्मा के प्रति अनन्य प्रेम-भक्ति है।

ऋषिकुल परंपरा की ही भाँति महात्मा यशपाल जी अपने गुरु के निकट बैठे, उनका जीवन निकट से देखा, उनके व्याख्यान सुने, तथा उन पर मनन किया, मनन करके उसे ठीक से समझा, फिर आचरण में उतारकर आध्यात्मिक ज्ञान के विज्ञाता बने। ठीक वैसे ही प्रक्रिया से जैसी कि छांदोग्योपनिषद के ऊपर संदर्भित मंत्र में चित्रित है।

चूँकि इस पद्धति में मुक्त चिंतन मनन तथा अन्वेषणों पर रोक नहीं है, इसलिये महात्मा यशपाल जी ने भी अपने सद्गुरु की भांति चिंतन मनन तथा आध्यात्मिक विकास के नये आयाम खोले, ख्वाब देखे, और ख्वाब की ताबीर बनाई, किन्तु ताबीर पूर्णता तक पहुँचती यह शायद विधाता को मंजूर न था। उनके ख्वाब की अर्धनिर्मित टूटी हुई ताबीर के खंडहर अनंगपुर आश्रम, उससे संबंध आध्यात्मिक निकेतन तथा सेंट बृजमोहनलाल स्कूल के रुप में देखे जा सकते हैं।

परंतु यह तो विधाता या विधान के क्षेत्र की बातें हैं। वे चाहेंगे तो महात्मा यशपाल जी के स्वप्नों की ताबीर के इन खंडहरों पर ही निर्माण आगे बढ़ सकता है और ताबीर पूर्णता तक पहुँच सकती है। परमात्मा चाहे तो सुई के नकुए में से ऊँट निकाला जा सकता है। अर्थात सेंट बृजमोहनलाल स्कूल बच्चों को अध्यात्मिक संस्कार देकर समाज को विज्ञाता युवक–युवतियाँ प्रदान करने वाला प्रतिष्ठान बन सकता है। वहाँ आध्यात्मिक जीवन बिताने वाले लोगों को बसने योग्य बनाने के लिये आध्यात्मिक निकेतन को पुनः सक्रिय रूप मिल सकता है और आश्रम परिसर अध्यात्म का लाइट हाउस (प्रकाश–घर) बन सकता है। हम तो आशावादी हैं। परमात्मा की दयाकृपा पर भरोसा करते हुए शुभ कल्पनायें कर सकते हैं, सो कर रहे हैं।

आइये पुनः मुद्दे पर लौटें। परम संत महात्मा यशपाल जी ने अपने सद्गुरूदेव के चरणों में बैठ कर परमात्मा के प्रति अनन्य प्रेम भाव के साथ ध्यान में हर समय बने रहने तथा साथ ही नौकरी, गृहस्थ तथा अन्य प्रकार के दायित्वों तथा कर्त्तव्यों का निर्वहन पूर्ण निष्ठा तथा निष्कामता से करते रहना सीखा। पूरी तरह परमात्मा से जुड़ चुके ऐसे साधक में अहंकार निःशेष हो जाता है क्योंकि अहंकार का जीवनकाल तभी तक होता है जब तक साधक का 'मैं' परमात्मा के 'तू' में विलीन नहीं होता और 'मैं' के इस प्रकार निःशेष हो जाने पर 'मैं' मेरा का संबंध बनाने वाली हर प्रकार की सम्पति तथा रिश्तों से साधक का मन स्वमेव डिटैच हो जाता है, वैसे ही जैसे बंदर का एक डाल से दूसरी डाल पर कूद जाने के बाद पहली डाल से संबंध–विच्छेद हो जाता है। इस प्रकार देह तथा देहादिकों से विरत हो जाने

की स्थिति को ही देहातीत अथवा विदेह अवस्था कहा जाता है। लेकिन ऐसी विरक्ति का यह मतलब नहीं होता कि लौकिक कर्तव्यों और उत्तरदायित्वों से भी विरक्त हो जायें। बल्कि कर्म करने में एकाग्रता बढ़ जाने से कार्य की परफार्मेंस बेहतर हो जाती है। ऐसा शिक्षण परमसंत महात्मा यशपाल जी (जिन्हें लोग भाई साहब कहते थे क्योंकि वे अपने को गुरु नहीं बल्कि साधक ही मानते थे) ने अपने सद्‌गुरु के चरणों मे बैठ कर प्राप्त किया जिसके आधार पर एक ऐसी सरल सुगम साधन विधि विकसित की जिसके अनुसार अभ्यास करना शुरू से आखिर तक रुचिकर होने से आनंद की अनुभूति कराने वाला बना रहे। साधना में रुचि बने रहने का कारण अनुपम प्रेम रस होता है इसलिए वे इस अभ्यास को 'आनन्द योग' कहते हैं। परमात्मा से मिलने के लिये अन्य अनेक शास्त्र सम्मत साधन विधियाँ हैं जो समझने में जटिल, तथा आचरण में अरुचिकर. ऊब पैदा करने वाली, तप साध्य, तथा थकाऊ हैं जैसे ज्ञान साधना, हठयोग, आष्टांग योग साधना आदि। विशेषकर आधुनिक युग के लिए ये अनफिट हैं।

परम पूज्य भाई साहब जी द्वारा प्रस्तावित साधन विधि के अभ्यास की शुरुआत नियमित दैनिक सुबह-शाम की आधे-आधे घण्टे की पूजा से होती है। पूजा तो आमतौर पर सभी लोग करते ही हैं। इस साधन विधि द्वारा प्रस्तावित पूजा की विधि खास तथा आधारभूत सुझाव यह है कि पूजा भावना-विहीन न हो, इसमें परमात्मा के प्रति प्रेम भक्ति का भाव बना रहे। परमात्मा के जिस किसी भी देवी देवता के स्वरूप को अपनी रुचि के अनुसार इष्ट के रुप में हम चुनें उसका चित्र या मूर्ति सामने रखें। निर्गुण उपासक हों तो प्रिय नाम जैसे ओम आदि रखें। इसके बाद ईष्ट को अपने सामने प्रत्यक्ष उपस्थित मानें और इसके साथ-साथ वही स्वरूप हृदय में भी प्यार से बिठायें और उसी का ध्यान करें। आप इस बात पर जोर देते थे कि इस प्रकार दोनों समय की पूजा दिनचर्या का अनिवार्य अंग बन जाय।

पूजा के लिए भगवान की भक्ति के जिस भाव की अनिवार्यता यहाँ बताई गई है उसका बनना इंसान के परिश्रम तथा पुरुषार्थ के बस की बात नहीं, वह तो प्रभु कृपा से ही बन पाता है। इसलिये आपका सुझाव था कि

जो साधक भक्तिभाव बनाने में कठिनाई महसूस करें वे पूजा के नियमित समय में बैठना बंद न करें और परमात्मा से आर्त होकर प्रार्थना करें कि वे भक्ति दान देने की कृपा करें, यह प्रार्थना नित्य करें और रो-रो कर करें। रोना न आये तो झूठ-मूठ ही रोते रहें। एक दिन सच्चा रोना आयेगा और भक्ति प्रेम की धारा फूट पड़ेगी और मन मालिक के ध्यान में डूबने लगेगा। भाई साहब जी, साधक में आशा तथा विश्वास पैदा करने के लिये एक कहावत सुनाते हैं कि 'झूठल खेलै सच्चल होय' जैसे शबरी ने अपने गुरु के इस वचन पर पूरा विश्वास कर लिया था कि मेरी कुटिया में राम जरूर आयेंगे। उसी प्रकार जो लोग भाई साहब जी के इन अनुभव सिद्ध वचनों पर विश्वास कर लेते हैं उनके हृदय में एक दिन परमात्मा अवश्य प्रकट होते हैं। इस प्रकार दैनिक पूजा में दृढ़ता के साथ प्रभु प्रेम पर आधारित ध्यान की स्थिति बन जाने के बाद तो परमात्मा के स्मरण में बने रहने की अवधि का आधे घण्टे से बढ़ा कर चौबीसों घण्टे तक ले जाना सहज बन जाता है बल्कि स्मरण रोके से नहीं रुकता। एक शायर ने बयान किया है कि:-

मैं जब भी उसके ख्यालों में खो सा जाता हूँ
वह खुद भी बात करे तो बुरा लगे है मुझे

कबीर का एक दोहा है:-

जयों तिरिया पीहर बसै, सुरति बसै पियु माहि
ऐसे नर जग में रहे, हरि को भूलै नाहिं

तात्पर्य यह है कि बेसिक आवश्यकता तो बस प्रेम पैदा होने की है। इसके बाद तो जैसे ढ़लान पर गाड़ी का इंजन चलने दें, या बंद कर दें कोई फर्क नहीं पड़ता गाड़ी चलती रहती है बस स्टीयरिंग अर्थात् मन पर नियंत्रण रखना होता है। यह प्रेम का मार्ग है और प्रेम मार्ग में तो आनंद ही आनंद होता है शुरू से अंत तक, चाहे प्रतीक्षा हो, चाहे मिलन हो, चाहे वियोग हो।

इसलिये आनन्द योग की साधन विधि में भाई साहब जी कहते हैं कि साधना की नींव का पत्थर मजबूती से जम जाय तो नित्य कर्मों के समय भोजन के समय, तथा रात को सोने के समय को स्मरण से भरा जाना सहज

बन जाता है और सारा समय पूजा का बन जाता है। इसमें भी अधिक यह कि लौकिक दायित्वों एवं कर्त्तव्यों की पूर्ति हेतु किये जाने वाले समस्त कर्मो को करते समय काम में एकाग्रता श्रेष्ठ किस्म की बन पड़ती है। जो जॉब सेटिस्फैक्शन तथा आनंद की अनुभूति कराती है। साधक इस सम्पूर्ण कर्त्तव्य निर्वहन को मालिक को समर्पण कर देता है और सारा कार्य पूजा बन जाता है। इस प्रकार दिनचर्या के चौबीसों घण्टों, तथा जीवन के हर आस्पैक्ट को कवर करने वाली यह साधना विधि वस्तुतः जीवन विधि ही होती है।

इस विधि से जीने वाले लोगों के पास आध्यात्मिक समझ की तेज धार वाली वही कुल्हाड़ी होती है जिसका जिक्र इस लेख के प्रारम्भ में किया गया तथा साथ ही व्याख्या भी की गई। ऐसा शस्त्र धारण करने वालों के सामने कोई प्रतिकूलता ठहर नहीं पाती। वे प्रतिकूलताओं को अनुकूलता में बदलने का सामर्थ रखते हैं, इसलिये उन्हें कभी किसी तरह की पीड़ा या क्लेश का सामना नहीं करना पड़ता। इसके विपरीत ऐसे लोग जो ऐसी समझ धारण नहीं करते या कर भी लें तो किसी प्रलोभनवश उससे विचलित (डिरेल) हो जायें तो वे किसी न किसी क्लेश-पीड़ा में फँस जाते हैं। ऐसा डिरेलमैंट व्यक्तिगत स्तर पर भी हो सकता है तथा सामूहिक स्तर पर भी। सामूहिक स्तर पर होनेवाला डिरेलमैंट, सामूहिक स्तर के ही क्लेश या पीड़ायें उपस्थित करता है जैसे- वायु या जल का प्रदूषण, अथवा युद्ध या महामारी। आजकल कोरोना वाइरस के रुप में एक ऐसी ही मास-स्केल आपदा का सामना मानव जाति कर रही है।

ऐसी आपदाओं के समय अधिकतर लोग या तो विधाता को कोसते हैं, या सरकार को और या सरकार के नेताओं को। जबकि वस्तुतः ऐसी विकराल परिस्थितियाँ मनुष्य की ही मास-स्केल गलतियों के कारण पैदा होती हैं। सृष्टा द्वारा बनाई गई व्यवस्था के अंतर्गत कार्यरत प्राकृतिक नियमों का उल्लंघन जब हम करते हैं अथवा उन नियमों को अपने बल से बदल कर मनमाना उपयोग करने लगते हैं तो प्रकृति रूष्ट होकर हमें दंड देती है। दंड देने का नियम भी परमात्मा के दयालु स्वभाव के कारण हमें सुधरने का आदेश तथा अवसर देने हेतु होता है।

ऐसे आदेशों को समझने की सामर्थ्य उन्हीं लोगों के पास होती है जो आध्यात्मिक समझदारी से जीते हैं। ऐसे लोग समाज को परमात्मा के आदेश को समझाने का प्रयास करते हैं और संकट से निकलने की आशा में लोग यदि मान लें तो उसके अच्छे परिणाम भी देखने को मिल जाते हैं–जैसे कोरोना काल में मास-स्केल पर जीवन में अनुशासन आने से नदियों में जल का प्रदूषण घटने की रिपोर्टें हैं और कार्बन-डाई-ऑक्साइड के उत्सर्जन में सात प्रतिशत की कमी आने से वायु में भी प्रदूषण का प्रतिशत घटने की रिर्पार्टें आईं।

किन्तु मानव रचित आपदाओं के अलावा भूकम्प, ज्वालामुखी तथा तूफान आदि कुछ ऐसी आपदायें भी मानव को झेलनी पड़ती हैं जो प्रकृति के नियमों के ही अतंर्गत घटने वाली घटनाओं का परिणाम होती हैं। कुछ भी हो आध्यात्मिक समझ वाले प्रबुद्ध जन सब प्रतिकूलताओं और अनुकूलताओं को इस रूप में लेते हैं कि वे दयालु एवं न्यायकारी परम पिता के बनाये विधान तथा नियमों के अंदर हैं और इसलिये उनमें हमारी दखलंदाजी नहीं चलती क्योंकि हमारा बल व पुरूषार्थ सीमित ही होता है जो गर्व करने लायक नहीं होता।

ऐसी समझ रखने वाले, महात्मा यशपाल जी द्वारा प्रतिपादित उपरोक्त 'आनन्द योग' साधना विधि अथवा कहें जीवन विधि की शिक्षा के साँचे में अपने जीवन को ढाल लेने वाले लेखक, आनन्द योग के साधक डॉ. अक्षयबर सिंह जी कोरोना काल की विषमता को देख कर तटस्थ नहीं बैठ पाये अतः प्रधानमंत्री मोदी जी द्वारा घोषित लाकडाउन के प्रथम दिन से ही समाज में आध्यात्मिक समझ जगाने हेतु उन्होंने प्रतिदिन एक पत्र लिखकर चुनिंदा लगभग 200 व्यक्तियों को भेजना शुरू किया। यह क्रम लगभग एक सौ नब्बे दिन चला। कुछ लोगों ने उन्हें सुझाव दिया कि आप इन पत्रों को एक पुस्तक के रूप में छपवा दें क्योंकि इनमें व्यक्त विचार, चिन्तन करने तथा अनुकरण करने योग्य हैं। डॉक्टर साहब ने यह प्रस्ताव स्वीकार कर 'मानव जीवन में अध्यात्म-कोरोना काल में एक अध्ययन' नाम से पुस्तक का संकलन कर प्रकाशित भी कराया है, ऐसा इस लेखक को बताया। पुस्तक तमाम अध्यात्म

साधकों से प्राप्त अनुभवों व प्रतिक्रियाओं का भी समावेश किया गया है।

पुस्तक में डॉ. साहब ने अपनी इस कृति को 'ईश्वर इच्छा' कहा है क्योंकि यह बिना किसी सोच या प्लानिंग के तहत किया, जो मात्र किसी अदृश्य शक्ति के प्रेरणा स्वरूप प्रकाश में आई। ऐसे प्रेरणा स्त्रोत आप अपने गुरु महाराज महात्मा यशपाल जी को ही मानते हैं, जो तत्व रुप में परमात्मा में विलीन हो हम सबके साथ है। परमात्मा जिससे जो काम करा ले, समझने वाली बात है।

आशा की जानी चाहिए कि डॉ. साहब की यह अभिव्यक्ति प्रेरणा स्त्रोत बन मानव विकास में, आध्यात्मिक दृष्टि से, सहायक होगी। परमात्मा तू है तेरी इच्छा पूर्ण हो।

4

ध्यान

चिरंजी लाल शर्मा, अलीगढ़

अनेक मनीषियों ने अनेक प्रकार से ध्यान की व्याख्या की है। किन्तु समस्त शास्त्रीय व्याख्याओं के विस्तार में न जाकर यदि हम मानव जीवन के धरातलीय स्तर पर खड़े होकर सामान्य दृष्टि से देखें तो पाते हैं कि हम एक पल भी बिना ध्यान के नहीं रहते। यदि हम ध्यान छोड़ दें तो जीवन के सारे क्रियाकलाप ठहर जायँ। बिना पूरा ध्यान दिये जीवन की कोई भी क्रिया की जाये तो उसमें त्रुटि होने की पूरी गुंजाइश रहती है। राह पर चलते हुए पत्थर से ठोकर लग सकती है, पैर गड्ढ़े में जा सकता है। चलते समय आँखें खुली रहते हुए भी यदि हमारा ध्यान कहीं अन्यत्र घूमता रहा तो भी पैर गलत पड़ सकता है। सत्संग में प्रवचन सुनते समय ध्यान कहीं और गया तो वक्ता ने क्या कहा, सुनाई ही नहीं पड़ेगा। शतरंज के खेल में ध्यान इधर-उधर चले जाने से चाल गलत हो सकती है। इसलिए हम बुजुर्गों से सुनते आये हैं कि "ध्यान से जाना", "ध्यान से खाना", "ध्यान से बोलना", "ध्यान से पढ़ना" तथा "ध्यान से काम करना" आदि। गरज यह कि ध्यान समस्त क्रिया कलापों के लिए उर्जा प्रदान करने वाला जनेरेटर है। जिस काम को करते समय हमारा पूरा ध्यान काम में ही रहेगा तो काम उत्कृष्ट श्रेणी का होगा, सफल कहा जाने योग्य होगा। उत्कृष्ट श्रेणी का सफल काम कर्ता के अंदर एक सुखद संतोष प्रदान करने वाला तथा आनंद की अनुभूति कराने वाला होगा। एक चित्रकार ध्यानमग्न होकर ही बढ़िया चित्र बना पाता है तथा एक संगीतकार अपनी

कला की श्रेष्ठ प्रस्तुति दे पाता है। तात्पर्य यह कि समस्त कार्यों के मूल में ध्यान ही है। ध्यानपूर्वक किया गया कार्य कभी उबाता नहीं है बल्कि रुचि बढ़ाता है। इसकी एक विशेषता यह है कि ध्यान की संलिप्तता के साथ किया गया काम थकाता भी नहीं बल्कि काम करते हुए ताजगी देता रहता है। थकान का कारण ऊर्जा का निपट जाना होता है और डूब कर किया गया काम ऊर्जा का सृजन साथ के साथ करता रहता है। ध्यान, ऊर्जा का उद्‌गम होता है। इसके विपरीत अधोमन से या बिना मन से किया गया काम शीघ्र ही उबा ही देता है और थका भी देता है। यदि आप से कह दिया जाये कि अमुक स्थान तक पहुँचने के लिए 10 किलोमीटर पैदल चलना पड़ेगा तो आप मजबूरी समझ कर बेमन सफर करेंगे तो जल्दी-जल्दी देखेंगे कि कितना चल लिए और कितना शेष रह गया। पहुँचने की बेतावी रहेगी। अतः चलते रहने के साथ-साथ थकान भी बढ़ेगी। इसके विपरीत यदि आप दस किलोमीटर की पद यात्रा को मजबूरी न मानकर खेल भावना से लेंगे और मजे लेते हुए चलेंगे और हर कदम के साथ ध्यान जोड़कर बढ़ते रहेंगे तो लगेगा कि हम चल ही नहीं रहे, बस एक कदम के बाद दूसरा कदम उठा भर रहे हैं और इतना ध्यान रख रहे हैं कि कदम ठीक पड़े, बस। ऐसे चलने से चलने की क्रिया सहज हो जायगी, अतः पता ही नहीं चलेगा कि कब मंजिल आ गई।

इसी बात को ओशो रजनीश दूसरे ढंग से समझाते हुए कहते हैं कि "ध्यानयुक्त क्रिया वह क्रिया है जिसमें क्रिया और कर्त्ता दोनों एक रूप हो जाते हैं। अर्थात कर्त्ता अपनी क्रिया में इस हद तक डूब जाता है कि वह क्रियारूप ही हो जाता है। क्रिया और कर्त्ता का भेद ही मिट जाता है"। महात्मा यशपाल जी ने एक प्रसंग का उल्लेख करते हुए बताया है कि ध्यान की एकाग्रता अवस्था में इस प्रकार क्रिया और कर्त्ता के एकरूप अवस्था में उन्होंने अपने गुरूदेव महात्मा बृजमोहन लाल जी को देखा था जब एक दिन वे उनसे मिलने एटा गये थे। उनके पहुँचने तक अर्थात् शाम छः बजे तक महात्मा बृजमोहनलाल जी ऑफिस से घर नहीं आये थे। गुरूमाता ने इन लोगों के साथ आठ बजे तक प्रतीक्षा करने के बाद एक लालटेन देकर इन्हें ऑफिस जाकर गुरूदेव को साथ लाने हेतु भेज दिया। गुरूदेव पुलिस ऑफिस में प्रधान

लिपिक थे। वहाँ पहुँचने पर गुरूदेव ने इन्हें बिठा लिया और प्रतीक्षा करने को कह दिया। चूँकि वह एक महत्त्वपूर्ण निरीक्षण की तैयारी में अपने सब सहायोगी स्टाफ के साथ व्यस्त थे। उनकी व्यस्तता इतनी गहन थी कि वे यह भी भूल गये कि उनकी प्रतीक्षा में कोई बैठा है। उधर बैठने वाले भी ध्यान में चले गये। साढ़े बारह बजे के बाद जब गुरूदेव काम खतम करके उठे तब इन लोगों के साथ घर आये (बृजमोहन वचनामृत से)।

ऐसा ही एक प्रसंग डॉ. अक्षयबर सिंह के जीवन का है जब वे पूसा कृषि संस्थान में जल तकनीक शोध केंद्र में प्रोफेसर थे। उनका कक्ष दूसरी मंजिल पर था। एक बार उस मंजिल पर आग लग गई। सैकड़ों कर्मचारी बाहर निकल कर मैदान में आ गये। शोर मच रहा था, भयंकर धुँआ उठ रहा था, फायर ब्रिगेड की गाड़ी पानी का जेट ऊपर फेंक रही थी। किन्तु डॉ. सिंह अपने कक्ष में कोई पुस्तक पढ़ने में इस कदर डूबे हुए थे कि उन्हें पता न चला, शोरगुल सुनाई न दिया। अपने कक्ष में पूरी तरह घिर चुकने से कुछ ही पहले वे बाहर निकल पाये। इस अनुभव का जिकर डॉ. सिंह ने पुस्तक "गृहस्थ जीवन में अध्यात्म" में किया है।

महाभारत का अर्जुन वाला वह प्रसंग काल्पनिक थोड़े ही है जब गुरूदेव ने उससे पेड़ पर बैठी चिड़िया की आँख का निशाना साध कर तीर चलाने को कहा था। परीक्षा की घड़ी थी। अर्जुन से पूछा गया कि तुम्हें क्या दिख रहा है? तो उसने बताया कि सिर्फ चिड़िया की आँख। गुरूदेव ने पूछा कि चिड़िया भी नहीं, तथा पेड़ भी नहीं दिख रहा तो उसने कहा नहीं। आजकल की पद्धति में परीक्षा का प्रश्न पत्र तीन घण्टे का होता है उसमें परिक्षार्थी प्रश्नों के उत्तर लिखते समय यदि पूरी तरह ध्यानयुक्त रह सका तो ही उत्तर ठीक से दे पायेगा और जितना जैसा भी ज्ञान उस विषय में उसने अर्जित कर रखा है उसके आधार पर ही अंक वह पा सकता है या पा लेगा। इसके विपरीत वह यदि सही उत्तर देने पर ध्यान केंद्रित करने के बजाय इस उधेड़बुन में लग गया कि अंक कितने आयेंगे, कुछ आयेंगे भी या नहीं तो परीक्षा का समय तो बीत जायेगा और उसके साथ अंक पाने की सम्भावना भी न्यूनतम हो जायेगी।

किसी भी कर्म का पूरा-पूरा फल तभी मिलता है जब वह कर्म पूरी ध्यानमग्नावस्था में किया जाता है। ध्यान का पूरा फोकस सिर्फ कर्म को उत्कृष्ट बनाने पर रहता है, उससे प्राप्त होने वाले फल पर नहीं। वैसे भी एक ही जगह व्यस्त रहने से ध्यान के पास इतनी फुरसत ही नहीं होती कि वह कर्मफल के बारे में सोचे। इस प्रकार कर्त्ता निष्काम बन जाता है। लेकिन निष्कामता का अर्थ यह नहीं होता कि कर्त्ता फल का तिरस्कार करके फेंक देता है बल्कि यह होता है कि जितना भी फल मिले उससे वह संतुष्ट होता है क्योंकि कर्म का असली फल तो वह पहले ही चख चुका होता है जब उसे करते समय ही प्रसन्नता तथा आनंद के रुप में पा चुका है।

यह कमाल होता है ध्यान के कर्म के साथ मिल जाने से। दोनों के एक रूप होने, जहाँ एक तरफ कर्म के संग से ध्यान में दृढ़ता आती है तो दूसरी ओर ध्यान के संग से कर्म उत्कृष्ट बनता है ध्यान कर्मरत हो जाता है और कर्म ध्यानयुक्त बन जाता है। इस अवस्था में कर्त्ता जब कर्मरत रहता है तो ध्यानरत भी रहता है और ध्यानरत रहता तो भी वह कर्मरत भी होता है। यानी की वह एक ही समय में कार्यरत भी हैं और ध्यान में भी है।

कर्म और ध्यान की यह एकरूपता इस अवस्था में आ कर ही नहीं ठहर जाती, आगे भी जाती है। इस एकरुपता का दूसरा पहलू यह भी है कि कर्त्ता ने जैसे अनायास निष्कामता प्राप्त की है उसी प्रकार अपने आसपास के परिवेश (अर्थात जगत) से भी उसका संबध विच्छेद हो जाता है, जिस प्रकार कि डॉ. अक्षयबर सिंह को आग लगने का आभास नहीं हुआ।

परिवेश से डिटैच हो जाने का अर्थ ही शायद वैराग्य है। निष्कामता आ गई, वैराग्य आ गया तो कर्म सिर्फ कर्म नहीं रहा, वह कर्मयोग बन गया और इसी तरह ध्यान भी अब ध्यान योग बन गया। इन दोनों योगों की मुलाकात तो हो ही चुकी है अतः अब इनके मिश्रण से जो योग बना वही 'आनंद योग' है। ध्यान साधना के साथ चलते-चलते तो हम उस मुकाम पर आ गये जहाँ गणित के समीकरण की तरह एक समीकरण हमारे हाथ आया-

"कर्मयोग + ध्यानयोग = आनंद योग"

इस मुकाम पर पहुँच कर तो साधक का मन पूरी तरह धुलकर चाँदी की तरह साफ स्वच्छ हो चुकता है, अतः परमात्मा के दर्शन प्राप्त करने के लिए क्वालीफाइड हो जाता है। शायद यही राज उन साधु महाराज का है। जो मौनी बाबा आश्रम रामघाट (बुलन्दशहर) में रहते हैं और जो बात-बात में यही उच्चारण करते रहते हैं "अरे भाई सभी में तो परमात्मा है।"

परमात्मा तुही है तेरी इच्छा पूरी हो।

5

जीवन में सत्संग

दिनेश प्रताप सिंह, सुलतानपुर

अपनी जीवन यात्रा लिखने की प्रेरणा हमें डॉ. अक्षयबर सिंह जी से मिली। मैं कोई लेखक नहीं हूँ। जीवन यात्रा में गृहस्थ संत महात्मा यशपाल जी महाराज (भाई साहब) जी की बातों से प्रभावित हुआ, उनके साथ जुड़ा, उन्होंने हमें गृहस्थ में अध्यात्म को बढ़ावा देने हेतु, सत्संग संचालक का उत्तरदायित्व दिया। इस तरह, अपना जीवकोपार्जन करता हुआ राम-नाम में लग गया। भाई साहब जी का कहना था कि आज के इंसान की परेशानियों का कारण जीवन में राम-नाम की कमी का हो जाना है। जीवन में राम-नाम जोड़ना चाहिए और परमात्मा को प्राथमिकता देनी चाहिए। प्राथमिकता का अर्थ जो हमने समझा वह गणेश जी की तरह पूजा में माता-पिता को प्रथम स्थान देना। ऐसा करने में, जीवनचर्या से कोई चीज घटाने को नहीं है, बस राम-नाम को जीवन में और जोड़ लेना है। पहली बार जब यह बातें आपके प्रवचन में सुनीं, तो कुछ नया लगा और महात्माओं को सुनता रहा था कि राम-नाम लेने के लिये क्या-क्या नहीं करना चाहिए, माँस, मदिरा का सेवन नहीं करना, झूठ नहीं बोलना चाहिए, चोरी नहीं करना इत्यादि, इत्यादि...। आनन्द योग साधना में कुछ छोड़ने की बात नहीं है। सिर्फ, जीवन में एक बात और जोड़ लेना है, वह है परमात्मा का नाम और वह भी जो नाम आपको अच्छा लगता हो। इस एक बात से आकर्षित हो यह आपके बताये रास्ते को अपनाया। एक और खास बात जो आपने बताई वह थी यह सब करने के लिए

अलग से समय देने की आवश्यकता नहीं है। आपकी जीवन चर्या में जो समय खाली है, वही राम-नाम में लगाना है। संक्षेप में कहें, तो यह बातें, इस पद्धति से जुड़ने का कारण बनीं। डॉ. साहब भी इस पद्धति की साधना से जुड़े थे, आपसे जब मुलाकात होती तो अनुभवों पर चर्चा होती। आप भाई साहब जी पर खोज कर रहे थे, हमें भी कुछ लिखने को कहा। एक तरह से यह टूटी-फूटी भाषा में प्रस्तुति, आपके अनुरोध का पालन करना ही है। हाँ! सत्संग में जो बातें अनुभव में आईं, इस लेख में दे रहा हूँ।

हमारा जीवन, बदलते ग्रामीण परिपेक्ष्य का रहा है, जिसमें दुनियावी हमारी शिक्षा बी० काम० स्तर तक की रही। पारिवारिक परिपेक्ष्य किसानी का था, जिसमें कशमकश की ही अर्थव्यवस्था थी। हमारे पिताजी चार भाई थे। बचपन में ही, संयुक्त परिवार बिखर गया, सब अलग हो गये। हमारी दादी की जिम्मेदारी उठाने की बात भी, बारी-बारी माहवार के हिसाब से बँट गई। इस व्यवस्था ने इसे बहुत हार्दिक पीड़ा पहुँचाई, लेकिन असहाय की स्थिति रही, यह कुछ कर नहीं सकता था, बस मूक दर्शक ही रहा। जितना हो सका दादी के साथ लगाव बनाये रखा।

बचपन में पीड़ित मानवता को देख, मैं बड़ा दुखी हो जाता था। सुलतानपुर शहर में रेलवे स्टेशन या सड़क के किनारे पड़े किसी असहाय व्यक्ति को पीड़ा से कराहते, उस पर मक्खियाँ भिन-भिनाते देखता तो वहाँ खड़ा होकर सोचता कि प्रभो, इसके साथ ऐसा क्यों? अन्तःकरण से आवाज आती, जिसने जैसा कर्म किया है वैसा फल भोगने के लिए आया है और वैसे ही जैसा अब करेगा, कर्म फल भोग को वहन करना ही पड़ेगा। यह कर्म-गति चलती रहेगी। सच तो यही है कि कोई जन्म लेते ही भिखारी के घर, अमीरों के घर, तथा फुटपाथ पर पैदा होता है और उसकी जीवन यात्रा चल पड़ती है। ऐसे विचारों के साथ इसकी जिज्ञासा बढ़ती रही। मैं किसी कथा वार्ता या सत्संग में नहीं जाता था, लेकिन आते-जाते प्रवचनों के कभी-कभार ऐसे शब्द कि-चोरी नहीं करनी चाहिए, बेईमानी नहीं करनी चाहिए, हमेशा खुश रहना चाहिए सुनता। सुनकर विचार आता कि क्या इनके कह देने मात्र से, सुन लेने मात्र से, पढ़ लेने मात्र से यह हो सकता है? नहीं! ऐसे चलता रहा।

इसकी शादी 13 मार्च 1986 को बभनगवाँ (कूरेभार) में मंजू सिंह से हुई। यह ऐसे परिवार से थीं जिसका इतिहास जाने अनजाने आध्यात्मिक परिपेक्ष्य का था। इनके यहाँ करीब 150 वर्ष पूर्व एक सिद्ध महात्मा बाबा भोलादास कहीं से आकर रह गये थे, जिनकी समाधी भी उस गाँव में है। साधू सन्तों का आना-जाना लगा रहता था। इसका सकारात्मक प्रभाव परिवारजनों पर पड़ा। वर्ष 1986 में, इनके यहाँ, सन्त यशपाल जी महाराज का आना हुआ, बड़े सत्संग का पहली बार आयोजन था, यह शामिल हुई और अन्य परिवारजनों के साथ, महात्मा जी से दीक्षा ले लीं। सुबह-शाम, यह अपने गुरु महाराज की फोटो रख, अगरबत्ती, धूप सामने रख कर, मौन बैठा करतीं। यह देखा करता, ऐसे चलता रहा। आखिर वह घड़ी आ ही गई कि जिस दिन श्रीमती जी ने कहा कि, हमारे गुरु महाराज लखनऊ सत्संग हेतु आ रहे हैं, वहाँ भण्डारा है, चलेंगे क्या? मैं, स्वतः ऐसी बातों व प्रस्ताव को ईश्वर इच्छा मानता रहा और हूँ, सहमत हो गया। जाने के लिए एक प्रेस की गाड़ी मिली। रास्ते में हादसा होते-होते बच गया। हुआ यह कि ड्राइवर रात का जगा हुआ था, यह देखता है कि एक जगह बायें तो गड्ढा, दायें ट्रक, पता नहीं इसके मुँह से क्या निकला कि ड्राइवर का हाथ दायें घूमा और गाड़ी ट्रक क्रास कर गई, सबने राहत की साँस ली। कुछ लोग कहने लगे कि हममें कोई, ऊँची आत्मा बैठी है। मुझे इस दिन पता चला कि ऊँची आत्मा भी होती है, यह एक प्रश्न मन में आ गया।

लखनऊ सत्संग में अधिकतर शामिल होने वाले गृहस्थी भाई, बहनें व उनके बच्चे ही थे, अच्छी संख्या थी, लेकिन अनुशासित लोग, सब कुछ शान्तिपूर्ण माहौल में। भाई साहब ने एक घण्टे के ध्यान-अभ्यास व एक-एक घण्टे के प्रवचन के तीन प्रोग्राम किये। प्रवचन के पहले एक घण्टे का ध्यान अभ्यास भी सत्संग का हिस्सा होता। मुख्य उद्देश्य जीवन में परमात्मा के नाम को जोड़ने से संबंधित तथा दिन के 24 घण्टे भगवान की याद बनी रहे की तरीकत का अभ्यास कराना। आपके प्रवचन अलग ही लगे, जिसमें रामायण या शास्त्रों की व्याख्या कम, ज्यादा बात परमात्मा के नाम को जीवन में जोड़ने की तरीकत पर था। आपकी बात, कि जीवन में राम-नाम जोड़ना है, छोड़ना

कुछ नहीं, जो करते हैं, करते रहें, से यह बहुत प्रभावित हुआ। बड़ा व्यवहारिक लगा, आपका प्रवचन। भगवान का भी कौन सा नाम जोड़ें? जो आपको पसंद हो, मानते हो-अल्लाह, राम, कृष्ण, माता दुर्गा, वाहे गुरु, ओम आदि। तीन प्रवचन में आठ-आठ घण्टे के तीन स्टेप में रामनाम जोड़ने की साधना बताई। इन प्रवचनों को सुनने के बाद, जीवन के आध्यात्मिक पक्ष के जितने भी प्रश्न मेरे मन में आया करते थे, उनके उत्तर मुझे मिल गये। इस प्रोग्राम में, पूजा (दीक्षा) की भी व्यवस्था थी कि यदि कोई इस पद्धति से जुड़ना चाहे तो राम-नाम की दीक्षा ले सकता है। मेरे लिए भी, शुभचिन्तकों ने प्रयास किया, मैं चाहता भी था लेकिन किसी न किसी व्यवधान के चलते वह न हो सकी।

साधना:

लखनऊ सत्संग से वापस आने के बाद, भाई साहब जी के यथार्थपूर्ण प्रवचनों से प्रभावित हो, यह भी सुबह-शाम की पूजा (ध्यान) नियमित करने लगा। साथ-साथ आपकी पद्धति का यदि कहीं आसपास सत्संग होता तो वहाँ भी जाता, शामिल होता। दिल्ली में भाई साहब जी के यहाँ का सत्संग प्रोग्राम था, यह गया और शामिल हुआ। सत्संग समाप्ति के अन्तिम दिन, इच्छुक भाइयों को पूजा (दीक्षा) मिलने का प्रोग्राम था, इसने भी अपना नाम लिस्ट में लिखवा दिया। इस तरह 12 सितम्बर 1992 को पूजा मिल गई। अनुयायी, सत्संगियों से आपकी एक ही अपेक्षा थी कि माह में एक पत्र द्वारा संपर्क बनाये रखें तथा जैसा बताया गया है पूजा करें, अवसर मिले तो सतसंग में शामिल होते रहें। इस तरह से, पत्रों के माध्यम से आपके साथ संपर्क बना रहा, माह में एक पत्र लिखता रहा, जो जैसे भी अनुभव होते सूचना देता रहा। कुछ दिन के बाद आपका एक पत्र आया, जिसमें बुलाया गया था कि समय आ गया है, आप सुविधानुसार आ जायें, जिससे आपका बैत हो जाय। वह शुभ दिन 24 मई 1995 थी। इसके बाद कबीर साहब की कही बात 'यह तन विष की बेलरी गुरु अमृत की खान-शीश दिये जो गुरु मिलें तो भी सस्ता जान' बार-बार याद आने लगा। यह भी लगता कि इस मार्ग पर चलना गुरू कृपा से ही संभव है।

कुछ दिन के बाद, ऐसी प्रेरणा हुई कि भाई साहब जी से अपने ही घर पर सत्संग करने की इजाजत मिल जाय। इसके लिए प्रार्थना की, पत्र लिखा और आखिर प्रभु कृपा हो ही गई। 23 जुलाई 1995 से, जैसा आपने बताया था, उसी पद्धति से रविवार 9 से 11 बजे सुबह से विवेकनगर सुलतानपुर (मा.नं.3339) में सत्संग प्रारम्भ किया। पहले यह अकेला ही होता था। कभी-कभी घर का काम निबटा कर देर से धर्मपत्नी भी आकर शामिल हो जातीं। धीरे-धीरे कुछ और लोग आने लगे, आस-पड़ोस में भी, इसकी जानकारी लोगों को हो गई। सत्संग में एक घण्टे का अपने अपने ईष्ट का ध्यान और एक घण्टे का स्वाध्याय होता था। कार्यक्रम एक प्रार्थना व गोला मिश्री के प्रसाद के साथ समाप्त होता। प्रत्येक माह यह एक पत्र भाई साहब जी को सत्संग के बारे में लिखता था। वहाँ से जबाब आता। ऐसे चलता रहा।

विचारों में बदलावः

इसकी एक छोटी-सी मशीनरी स्टोर की दुकान थी, जीवनोपार्जन के लिए। जैसी रीति है बिजनेस में बेईमानी के प्रचलन हैं, जैसे डुप्लीकेट सामान रखना व बेचना। यह भी वह करता था। बिना बेईमानी किये, परिवार कैसे चलेगा की सोच थी। एक दिन, इंजन की डुप्लीकेट नाजिल को ओरिजिनल करके बेच दिया। फिर क्या था, मन और आत्मा में लड़ाई छिड़ गई। मन कहता कि अरे भाई, सब ऐसे कर रहे हैं, तू कहाँ हरिशचन्द्र बनने की सोचता है। आत्मा कहती करते सत्संग हो, बातें भी अच्छी-अच्छी और मीठी-मीठी और यह बेईमानी! इस द्वन्द को मिटाने के लिये, इसने गुरूदेव जी को पत्र लिखकर मार्गदर्शन माँगा। आपका जबाब आया कि मन के बहकावे में न आवें, जो आपकी आत्मा कहे वह करें, ईश्वर मालिक हैं। बस क्या था, उसके बाद आज 25 साल हो गये हैं, कोई ग्राहक ऐसा नहीं रहा जिसे यह डुप्लीकेट को ओरिजिनल करके दिया हो।

हमारे पड़ोस में कपड़े की दूकान थी, चल नहीं पा रही थी। दुकानदार ने, दुकान बेचने की सोची और हमसे कहा कि भईया, यह आपके मौके पर है, यदि आप लेना चाहें तो मैं पहले आपको ही आफर करता हूँ कि आप खरीद लें। इसने उन्हें बेचने से मना किया, और राय दी कि बेचें नहीं, कुछ

और काम कर लें। उन्होंने कहा कि क्या करें कुछ समझ में नहीं आ रहा। इसने कहा कि यही काम कर लें जो मैं कर रहा हूँ। उसने कहा, हमें कोई अनुभव नहीं है और न पूँजी ही है। इसने कहा कि अनुभव तो काम शुरू करने पर हो जायेगा और जहाँ तक पूँजी का सवाल है वह मैं सामान क्रेडिट पर दिला दूँगा, दुकान बेचने की न सोचें, दुकान अच्छे मौके पर है। वह मान गये और, दुकान मशीनरी स्टोर की खुल गई। हमारे और पड़ोसी भी थे, कहने लगे कि आपने यह क्या किया? अपने पैर पर कुल्हाड़ी मार लिये। यह दुकान खुलवा कर। यह क्या कहता। यही कहा कि भाई सब अपने-अपने भाग्य का खाते हैं, हमारी दुकान पर क्या प्रभाव पड़ेगा। देखता हूँ कि, जो भाई कुल्हाड़ी मारने की बात कर रहे थे, उनकी दुकान लड़खड़ा ही रही है। कालान्तर में, वह दुकान इतनी चली कि उनकी और दुकानें भी अलग-अलग बाजारों में खुल गई। मुझे तो लाभ ही मिला, कितने ग्राहक वे हमारी दुकान पर भेजते रहते हैं। तो सत्संग का बड़ा लाभ यह है हमारे विचारों में शुद्धता आने लगती है, सोच भी सकारात्मक बनने लगती है।

सुल्तानपुर में जोनल सत्संगः

हमारे यहाँ नियमित सत्संग होता रहा। हम कुछ लोग दिल्ली भण्डारे और गुरु पूर्णिमा सत्संग में जाते रहे। एक भण्डारे के अवसर पर जगह-जगह भाई लोग, भाई साहब को अपने यहाँ आल इन्डिया स्तर का सत्संग तक रखने का प्रस्ताव दे रहे थे। हम लोगों में भी विचार बना कि हम सब सुल्तानपुर में सत्संग रखने को कहें। भाई साहब से मिल कर प्रार्थना की, आपने कहा ठीक है। आप इलाहाबाद के मित्तल साहब से बात करें। इलाहाबाद में प्रत्येक वर्ष माह अक्टूबर में जोनल सत्संग रक्खा जाता था। बात की गई, प्रस्ताव स्वीकार कर सुलतानपुर में माह अक्टूबर 1999 मे सतसंग हुआ। किसी कारणवश भाई साहब जी का आना न हो सका। आपने सत्संग कराने हेतु भाई रमेश जी (बड़े भइया) को भेजा। इस सतसंग के दौरान 36 भाई-बहनों ने दीक्षा प्राप्त की। इसमें सुलतानपुर के भाई-बहनों की अच्छी संख्या रही। इसके प्रभाव से, यहाँ के रविवारीय सत्संग में आने वालों की संख्या भी 30-35 तक हो गई।

सुलतानपुर में हुए सत्संग के आर्थिक पहलू का भी जिकर करना उचित होगा। भाई साहब जी के सत्संग के वसूलों में 'न चन्दा न निन्दा' की बड़ी महत्त्वपूर्ण बात थी। सत्संगी भाईयों की संख्या भी कम थी। अधिकतर भाई किसान या कामचलाऊ आर्थिक परिपेक्ष्य के थे। कहीं न कहीं मन में यह बात तो थी ही कि खर्च कैसे पूरा होगा? माँगना भी किसी से न था। हाँ यह बात हमारे मन में तो थी कि ऐसे आयोजनों में ईश्वर कृपा काम करती है, चिन्ता की बात नहीं होनी चाहिए। लेकिन मन तो मन ही है। खैर जैसे जो आया, काम प्रारम्भ हुआ। स्वेच्छा से भाई लोग, योगदान करने लगे। बहुत सारा सामान तो राशन के रुप में आ गया। सब काम होते गये। आश्चर्य तो तब हुआ जब, प्रोग्राम समाप्ति के बाद हिसाब-किताब किया गया। 47,000 रूपये बच गये। हमारे लिए बहुत बड़ा आश्चर्य था, और विश्वास बनने की बात, कि ऐसे काम परमात्मा के होते हैं वह करा ही लेता है। किया क्या जाय इस पैसे का? भाई साहब जी को पत्र लिखा गया। जबाब आया कि इस बाबत आप सत्संग संस्था के एकाउन्टेन्ट श्री आशानन्द जी से बात करें। उनकी सलाह थी, कि वहीं सत्संग के नाम से एक ज्वाइंट एकाउंट खोल कर जमा करलें। भविष्य में सत्संग आयोजनों में इस पैसे का उपयोग करें। ऐसा ही किया गया।

सत्संग केन्द्रों की स्थापना:

जैसे-जैसे सत्संगी भाइयों की संख्या बढ़ी, आने-जाने की सुविधा को देख कर भाई साहब जी की अनुमति से बँधुवा कला व चंदौर में सत्संग केन्द्र बनाये गये। महीने के प्रथम रविवार को सबों को सुलतानपुर केन्द्र पर सत्संग में शामिल होने को कहा गया जो आज भी कायम है। सुलतानपुर सत्संग के बाद, बृहस्पतिवार को भी सायँ डेढ़ घण्टे का सत्संग बारी-बारी सदस्यों के निवास पर भी होने लगा। अप्रैल, 2000 में पूज्य भाई साहब जी के निर्माण के बाद, धीर-धीरे भाई-बहनों की संख्या घटने लगी। कुछ भाई अधिक अवस्था व कुछ बदलते समाज व इसके प्रभाव से भी प्रभावित हुए। इन सब बातों के बावजूद सत्संग केन्द्र पर नियमित रविवार वाला सत्संग बदस्तूर आज भी होता है। संख्या की दृष्टि से यह शुरुआती दौर की तरह है, जब संख्या बहुत ही कम होती थी। कभी-कभी ऐसी भावना उमड़ती है कि और लोग

भी, इस बात को समझें, अपनायें और लाभान्वित हों। महात्मा तुलसीदास जी की यह बात भी मन में आ जाती है कि 'यहि सर आवत अति कठिनाई, राम-कृपा बिनु आइ न जाई'।

आध्यात्मिक जागृतिः

भाई साहब जी की जीवन शैली से आभास होता था कि आपकी, गृहस्थियों के लिए शिक्षा थी–ईश्वर इच्छा पर चलना तथा आवश्यकतानुसार विकास। पहली बात पर तो भरसक प्रयास करता रहा कि ईश्वर इच्छा की बात पर चलूँ और अपनी इच्छा से बचूँ। आप स्वयं गृहस्थ थे, गृहस्थ का जीवन कशमकश का होता है, इसका अनुभव था। इसलिए आपका कहना था कि जीवन में राम-नाम जोड़कर, यह एक चीज बढ़ावो, कुछ घटाने को नहीं कहते थे। समय के साथ यदि कुछ बातें छूटने लगें और आत्मा कबूले, तो कोई बात नहीं। आपका मूल मंत्र था 'परमात्मा तू ही है, तेरी इच्छा पूरी हो', यह आपके मुख से प्रायः सुनने को मिलता। इसको अपने व्यापार में, दुकान के लिए, स्टोर की आवश्यकता महसूस हुई तो किराये पर ले लिया वर्षों चलता रहा, किराया भी बढ़ता गया, अनिश्चितता अलग कि कब खाली करना पड़े। हमारे निवास स्थान के पास, ही नाले के किनारे गड्ढे की कुछ जमीन बिक रही थी, इसने स्टोर बनाने के लिए खरीद ली। मौका देख, स्टोर बनवा भी लिया। लेकिन आश्चर्य की बात यह रही कि बिना प्लानिगं ही काम हुआ था, वह कुछ बड़ी ही बन गई। ईश्वर कृपा की बात देखिए कि जहाँ, रोड बनने की कोई आशा न थी, यह मुहल्ले का रोड भी सबके सहयोग से बन गया। इस नई व्यवस्था में रोड के साथ-साथ बेसमेंट के ऊपर अच्छी खासी टेरेस (छत) भी उभरी। मुहल्ले के शुभचिन्तक बन्धु राय देने लगे कि इसके ऊपर यदि फ्लैट बनवा दें तो अच्छा किराया आ सकता है। ऐसे सुझाव भी मिलने लगे।

मार्च 2018 में हमारे साले साहब डॉ. अक्षयबर सिंह, जिन लोगों के माध्यम से ही हमारा सम्पर्क भाई साहब जी (गुरु महाराज) से बना था, यहीं हमारे पड़ोस में रहने आ गये। यह भी ईश्वर इच्छा ही कहूँगा, क्योंकि यह लोग सेवा निवृत्त के बाद दिल्ली के एक सत्संग आश्रम में, मकान बना कर,

अध्यात्म साधना हेतु, रह ही रहे थे। गुरूदेव के शरीर छोड़ने के बाद, धीरे-धीरे, आश्रम व्यवस्था में बदलाव ने इन्हें हमारे पड़ोस में ला दिया। हालाँकि, हमारे यहाँ, नियमित सत्संग होता है, इसी से आप सम्बन्धित भी रहे हैं, लेकिन बदलाव के बाद, अब साधना में, ज्यादा समय स्वाध्याय, चिन्तन तथा लेखन को देते हैं। आपकी पत्नी श्रीमती शिव कुमारी सिंह जिन्हें यह भाभी जी कहता है और आपकी एक लड़की कु०सरिता सिंह यह तीन लोग शान्तिपूर्ण जीवन अपनी तरह से रह रहे हैं। सरिता सिंह, यहीं एक लोकल प्रतिष्ठित कालेज में हेडमिस्ट्रेस के जाब में हैं।

सत्संग में, बदलते समय के अनुरुप, भाइयों की घटती संख्या कम हो जाने के कारण बृहस्पतिवार सायँ होने वाला सत्संग प्रोग्राम बन्द ही हो गया। मन में विचार आता रहा कि, कि कुछ तो राम-नाम से सम्बन्धित काम करना ही चाहिए। सोचा कि इस नवनिर्मित हाल में ही खाली जगह का उपयोग, किसी सकारात्मक उपयोग में किया जा सकता है। डॉ. साहब भी जिकर कर चुके थे, कि दिनेश जी, सेवा निवृत्त पड़ोसी, बुजुर्गो का यदि सप्ताह में एक दिन स्वाध्यायी प्रोग्राम रख सकें तो, यह आध्यात्मिक दृष्टि से अच्छा काम हो सकता है। आप स्वयं, आध्यात्मिक जागृति पर, एक पन्ने का लेख लिख-लिख कर बुजुर्गों में बाँटते रहते थे। इन्हीं सब गतिविधियों के देखते हुए, हमने अपने मन की बात इन्हें बताई। आप विचार करने को सहमत हुए, सरिता से भी बात की। कुछ दिनों के बाद अपने मुहल्ले में ही 'आध्यात्मिक जागृति सेवा केन्द्र' बनाकर बच्चों व बुजुर्गों में राम-नाम के प्रचार व प्रसार का कार्य किया जाय, जो परिवार आधारित हो। इस तरह, यह एक तरह नया, आध्यात्मिक प्रयोग प्रारम्भ किया गया।

यह लिखा जाने तक, बच्चों का साप्ताहिक रामायणी सत्संग, एक घण्टे के इंगलिश स्पीकिंग, एक घण्टे संगीत/आर्ट व स्वच्छता से सम्बन्धित शिक्षा मुहल्ले के बच्चों के लिए, व शाम को एक घण्टे का स्वाध्यायी सत्संग बुजुर्गों के लिये, प्रत्येक सप्ताह एक दिन का रखा जाता है। बच्चे इन गतिविधियों में रुचि लेते दिख रहे हैं, जो शुभ संकेत लगता है।

सत्संग के बारे में, अब तक के अनुभव से, यही कहना चाहूँगा कि हमारे गुरूदेव गृहस्थ सन्त महात्मा यशपाल जी का कहना था कि जीवन में परेशानियों का कारण राम-नाम की कमी हो जाना है। अपने अनुभव में यह बात हमने सही पाई है। सत्संग से, विचारों में बड़ा बदलाव आता है, जिससे, तमाम बातें जो हमें विचारों की वजह से परेशान करती हैं, समझ में आने लगती हैं, उतनी परेशानी नहीं महसूस होती। कर्मफल तो, हमें भोगना ही भोगना है। उसमें भी विचारों की वजह से राहत मिलती है। फिर जब हम परमात्मा की याद व प्रार्थना में रहते हैं, तो वह तो कुछ भी कर सकता है। रामकृष्ण परमहंस कहा करते थे कि परमात्मा चाहे तो, सुई के नकुए से ऊँट निकाल दे। शास्त्रों में तो सत्संग की महिमा गाई व इसकी भूरि-भूरि प्रशंसा की गई है। परमात्मा तू ही है तेरी इच्छा पूरी हो।

6

मेरा मालिक ही मेरा दोस्त

सरिता सिंह, सुल्तानपुर

'सब धरती कागद करूँ, लेखिनी सब बनराय

सात समुन्दर की मसि करूँ, गुरु गुन लिखा न जाय।'

मैं उपरोक्त बात से सहमति जताते हुए आगे बढ़ती हूँ। इसे शत-प्रतिशत सही मानती हूँ। महामानव इस संसार में आते हैं और कितने लोगों को अपने जैसा बना कर, चुपके से चले जाते हैं कि लोग समझ ही नहीं पाते कि हमारे बीच कोई ऐसा आकर चला गया। अपने समय में कबीर, तुलसी, अष्टावक्र जी ऐसे ही महामानवों में से थे। ऐसे ही एक अवतारी पुरूष थे हमारे गुरूदेव गृहस्थ संत महात्मा यशपाल जी महाराज, जिन्हें लोग घरेलू उद्बोधन में 'भाई साहब' कहते थे। योगी कथामृत पुस्तक में आया है कि किस तरह, श्री लाहड़ी महाशय जी का इंतजार कई जन्मों तक महामानव बाबा जी ने किया था। उनकी दृष्टि लाहिड़ी जी के हर जन्म पर थी। इससे पता चलता है कि सत्गुरू का मिलना भी अपने पूर्व संस्कारों पर निर्भर है। सत्गुरू का मिलना संस्कारों पर निर्भर होता है और समय आने पर वे स्वयं हमारे सामने प्रकट हो जायेंगे, हम चाहें या न चाहें। गुरु को वरण करना ही होगा। ऐसा हमने अनुभव में पाया है। हमारे पिता डॉ. अक्षयबर सिंह जी को जब भाई साहब मिले, तो इन्हें गुरू शब्द के यथार्थ का न ज्ञान था और न कोई इच्छा या खोज। अपवाद भी हैं कि सद्गुरु के पाने की तड़प अगर दिल में हो, खोज

हो तो परिस्थितियाँ ऐसी बनती हैं कि सद्गुरु से साक्षात्कार हो ही जाता है। अध्यात्म दिल की विद्या है, इसकी भाषा समझ के परे है। कहा है–'जहाँ पर दिल ठहर जाये, उसे मंजिल समझ लेना'।

हमारे परिवार का इतिहास 150 वर्ष पूर्व से ऐसा रहा है कि घर में संतों का आना–जाना लगा रहता था। दादा, परदादा सब सात्विक प्रवृत्ति के रहे। सभी में उदारता कूट–कूट कर भरी थी। अतिथियों का आदर सत्कार होता था, दान–पुण्य होता था, द्वार पर आया कोई भी व्यक्ति खाली नहीं जाता था। एक सिद्ध सन्त, बाबा भोलादास तो हमारे परिवार के सदस्य की तरह ही साथ रहते थे। मुझे योगी कथामृत पुस्तक पढ़ने से ज्ञात हुआ कि जब बच्चा माँ के गर्भ में आता है, तब से सत्गुरू की नजर उस पर रहती है और समय आने पर वह उससे मिलते हैं। इस बात पर मैं विश्वास करूँ तो लगता है कि हमारे पारिवारिक संस्कार ऐसे रहे कि हमारे सत्गुरू परम सन्त महात्मा यशपाल जी के दर्शन हमें शिलांग में हुए, जब मैं स्कूल में पढ़ती थी। मेरी मम्मी वहाँ, श्री यस० के० मिश्रा जी के यहाँ रविवार के सत्संग में जाती थीं। हम बच्चे यशपाल जी महाराज को 'बाबा जी' कहते थे।

पापा को कर्म में विश्वास था, सत्संग में नहीं। वे कर्म को ही पूजा मानते थे। लेकिन शिलांग में जब महात्मा यशपाल जी का सत्संग हुआ, आप उसमें शामिल हुए तो सत्संग में रुचि बढ़ी। इसके बाद सत्संगी भाई–बहनें हमारे घर आने लगे और कभी–कभी देर रात तक सत्संग की चर्चा करते। मैं बहुत ध्यान से सब सुनती थी और तभी से अध्यात्म का बीजारोपण मुझ में हो गया। मैं गुरूदेव के चमत्कारों की बातें सुन कर आश्चर्यचकित हो जाती। जब हमने दसवीं की परीक्षा दी तो मेरा गणित का पेपर अच्छा नहीं हुआ और मेरा फेल होना तय था। मैंने पापा के बैग से चुपके से अन्तर्देशीय पत्र निकाला और बस में बैठकर स्कूल जाते समय, गुरूदेव को पत्र लिखा कि मुझे गणित में केवल पास मार्क दिला दें। जब रिजल्ट निकला तो मुझे ठीक पास मार्क मिले थे।

जब दूसरी बार बाबा जी शिलांग आये तो मैंने दीक्षा लेने की बात की। उन दिनों बाबा जी कुआँरी लड़कियों को पूजा नहीं देते थे। यह सोच कर ना

जाने कि कैसा ससुराल उन्हें मिलेगा। जब मेरी बात आई तो उन्होंने कहा कि माता जी से पूछो। माता जी से स्वीकृति मिल गई। दीक्षा देते समय गुरूदेव जी ने पूछा कि मेरे इष्टदेव कौन हैं, तो फौरन हमने कहा कि शंकर भगवान। बाबा जी ध्यान में चले गये, फिर बोले कि तुम कृष्ण का ध्यान किया करो। उन्होंने मंत्र दिया। दीक्षा के बाद मैंने पापा से बताया कि मैं तो शंकर को मानती हूँ और बाबा जी ने कृष्ण का मंत्र दिया है। पापा ने कहा कि बाबा जी बेहतर जानते हैं कि तुम्हारे लिये क्या अच्छा है, जैसा उन्होंने कहा है वैसा ही किया करो। लेकिन कृष्ण को ईष्ट मानने में मुझे पूरे तीन साल लग गये। उसके बाद तो मैं शंकर भगवान को भूल ही गई।

मैं बाबा जी को अक्सर पत्र लिखती थी। उनका जबाब आता था। एक बार मैंने अपने बभनगँवा के बारे में लिखा था कि मैं चाहती हूँ कि बभनगँवा में एक अच्छा स्कूल खुले, अस्पताल हो, अच्छी सड़क हो। आपने लिखा कि आपकी भावनाएँ सुंदर हैं, ईश्वर ने चाहा तो ऐसा जरूर होगा।

काफी वर्षों बाद पापा का ट्रांसफर दिल्ली हो गया। बाबा जी भी दिल्ली में रहते थे। पापा हर मंगलवार गुरूदेव से मिलने जाते थे। उनसे जो बातें होतीं, उसको आकर अपनी डायरी में लिखते। उधर शिलांग से बी० एड० करने के बाद मैं भी दिल्ली आ गई। दिल्ली आकर मैं IAS की तैयारी में जुट गई। बाबा जी ने मुझे टीचिंग के लिए कहा, फिर मैं M.A. (Education) की तैयारी में लग गई। बाबा जी को हर त्योहार पर मैं अपने हाथ से कार्ड बना कर देती थी। पापा को कार्ड दिखाकर वह कहते कि– “देखो सिंह साहब सरिता ने कितना सुंदर कार्ड बनाया है, लगता है जैसे प्रिन्टेड है”। उन दिनों मैं बहुत आध्यात्मिक हो गई थी और अंग्रेजी में अपने बाबा जी को पत्र लिखती थी। बाबा जी मेरे पत्र, पापा को दिखा कर कहते कि– “देखो सरिता ने कितना अच्छा पत्र लिखा है, शेक्सपीयर क्या लिखता होगा”। कहते कि– “सिंह साहब सरिता को लेखिका बनाओ।” उन दिनों मैं अपना खाली समय सत्संग की किताबें पढ़कर बिताया करती थी। देर रात तक ध्यान में बैठकर, ईश्वर से यही प्रार्थना करती थी कि हे! ईश्वर मुझसे कोई बड़ा काम लो। बाबा जी को मैं पत्र लिखती कि ईश्वर ने सारे बड़े काम तुलसीदास, महात्मा गाँधी,

मदर टेरेसा, कबीर, वाल्मीकि आदि से ले लिए। मुझे उन जैसा क्यों नहीं बनाते! जबाब में बाबा जी लिखते कि- "सरिता तुम उन जैसे क्यों बनना चाहती हो? तुम सरिता ही क्यों नहीं बनती। अपनी अलग पहचान बनाओ!" उन दिनों मैं काफी भोली थी। मुझे लगता था कि मैं बहुत बुद्धू हूँ। तब उन्होंने पापा से कहा था कि यह लड़की सबको सुधार देगी। मुझे उस वक्त यह समझ में नहीं आया कि उन्होंने ऐसा क्यों कहा।

मेरे घर में मुझे सब कहते थे कि सरिता बहुत बुद्धू है और इस संसार में रहने लायक नहीं है। कोई भी बेवकूफ बना सकता है। मैंने बहुत दुःखी होकर बाबा जी को इस बारे में पत्र लिखा और लिखा कि मुझे दुनिया में रहने के लिए चालाकी सिखा दीजिए। उन्ही दिनों हम लोग बड़ी दीदी के पास बहराईच जाने वाले थे। अचानक बाबा जी का फोन आया और कहा कि सिंह साहब सरिता को लेकर मेरे पास तुरंत आईए। सब घबड़ा गये, कि इस तरह बाबा जी ने क्यों बुलाया है। उसी दिन शाम की ट्रेन से हमें बहराईच के लिए निकलना था। फिर हम और पापा दो बस बदल कर बाबा जी के घर पहुँचे। पहुँचते ही उन्होंने जोर से कहा कि- "कौन कहता है कि तुम बुद्धू हो! जो तुम्हें कहता है, वह महाबुद्धू है। बहराईच जा रही हो स्मार्ट बन कर और खुला दिमाग लेकर जाओ। अब आप लोग जाईए।" बाबा जी ने इतना कहने के लिए हमें उतनी दूर बुलवाया। अगर वह चाहते तो यह बात वह फोन पर भी कह सकते थे। लेकिन शायद वह मुझमें आत्मविश्वास का संचार करना चाहते थे ताकि मेरे मन से यह बात निकल जाय कि मैं बुद्धू हूँ। मम्मी मुझे कभी-कभी चिढ़ाया करती थीं कि 'मूरख हृदय न चेत, जो गुरु मिलहिं विरंच सम'। तब मैं बाबा जी की बात याद दिला देती थी कि जो मुझे बुद्धू कहता है वह महाबुद्धू है।

जब-जब स्कूल में मैं प्रतियोगिता में हारती, तब मेरे पत्रों के जबाब में वे लिखते "हिम्मते मर्दा, मद्दे खुदा। हिम्मत न हारिए, बिसारिए न हरिनाम"। एक पत्र में उन्होंने लिखा-'सत्य है कि मानव कठिन परिस्थितियों में ही चमकता है। भगवान राम जब वन में कठिनाईयाँ झेलते रहे तभी उनका सच्चा स्वरूप दिखा। भगवान कृष्ण तो पैदा होते ही माँ-बाप से अलग हो गये।

गायों को चराते वन में फिरे। उन परिस्थितियों में ही वह निखरे। अपने बड़े नेताओं महात्मा गाँधी, श्री लाल बहादुर शास्त्री, डॉ. राजेन्द्र प्रसाद, अमेरिका के अब्राहम लिंकन कठिनाईयाँ सहने पर ही चमकें। परेशानियाँ तो ईश्वर का भेजा वरदान हैं। आपकी अपने गुरूदेव में बड़ी श्रद्धा है"। उन दिनों हमें बहुत से सुंदर आध्यात्मिक अनुभव होते थे। पत्र लिख कर बाबा जी को सूचित करती थी। सीधे व सरल स्वभाव के कारण मैं कभी उन अनुभवों को अपनी सहेलियों से बता देती थी तो वे मुझे पागल ही समझती थीं। पापा मुझे अक्सर कहते कि दुनियावी लोगों को अपना अनुभव मत बताओ। जिसने उसे जाना उसे गूंगा हो जाना चाहिए। उन्होंने मुझे किसी सन्त की बात बताते हुए कहा कि "The one who knows tells it not, the one who tells knows it not"

पापा ने मुझसे कहा कि अपने अनुभव सिर्फ बाबा जी से बताया करो। कभी-कभी मैं बहुत परेशान हो जाया करती थी। एक दिन बहुत परेशान होकर मैंने कहा कि पापा मेरे लिए एक महँगी डायरी ला दो। मैं अपनी सारी बातें उसमें लिखना चाहाती हूँ। यह बात बाबा जी को पता चली। रात के 12 बजे थे। दरवाजे की घंटी बजी। खिड़की से झाँक कर देखा तो बाबा जी, माता जी और खन्ना अंकल खड़े थे। हम लोगों ने हड़बड़ा कर दरवाजा खोला। श्रद्धा से बैठाया। उन्होंने कहा– "बेटी सरिता! देखो मैं तुम्हारे लिए डायरी लाया हूँ। इसमें सारे अनुभव लिख डालो। देखो यह डायरी बिल्कुल कोरी है"। पापा ने कहा कि सरिता देखो तुम्हें सबसे महँगी डायरी मिली है, क्योंकि यह डायरी तुम्हारे गुरूदेव जी ने दी है। बाबा जी ने कहा कि सरिता तुम एक पन्ना लेकर आओ। मैं दौड़ कर गई, एक पन्ना लेकर आई। उन्होंने बड़ी जलाली मुद्रा में हाथ नचाते हुए कहा कि– "लिखो मेरा कहना मानोगी, तो दुनिया में चमक जाओगी, वरना ये दुनिया तुम्हें कूड़े के ढेर में फेंक देंगी"। मैंने पूछा कि आपकी कौन सी बात मानूँ? तब उन्होंने कहा कि "मम्मी की बात मानो"।

मैं पापा के साथ बाबा जी के घर अपनी डायरी लेकर जाती थी। बाबा जी बड़े ध्यान से मेरी डायरी पढ़ते थे। यह सिलसिला एक महीने तक चला। उसके बाद एक दिन जब मैं हमेशा की तरह डायरी लेकर गई, तब उन्होंने वह डायरी मुस्कराकर अपनी दोनों हथेलियों के बीच रखकर बिना पढ़े कहा

कि "मैंने डायरी पढ़ लिया।" उस वक्त मुझे एहसास हुआ कि यह तो सब जानते हैं और मैं इनको अपनी राम कहानी बता रही हूँ। उसके बाद मैं अपनी डायरी लेकर उनके पास कभी नहीं गई। मैंने अपनी डायरी का नाम रखा "My Lord! My only Friend."। मैं नियमित रूप से गुरूदेव को अपना दोस्त मान कर डायरी लिखती रही। पूर्णतः इस विश्वास के साथ कि वे हमारी डायरी पढ़ते हैं। यह पूर्णतः सत्य है कि आज भी डायरी में उनसे अपनी बात कह कर मुझे असीम शांति मिलती है और मेरी कई समस्यायें सुलझ जाती हैं।

जब मेरे जीवन में मानसिक वेदना के क्षण आये तो उन्होंने मेरे एक पत्र का जबाब कुछ इस प्रकार दिया–

"We are nearer to Lord in such moments.Always keep thinking that every happening in your life is for your betterment. Keep remembering the ever smiling Lord behind each incident, however ugly it appears to be. One's future is very carefully concealed by the Lord. You never know what is there in store for you. After all, the Lord is all merciful. Brighter side of the life has to emerge after crossing over the dark nights. You are never alone. The Lord is there with you with his abundant light and enormous strength, where the supreme Lord is there to guide your path. Happiness earned through fighting difficult and challenging task is more stable and more valuable than obtaining it in an easy manner in smooth living. Behind every adverse situation of life there is a purpose, there is a motive. Please do not forget that Lord wishes to bring out the best of us by creating such moments. Therefore have courage and patience."

मैं टूट कर बिखर गई थी। उस दौरान एक दिन जब मैं बाबा जी के घर गई तो उन्होंने कहा कि– "सरिता पूरे सत्संगियों के बीच एक प्रतियोगिता करवाई जा रही है। 'आहार की शुद्धि' पर एक लेख लिखना है, तुम भी लिखो।" मैंने उस पर लेख लिखा और बाबा जी को दे दिया। फिर सब सत्संगियों का लेख निर्णायक मंडल के पास भेज दिया गया, रिजल्ट के लिए।

बड़े-बड़े धुरंधर सत्संगियों ने लेख भेजे थे। कुछ दिन बाद बाबा जी का फोन पापा के पास आया। उन्होंने कहा कि "सिंह साहब! सरिता का लेख निर्णायक मंडल ने सबसे बढ़िया आंका है। सरिता को बता दें कि इस बार की संतसुधा में सरिता का लेख छपेगा।" (लेख, परिशिष्ट II में देखें)

इसके बाद मेरी अभिरुचि लेखन के प्रति बढ़ी। लेकिन मैं बहुत उदास रहने लगी। मैंने सोचा कि घर में बैठने से काम नहीं चलेगा। मेरे पास बी. एड. की डिग्री थी। एक छोटे से स्कूल में मैं गई जहाँ मुझे 800 रूपये के मासिक वेतन पर रख लिया गया। उसके बाद मेरी बहन की सहेली के माध्यम से मुझे महाराजा अग्रसेन स्कूल में 1800 रुपये की आय पर नौकरी मिल गई। इसी स्कूल में पढ़ाते समय, एक दिन पापा आये और मुझे बताया कि बाबा जी ने शरीर छोड़ दिया है। मैं पापा के साथ बाबा जी के घर सी. सी. कालोनी पहुँची। बाबा जी के पार्थिव शरीर को देखकर मैं रो पड़ी। कुछ दिनों के बाद मैंने बाबा जी पर एक लेख लिखा, जिसे पढ़कर कई लोग रो पड़े थे। वह लेख इस प्रकार है-

My Gurudeo: An Apostle of Love and Peace.

Man proposes and God disposes. This is a saying which is so close to our life that no body can deny it. Lord Gurudeo! When you left us, I was shattered into pieces because you were my best friend. You knew my innerself, you understood me better than my parents. Since many years I have been talking and sharing my feelings to you in my diary and through my letters. After getting your reply I was always filled with unspeakable happiness and bliss as because those were the moments when my eyes were filled with tears. My tears spoke but not the words. Lord Gurudeo! I knew this reality that every body has to leave this world one day, but I have noticed that whenever a great soul leaves this world, the environment also gets disturbed by showing a very stormy day. But I Always prayed to God that my Gurudeo is an apostle of love and peace, इसलिए बाबा जी जब शरीर छोड़ें उस वक्त चारों तरफ शांति का साम्राज्य हो।

This happened my Lord! This happened. On 3rdApril 2000 after you left to your heavenly abode, the nature was very peaceful twittering of birds were showing as if peaceful song was sung by them. No doubt they were singing your glory by giving message of love and peace to everybody. Your Nirvan Diwas was reminding of Kabirdas ji's couplet-

कबिरा जब हम पैदा हुए, जग हँसे हम रोए।
ऐसी करनी कर चलो, हम हँसे जग रोये।।

Lord Gurudeo! You were symbol of perfection. You have done great work for this world. One day your these children will contribute their efforts to fulfill your mission. Your glory will flourish far and wide, not only the humans beings but the small birds will also twitter your glory my Lord!

Gurudeo! you have showered so much love on each one of us that everybody felt that you were close to him/her. You were one, but you had thousands of hands to help the people. Innumerable incidents are there which depicts "भगवान तेरे अनेक रूप", you have provided peaceful state of mind to so many. Kabir das has rightly said-

धरती सब कागद करूँ, लेखनि सब बनराय।
सात समुन्द की मसि करूँ, गुरु गुन लिखा न जाय।।

I am in lack of words to express your generosity, compassion and love which you showered on each and every people. It's beyond words, beyond words Baba ji, your message of peace and your aim of 'Shanti Path' will engulf the whole universe one day. Physically you are not with us, but I feel that you dwell in my heart. You told once, that "मेरे गुरूदेव लोगों के लिए थे, पर मेरे लिए आज भी हैं"। We do feel the same my Gurudeo! Lord Gurudeo! You have planted this sapling in your magnificent spiritual garden. I pray to you from the innermost recesses of my heart to nurture this sapling with your compassion and love. Lord Gurudeo! Make me drenched in the heavy downpour of spiritual current which emanates from the treasure of your spiritualism.

Though you are not present physically, I have firm faith that you are hearing me, Lord!

I pray to you to pour your blessings on the new generation, their ideas and imaginations. Enlighten their dormant souls and help them to realize their real self. We all wants to get drenched in the downpour of your compassion and blessings. With your blessings these children of new generation will march towards the new era with a message of love and peace. Lord Gurudeo! You were an apostle of love and peace. With our heart felt adieu to you we promise you that we will contribute and channelise our best work and energies to fulfill your mission of 'Love and Peace'. One day the whole world will be engulfed by your devine radiance. Let your wish be fulfilled.

पापा के रिटायर होने से पहले अनंगपुर सत्संग के कोआपरेटिव हाउस बिल्डिंग सोसायटी (सन्त बृजमोहन लाल आध्यात्मिक निकेतन) में हमारा पहला मकान बना। उसके बाद हम यहीं आ गये। मैंने वहीं बाबा जी द्वारा स्थापित स्कूल में अपनी सेवाएँ दीं। बाबा जी से संबंधित चमत्कार हुए, जिससे हमारी डायरी भरी है। उनके इसी स्कूल में पढ़ाते हुए ऐसी प्रेरणा हुई कि मैं बच्चों के लिए लेख लिखूँ। मुझे ऐसा लगता था कि जो कुछ मैं बच्चों को अच्छी बातें बताती हूँ, बह बच्चों को कुछ दिन बाद भूल जाती है। क्यों न मैं उसे लिख कर बच्चों को दिया करुँ। मैंने ऐसा ही किया। मैं अपने लेवल पर ऐसा करने लगी। मुझे बच्चों को अच्छा नागरिक बनाना था। यह बात बाबा जी ने हमसे कही थी कि सरिता स्कूल के बच्चों को ऐसा पढ़ाओ कि वे देश के अच्छे नागरिक बनें। यह उनके मिशन का एक अंग था। मुझे किसी का भी सहयोग नहीं मिला। यहाँ तक की फोटो कापी करने के लिये अपनी जेब से पैसे भरने पड़ते। मेरे लेख लिखने की कहानी भी किसी चमत्कार से कम

नहीं। मेरे मन में विचारों का प्रवाह होता रहता था। न जाने कब की पढ़ी कविता की पंक्तियाँ और अच्छे-अच्छे विचार मन में उठते थे। स्कूल से आते ही बिना कपड़े बदले या चाय पिये कम्प्यूटर पर लेख लिखने बैठ जाती थी। सिर्फ आधे घण्टे में एक लेख लिख उठता, प्रिंट निकाल पापा को पढ़ाती और पूछती कोई करेक्शन तो, आप कहते कोई करेक्शन नहीं है।

इस तरह 37 चैप्टर 37 दिनों में पूरे हो गये। मैंने इसे पुस्तक का रूप दिया और नाम दिया 'हर बच्चा है खास।' जब भी मैं इस पुस्तक को पढ़ती हूँ, लगता है कि वाकई में मैंने इस पुस्तक को लिखा ही नहीं है। जैसे बाबा जी ने डिक्टेशन दिया हो। जिसने भी इस पुस्तक को पढ़ा, उसने खूब सराहा। सत्संगियों ने कहा कि बाबा जी की सारी शिक्षाओं का निचोड़ है, इस पुस्तक में। अब तो इस पुस्तक का दूसरा संस्करण छप गया है। इसमें 62 लेख हैं।

इस पुस्तक को लिखने का एक वाकया याद है, जब मैं एक लेख लिख रही थी। मुझे सुकरात दार्शनिक का एक उद्धरण कोट करना था। लग रहा था कि उस उद्धरण की पेपर कटिंग मैंने अपनी किसी डायरी में चिपका रखा है। काफी रात गये तक मैं उसे डायरी के एक-एक पन्नों में ढूँढ रही थी, लेकिन वह मिला नहीं। बहुत निराश होकर बाबा जी के फोटो के सामने शिकायत करते हुए अर्ज किया कि आप भी नहीं चाहते कि सुकरात की बातों का उद्धरण मैं अपने लेख में लिखूँ। मैं उदास होकर सो गई। पापा भी मेरी परेशानी से वाकिफ थे। सुबह पापा सैर के लिए निकल गये। मैं स्कूल के लिए तैयार हो रही थी। पापा जहाँ से दूध लेते थे वहाँ आते समय अखबार को सरसरी निगाह से देखते थे। अचानक आपका फोन आया कि सरिता जो सुकरात की कही बात का उद्धारण जो तुम खोज रही थीं, आज के पेपर में आया हुआ है। पड़ोस में नरेन्द्र के यहाँ, पेपर आता है, देख लो। दूसरों के लिए यह अनुभव बाईचान्स हो सकता है, लेकिन मेरे लिए तो यह किसी आश्चर्य से कम नहीं था, ऐसी बहुत सी घटनायें हमारी डायरी में भरी पड़ी हैं।

मेरी इच्छा थी कि मरते दम तक बाबा जी के स्कूल में ही अपनी सेवाएँ दूँगी। मगर मनुष्य का सोचा कहाँ होता है। कोई गलती न होते हुए हमारा वहाँ

रहना दूभर कर दिया गया। आखिर वहाँ हमें अपना मकान छोड़कर लखनऊ शिफ्ट होना पड़ा। मुझे लखनऊ पब्लिक स्कूल में नौकरी मिल गई और यहाँ, दो वर्ष नौकरी की। निश्चय ही मेरे लिए, मेरे गुरूदेव ने बेहतर सोच रखा था। दिन और अच्छे होते गये। मेरी पुस्तक 'हर बच्चा है खास' छप गई। एक और किताब 'Simple English to Smart English' भी छप गई। मम्मी को फ्लैट में घुटन सी महसूस होती थी। हमारा एक प्लाट सुलतानपुर और एक कूरेभार में था। फिर कूरेभार की जमीन बेच कर, सुलतानपुर मे मकान बना लिया गया, जो मंजू बुआ के बगल में ही था। इनके यहाँ बाबा जी द्वारा स्थापित क्षेत्रीय सत्संग केंद्र भी था, जिसके संचालक फूफा दिनेश प्रताप सिंह जी थे। मम्मी का मन था कि मैं, लखनऊ में ही नौकरी करूँ, क्योंकि सैलरी के दृष्टि से यह स्थान सुलतानपुर से बेहतर होगा। लेकिन मुझे गुरूदेव की कृपा से सुलतानपुर के नामी स्कूल KNICE में हेडमिस्ट्रेस की पोस्ट मिल गई और सैलरी लखनऊ पब्लिक स्कूल से ज्यादा। यहाँ आकर हमारा सारा स्ट्रेस खत्म हो गया। मेरी कोशिश रहती है कि जो टीचर्स हैं वह भी स्ट्रेस फ्री होकर काम करें।

पापा ने कहा कि बाबा जी के बारे में हमारी अगली पुस्तक के लिए अपने अनुभवों पर एक लेख लिखो। मैंने जब एक पन्ना लिख लिया तो ख्याल आया कि बाबा जी के पत्रों को पढ़ूँ। जब पत्रों को पढ़ा तो अब तक की जीवन यात्रा के सारे संघर्षों की यादों ने मेरे मन को उदास कर दिया। मुझे लगा कि बाबा जी सब जानते थे, मेरे भविष्य को लेकर, फिर भी मुझे कुछ नहीं बताया। बस पत्र लिखकर समझाया करते थे। मैंने काफी दुखी होकर पापा से यह बात कही। पापा ने कहा कि क्या तुम्हें सब बताकर और परेशान करते। जब मैंने गहराई से सोचा तब लगा कि इंसान अपने कर्म फल को भोगने इस संसार में आया है। जो कष्ट या आनंद हमें संसार में मिलता है, वह हमारे पिछले कर्मो का भोग है। नये कर्म फल संचित होते रहते हैं, जन्म–मरण का चक्र चलता रहता है। निष्काम कर्म से ही, इस चक्र से छुटकारा मिलता है। शास्त्र में इस छुटकारे को मोक्ष 'मुक्त होना' कहा गया है।

बाबा जी कहा करते थे कि जिस काम को करने के पहले, करते समय, कर चुकने के बाद, उसका हृदय पर संस्कार न बने उसे निष्काम कर्म कहते

हैं। जब हम रात को सोने जाते हैं, तो हमें आत्म-निरीक्षण करना चाहिए। जितने भी अच्छे काम दिन में हमसे हुए है, सभी भगवान को अर्पण कर देना चाहिए कि- "प्रभू तूने ही ऐसी परिस्थितियाँ बनाईं कि यह काम इससे हो गया, यह तूने किया इसमें क्या शक्ति है कि यह कर सकता।" फिर अपनी कमियों को देखते हुए एक-एक को छोड़ते चले जायें। फिर प्रैक्टिस करें कि सब कुछ ईश्वर करता है, हम कुछ नहीं करते। वही करता है, वही चलता है, वही उठता है, वही बैठता है, भावना में पूरी ईश्वरमय की स्थिति बन जाय। इस तरह से 'मैं' की भावना का विलय होता है। फिर धीरे-धीरे विश्वास होता है कि कर्त्ता-धर्त्ता भगवान है, मैं कुछ नहीं करता।

बाबा जी के गुरूदेव, महात्मा बृजमोहन लाल जी का कहना था कि, देखो जितने पाप-कर्म हैं वे लोहे की जंजीर हैं। नरक भोगने के लिए जन्म लेना ही पड़ेगा और जितने अच्छे कर्म हैं वे सोने की जंजीर हैं। अगर अहंकार है कि हमसे अच्छा काम हुआ तो स्वर्ग भोगने के लिए जन्म लेना ही पड़ेगा। जो निष्काम प्रेमी भक्त है, न वह सोने की जंजीर में बंद है न लोहे की जंजीर में बंद है। न उससे अच्छा काम होता है न बुरा। वह तो परमात्मा के हाथ में एक यंत्र है। करने-कराने वाला परमात्मा है। साधना में हम अच्छे काम को परमात्मा को अर्पण करते चले जाते हैं और वही करता है ऐसा मानते हैं। बुरे काम एक-एक करके छोड़ते चले जाते हैं। फिर ऐसे स्टेज पर पहुँचते हैं कि संस्कार नष्ट हो जाते हैं। यह है सच्ची निष्काम कर्मता। ऐसा व्यक्ति शास्त्र के विरुद्ध कोई काम नहीं करता है। यश उस प्रभू का है, ज्ञान उसका है, प्रकाश उसका है। सच्चा ज्ञान देने वाला ईश्वर, लेने वाला ईश्वर। ये है सच्ची निष्काम कर्मता। निष्काम कर्म हो जाने पर, सूक्ष्म शरीर पर कोई संस्कार नहीं बनता। हम अपने संचित संस्कारों के अनुरूप ही शरीर धारण करते हैं और अगला जन्म लेते हैं। निष्काम कर्म स्थिति होने के बाद कर्मों का विष नष्ट हो जाता है, कोई संस्कार नहीं बनता। पिछला संस्कार ऐसा साधक भोग कर काट देता है और बहुत-से ध्यानाग्नि में जल कर भस्म हो जाते हैं। आत्मा पर कोई परदा नहीं रह जाता। यह ब्रह्मलीन आत्मा अपने आधार ब्रह्म में ही समा जाती है। ज्योति से ज्योति मिलकर एकाकार हो जाती है।

अपने जीवन को मुड़कर देखती हूँ तब लगता है कि जीवन में एक सद्‌गुरु की आवश्यकता इसलिए पड़ती है जिससे मनुष्य, जीवन के थपेड़ों में टूट कर कहीं बिखर न जाय। जीवन में सद्‌गुरु का रोल है कि वह मनुष्य को कर्म फल भोगने का साहस और धैर्य प्रदान कर, उसे भगवान के मार्ग में स्थापित कर सके। सतगुरु किसी की किस्मत का लेखा मिटा नहीं सकता, बल्कि उसके संस्कारों को आसानी से भुगतवा सकता है, सुपात्र साधक को आत्म साक्षात्कार करा सके। जब तक जीवन यात्रा में सद्‌गुरु न मिलें, चिन्ता करने की कोई बात नहीं है। अपनी आत्मा की आवाज पर चलें "मन जिस काम को करने को कहे, आत्मा मना करे तो हरगिज न करें"। हमारी आत्मा की आवाज ही 'गुरु तत्व' का मार्गदर्शन होता है। ऐसा सन्तों का कहना है।

अंत में मैं यह कहना चाहूँगी कि जीवन में, अपने आत्मदर्शी संत श्री यशपाल जी का बेहतरीन मार्गदर्शन मिला और आज भी मिल रहा है, जो नश्वर शरीर को त्यागकर, वो और करीब आ गये हैं। मेरे हर कार्य के पीछे, उनकी अदृश्य शक्ति काम करती है। भूल से भी नहीं लगता कि मैंने यह अच्छा काम किया है। मैं जब पत्र लिखती तो प्राय: यह प्रार्थना होती कि गुरूदेव मुझे अपना मास्टरपीस बनाईए। बस इसी का इंतजार है। उनका मिशन कि बच्चों को अच्छा नागरिक बनाना है, इसी बात को लेकर चल रही हूँ। जीवन यात्रा की हर परिस्थिति में, बदलाओं के अजीब-गरीब अनुभवों में मैंने पाया है कि प्रत्येक आगे आनेवाली परिस्थिति अच्छी ही होती गई है, भले ही वह औरों को जैसे भी दिखती रही हो। उसके नकारात्मक प्रभावों का असर गुरुकृपा से सुखद व सहनीय ही रहा है। घूम-घाम कर अन्ततोगत्वा हम सब अपने गृह नगर सुलतानपुर पहुँच गये। यहाँ बाबा जी की ही प्रेरणा से मुहल्ला (गली) में, बच्चों व बुजुर्गो के लिए परिवार आधारित 'आध्यात्मिक जागृति सेवा केन्द्र' का उद्‌भव हुआ, जिसमें हम कुछ लोग अपने दुनियावी काम के बीच का खाली समय लगा के बाबा जी के बताये उसूलों पर चलने का प्रयास कर रहे हैं, जो सार्थक परक काम लगता है। मुझे अटल विश्वास है कि बाबा जी एक मजबूत और शक्तिशाली प्रकाश स्तंभ की तरह हमारे पीछे खड़े हैं। "परमात्मा तू ही है, तेरी इच्छा पूरी हो।"

7

साधनात्मक अनुभव की-अकथ कहानी

दुख हरन चौधरी, मुजफ्फरपुर, बिहार

परम श्रद्धेय डॉ. साहब (श्री अक्षयबर सिंह जी)

सादर नमस्कार

यह सेवक आपको अपने साधनात्मक जीवन की 'अकथ कहानी' सुना रहा है, इसलिए पत्र-लेखन शैली ही समीचीन (उपयुक्त) होगा। इसमें कहने व सुनने के बीच ही संवाद चलता रहता है। अस्तु बिना किसी औपचारिकता के, लाग लपेट के, यह सेवक अपने हृदय की संवाद-अनुभव-पूज्य महाराज जी की अलौकिक कृपा-दृष्टि से प्राप्त-अलौकिक 'प्रसाद' को आप तक पहुँचाने का प्रयास कर रहा है। जो भी यह सेवक प्रेषित करेगा, इसमें इसका अपना कुछ भी नहीं है। सभी उन देवात्मा स्वरूप महापुरुष परम सन्त महात्मा जी का है, जो यह सेवक के पूर्व जन्मों के प्रारब्ध या संस्कार बस प्राप्त हो गया है, अन्यथा–

तू जो मेहरबाँ हुआ है, सारा जग ही मेहरबाँ है।
ये जमीं भी मेहरबाँ है, आसमाँ भी मेहरबाँ है॥
कि खुदा तलक जुदा था, तेरी बन्दगी से पहले।
मुझे कौन पूछता था, तेरी बन्दगी से पहले॥

एक और भजन–

सद्‌गुरु तुम्हारे नाम ने जीना सिखा दिया।
मुझको तुम्हारे प्यार ने इंसा बना दिया॥

रहते हैं जलवे हर घड़ी नजरों में आपके।
मस्ती का जाम आपने ऐसा पिला दिया।।
भूला हुआ था रास्ता भटका हुआ था मैं।
किस्मत ने मुझको रहबरे-कामिल मिला दिया।।
जिसने किसी को आजतक सिजदा नहीं किया।
वो सिर है मैंने आपके दर पर झुका दिया।।
जिस दिन से मुझको आपने अपना बना लिया।
दोनों जहाँ को मैंने, तबसे भुला दिया।।

सद्गुरु तुम्हारे नाम ने जीना सिखा दिया।

वाकई, इस सेवक के साधनात्मक जीवन की यही हकीकत है, जो उक्त भजन का भावार्थ है। सेवक की यह भावना दृढ़ से दृढ़तर होती जा रही है कि "मेरा मुझ में कुछ नहीं, जो कुछ है सो तोर"। साधना में, कर्म में भावना का महत्त्वपूर्ण स्थान है। भावना ही कर्म जाल में बाँधता है और भावना ही कर्म जाल से मुक्त करता है। पूज्यपाद परमसंत महात्मा बृजमोहन लाल जी महाराज के इस महत्त्वपूर्ण उपदेश को पूज्यपाद सदगुरूदेव जी ने अपने जीवन में पूर्णतः उतारा, जिया एवं चरितार्थ किया जो बृजमोहन बचनामृत भाग-4 पे. 179 पर अंकित है। "जब तक अपने को और अपनी सारी चीजों को अपना समझते रहोगे तब तक काम–क्रोध-लोभ-मोह अहंकार–इत्यादि के असर से बच नहीं सकते, और यही तुम्हारे दुःख का कारण है। अपने में मुझ को देखो और सबको-सारी चीजों को, मेरा समझो, सब दुख मिट जायेगा और परम कल्याण को प्राप्त होगे।"

सचमुच में यह साधना का मूल मंत्र है, महामंत्र है। यदि साधनामय जीवन को इस कसौटी पर ढ़ाला जाय, तो फिर सभी समस्याओं (पारिवारिक, सामाजिक, सांसारिक) का समाधान स्वतः निकल सकता है, ऐसा इस सेवक का मानना है।

आइये, उपरोक्त पृष्टभूमि के आधार पर 'अकथ कहानी' को आगे बढ़ाया जाय। यह अकथ क्यों? तो इसलिए कि अनुभव करता है, मन भावना

में विभोर होता है, हृदय और व्यक्त करता है– "मुँह–जीभ–वाणी। जो अनुभव किया, उसको वाणी–आवाज नहीं है, और जो कह रहा है, लिख रहा है, व्यक्त कर रहा है, उसने अनुभव नहीं किया है। यथा– गिरा अनयन नयन बिनु बानी अस्तु–

सुनहु तात यह अकथ कहानी।
समुझत बनइ, न जाइ बखानी॥

यह अनुभव–समझ में तो आता है, लेकिन कहने में वर्णन करने में, व्यक्त करने में नहीं बनता है। कारण कि–

अकल कला खेलत नर ज्ञानी,
जैसे नाव हिरे–फिरे दसो दिशि
ध्रुव तारे पर रहत निशानी। अकल कला ....
छालन–वलन अवनी (धरती) पर बाकी।
मन की सुरत अकाश ठहरानी॥
तत्व–समास भयो है स्वतंतर;
जैसे हिम होत है पानी॥ अकल कला ....
छुपी आदि, अन्त नहिं पायो।
आई न सकत जहाँ मन बानी;
ता घर स्थिति भई है जिनकी
कहि न जात, ऐसी अकथ कहानी।
अकल कला खेलत नर ज्ञानी।

वह दिव्य पत्रोत्तर:

"इस अकथ कहानी का आरंभ वर्ष 1983 के गुरुपूर्णिमा के परम पावन: शुभ अवसर पर हुआ। इसका वर्णन आपने अपनी पुस्तक "गृहस्थ जीवन में अध्यात्म" में किया है। इसे दोहराने की आवश्यकता नहीं है।

पूज्यपाद महाराज जी की अद्‌भुत कृपाधार का साक्षात् अनुभव प्राप्त करने का सौभाग्य इस पतित सेवक को मिला था। पूजा लेकर घर वापस आने

पर इसकी बड़ी विचित्र स्थिति हो गई थी। पूज्यपाद द्वारा निर्देशित नियमों के अनुसार-पूजा ध्यान-साधना चल रही थी। लेकिन हमेशा ध्यान पूज्यपाद महाराज जी का ही बना रहता था। फलस्वरूप घरेलू एवं विभागीय कार्यों के प्रति उदासीनता बढ़ती जा रही थी। कुछ भी सांसारिक कार्यों को करने की इच्छा नहीं होती थी। कुछ करता भी था तो अनमने ढंग से, जिस कारण एक अजीब सा खिंचाव पूज्यपाद महाराज जी की ओर बना रहता था। हरदम यही इच्छा होती थी अपनी जीवन-सर्वस्व, प्राणधन-सद्गुरूदेव जी का ही ध्यान-स्मरण- चिन्तन-मनन में डूबा रहूँ। कोई दुनियावी कार्य करना न पड़े तो अच्छा है।

इन्हीं मनः स्थिति में एक पत्र लिखकर इस पतित दास ने परम पूज्य के पास भेज दिया और पत्रोत्तर की प्रतीक्षा बहुत बेसब्री से करने लगा। कुछ समय पश्चात वह पत्रोत्तर प्राप्त हुआ। उसमें लिखा था कि-"अभ्युदय और निःश्रेयस (श्रेय और पेय) दोनों ही आवश्यक है। आप अपना ऑफिस का कार्य परमात्मा की याद में दिल लगा कर करें। मानों आप उसी का काम कर रहे हैं। सांसारिक व आध्यात्मिक दोनों तरक्की करना है-'दस्त-ब-कार, दिल-ब-यार'। अगर मनुष्य यह मानकर चले कि All our duties are 'His' (The God)- तो Man would become free like bird-Be at rest and work- शेष सबको यथायोग्य"

इस पत्र को प्राप्त करते ही हृदय उछलने लगा, धड़कन बढ़ गई। प्रत्येक धड़कन से 'इष्ट मंत्र' का जाप स्वतः अनायास शुरु हो गया। आँखें भर आईं, आँसू छलकने लगा। उक्त पावन पवित्र पत्र डॉ. ने सर आँखों पर लगाया। मानो यह पत्र साक्षात चैतन्य रूप गुरू मूर्ति ही हो। फिर पढ़ना शुरु किया। पत्र का एक-एक अक्षर, एक-एक शब्द, इस पतित के हृदय पर चोट कर रहा था। साथ ही हृदय के साथ घुल-मिल कर पूरे शरीर को तरंगायत और स्पन्दित कर रहा था। मन काफी प्रसन्न और प्रफुल्लित हो गया, मानो सर से बहुत बड़ा बोझ उतर गया हो। विगत-दिनों में विभागीय एवं गृह कार्यो में आई उदासीनता भी उक्त पत्र के निर्देशों के आलोक में धीरे-धीरे दूर होती जा रही थी। सांसारिक एवं आध्यात्मिक दोनों दिशा में पहले की अपेक्षा अधिक उत्साह से

कार्य करने लगा था। आखिर क्यों न हो? इस सेवक को परम पवित्र गुरु मंत्र जो मिल गया था कि-'All our duties are HIS' अब यह अपने को सौभाग्यशाली समझने लगा कि ऐसा सर्वसमर्थ परम दयालु कृपालु सद्गुरूदेव जी के चरणों का सानिध्य और कृपा प्रसाद प्राप्त हुआ है। कहा गया है-

जो हुआ है तालिवे यार तू, तो हवायें नफस को मार तू।
उसी गुल को देख बहार तू, न चमन में जा न खतुन में जा॥
धन्य हैं प्रभु आप और धन्य है आपकी लीला।

जब पूज्यपाद जी ने हृदय से लगा लिया:-

गुरु गोविन्द दोऊ खड़े, काके लागूँ पाँये।
बलिहारी गुरु आपनो, जिन गोविन्द दियो लखाये॥

घटना उन दिनों की है जब यह सेवक सीतामढ़ी जिला अन्तर्गत शिवहर प्रखण्ड में कार्यरत था। वर्ष 1984 के फरवरी माह में सत्संग का राष्ट्रीय कार्यक्रम सीतामढ़ी में ही आयोजित होना था। पूज्य श्री दीनबन्धु जी एवं पूज्य श्री राम विनय शर्मा जी सारी व्यवस्थाओं को संभाल रहे थे। पूज्यपाद श्री सत्गुरूदेव जी का शुभागमन होने वाला था, यह समाचार इस सेवक को आह्लादित किये हुए था। जिस दिन पूज्यपाद का सीतामढ़ी की धरती पर पदार्पण होने वाला था, उस दिन एकाएक परखण्ड में विभागीय कार्यों की व्यस्तता बढ़ गई। शरीर तो विभागीय कार्यों का सम्पादन कर रहा था, लेकिन इस सेवक का मन इतना छटपटा रहा था, कि कब इन दुनियावी कार्यों से फुर्सत मिले तो, दौड़कर-पूज्यपाद के श्री चरणों का दर्शन कर सकूँ। मन और शरीर की यह रस्साकसी-"कर से कर्म करहू-बिधि नाना। मन राखहुं जहँ कृपानिधाना-दस्त-व-कार-दिल-ब-यार" का साक्षात व्यवहारिक उदाहरण था, अनुभव था।

अन्ततः, पूरे दिन के कशमकश के बाद सायंकाल 4 बजे फुर्सत मिली। तुरंत आवास पर आकर साईकिल उठाई और चल दिया सीतमढ़ी की ओर। शिवहर से सीतामढ़ी की दूरी लगभग 25 कि०मी० है। बाढ़ग्रस्त क्षेत्र होने के कारण, उन दिनों सड़क की स्थिति अच्छी नहीं थी। फलस्वरूप एकमात्र

साईकिल का ही सहारा था। पूज्यपाद के श्री चरणों के मानसिक स्मरण प्रणत निवेदन करके सेवक चल दिया। उस यात्रा में लग रहा था कि साईकिल एवं पैरों में पंख लग गये हों। 25 कि०मी० की दूरी अक्सर दो-ढाई घण्टे में तय होती है। लेकिन उस दिन आश्चर्य हो रहा था कि यह सेवक मात्र एक घण्टे के अन्दर सत्संग स्थल सीतामढ़ी पहुँच गया। सीतामढ़ी को-आपरेटिव बैंक परिसर में सत्संग कार्यक्रम आयोजित हो रहा था। 5 बजे सायँकाल से आन्तरिक सत्संग का कार्यक्रम निर्धारित था।–

निर्धारित कार्यक्रम के अनुसार पूज्यपाद अपने आवसीय कक्ष (पूज्य शर्मा जी का आवास) से निकल कर पंडाल की ओर प्रस्थान कर रहे थे। इसी समय, सौभाग्य एवं पूज्यपाद की कृपा से यह सेवक भी वहाँ पहुँच गया। साईकिल फेंका, सामान फेंका और तुरंत दौड़ कर पूज्यपाद के चरणों से लिपट गया। करुणानिधान पूज्य पाद जी ने तुरंत उठाकर इस पतित सेवक को अपने हृदय से लगा लिया। अधमों का उद्धार करने वाले समर्थ सद्गुरूदेव जी के गले लग कर यह सेवक धन्य हो गया। पूरा शरीर रोमांचित हो गया। नयनों से प्रेमाश्रु छलक पड़े। लगा वर्षों का जंग लगा लोहा दिव्य पारस का स्पर्श करके स्वर्ण बन गया हो। आज भी, अभी भी वह दृश्य, वह क्षण, वह दिव्य स्पर्श याद आने पर इस अधम-दास को रोमांचित और पुलकित कर देते हैं। मन-प्राण-दिल-हृदय अनुपम आनन्द से भर जाता है। धन्य हैं प्रभु आप, धन्य है आपकी लीला। कहा गया है जितना प्रेम साधक को अपने गुरूदेव से होता है, उतना ही प्रेम गुरूदेव के हृदय में साधक शिष्य के लिए भी होता है। फलस्वरूप उतनी ही उन्नति उसकी दीन व दुनिया में स्वतः होती जाती है।

अगले दो दिनों तक सत्संग का कार्यक्रम निर्धारित समयानुसार होता रहा। अन्तिम दिन श्रद्धांजली का कार्यक्रम था। इस सेवक का ध्यान स्मरण पूज्यपाद जी के पवित्र चरणों का ही हो रहा था। फलस्वरूप प्रत्येक भजन के साथ, इसका हृदय उमड़ रहा था और यह फूट-फूट कर रो रहा था मानो इसके हृदय की भाव भावना उक्त भजन के साथ ही पूज्य पाद के पवित्र श्री चरणों में समर्पित किया जा रहा हो। श्रद्धांजली कार्यक्रम समाप्त होने के बाद

पूज्यपाद सत्गुरूदेव जी एवं पूजयनीय माता जी के पवित्र चरणों में बैठकर फोटो खिंचवाने का भी सुअवसर प्राप्त हुआ। पूज्यपाद विदा होने पर उनका अमोध आर्शीवाद-'सुखी रहो' प्राप्त कर मधुर स्मृति एवं खुमारी के साथ लौट आया।

जब पूज्यपाद ने 'बेटा' कहकर सम्बोधित किया:-

हाँ, भाई साहब, तो यह सेवक-आपको अपनी अकथ कहानी सुना रहा था। राम चरित मानस में कहा गया है-

'गुरु के बचन प्रतीत न जेहि।
सपनेहूँ सुगम न सुख सिधि तेही॥
जे गुरु चरन रेनु सिर धरहि।
ते जनु सकल विभव बस करहिं॥'

तो इस प्रकार जीवन-यात्रा आगे बढ़ती जा रही थी। वर्ष 1984 के गुरुपूर्णिमा महोत्सव में भाग लेने के बाद, इस सेवक की भावनाओं में निखार एवं पूज्यपाद के प्रति श्रद्धा-प्रेम-भक्ति-विश्वास इतना अधिक प्रबल हो गया कि मानो इस सेवक के जीवन आधार-सर्वस्व ही हैं। इन्हीं भावनाओं से प्रेरित होकर, इस पतित ने पूज्यपाद को भावभीनी-समर्पण भरा पत्र लिखा, जिसमें कहा गया था कि-

"चूंकि इस सेवक के पिता जी का स्वर्गवास इसके जन्म के पूर्व ही हो गया था। उनकी मृत्यु के तीन माह बाद में इस सेवक का जन्म हुआ था। इसलिए आजतक पिता-प्रेम से बंचित रहा। इस अभागे व्यक्ति को 'बेटा' कहकर पुकारने वाला कोई नहीं मिला। यह पतित दास को अपने प्राणधन-सद्गुरूदेव जी में ही अपने स्व० पिता जी की छवि दिखाई देती है। अतएव इस सेवक की उत्कट लालसा एवं करबद्ध प्रार्थना है कि अपना 'पाँचवा बेटा' मानते हुए इस पतित को भी 'बेटा' कह कर सम्बोधित करने की कृपा की जाये।"

इसी आशय का पत्र लिख कर पूज्यपाद के चरणों में प्रेषित कर दिया। कुछ समय बाद इसका पत्रोत्तर निम्नलिखित रुप में प्राप्त हुआ।

प्रिय बेटा दु:ख हरण,

बी-20 सी०सी० कालोनी
दिल्ली-7

दि० 24-9-84

खुश रहो

अत्र कुशलम् तत्रास्तु

तुम्हारा प्रेम पत्र दिनांक **7-9-84** का अत्यधिक श्रद्धा से भरा हुआ प्राप्त हुआ। समस्त समाचार विदित हुए।

सेवक गृहस्थ जीवन में रहते हुए आत्मिक-उत्थान हेतु साधना के नियमों को बार-बार विश्लेषण कर, उन्हें दोहराता रहता है। उसी के अनुसार गृहस्थ-ब्रम्हचर्य होना आवश्यक है। अत: आप गृहस्थ धर्म का निर्वाह करते हुए, अपनी साधना में अग्रसर हों।

आपने जो अनुभव बताये हैं, तथा जो महसूस करते हैं, वह सुन्दर अनुभव हैं। आपने सूचित किया है कि ध्यान के समय आप अपने 'ईष्ट' के स्वरूप का ध्यान करते हैं, किन्तु कुछ क्षणों के बाद उसके स्थान पर सद्गुरूदेव जी का ध्यान बन जाता है। आपको ध्यान 'ईष्ट' का ही करना चाहिए। अगर गुरूदेव का ध्यान बन जाता है तो कोई हर्ज नहीं है।

आपके शरीर में बिजली की धारा प्रवाहित होने का आभास, माथे में भारीपन, तथा हृदय की धड़कन के साथ 'राम-नाम' का उच्चारण होना अच्छा अनुभव है। आपको विदित हो कि बाढ़ के कारण शिलांग और पटना सत्संग का कार्यक्रम स्थगित कर दिया गया है।

परमात्मा आपके हृदय में नित्य नया प्रेम श्रद्धा-भक्ति जागृत करता रहे। शेष सबको यथायोग्य शुभ आर्शिबाद।

आपका पिता तुल्य
ह० यशपाल

इस पत्र को पाते ही यह भाव विह्वल हो गया। आँखों से अश्रुपात होने लगा। हृदय उमड़ने लगा। इस पतित के मन में यह भावना उठने लगी थी कि इस अकिंचन अधम पतित के प्रति भी उन महान संत पूज्यपाद गुरूदेव जी के मन में कितना अधिक प्यार है कि इसकी अतृप्त दुनियावी इच्छा की पूर्ति भी उन्होंने सहज भाव में ही कर दी। यह गद्गद् होकर ईश्वर को धन्यवाद दिया कि उनके असीम अनुग्रह से सर्व-समर्थ परम दयालु कृपालु सद्गुरूदेव जी के पवित्र चरणों में स्थान मिला है।

हाँ, भाई साहब, तो इसके बाद यह सेवक निर्देशानुसार अपनी साधना में जुट गया। प्रत्येक माह में अपने आध्यात्मिक अनुभवों को लिख कर पूज्यपाद जी की सेवा में भेजता रहता था। सांसारिक-सरकारी एवं घरेलू उलझनों के बीच कोशिश रहता था कि सुबह की पूजा, शाम की पूजा, दिन का भोजन, रात्रि का भोजन एवं सोने के समय अवश्य ही परमात्मा की पूजा ध्यान कर लिया जाय। कभी-कभी विभागीय कार्यों में अधिक व्यस्तता के कारण साप्ताहिक सत्संग जो सीतामढ़ी में होता था छूट जाया करता था। सत्संग छूट जाने पर मन बहुत क्षुब्ध हो जाता था। अपने पर खेद होता था। इन्हीं परिस्थितियों में पूज्यपाद जी को एक पत्र लिखा जिसका पत्रोत्तर निम्नलिखित रूप में प्राप्त हुआ।

जय सद्गुरुदेव जय पदशरणम्

B-20, सी०सी० कालोनी

दिल्ली-7

दि० 26-11-84

प्रिय बेटा,

खुश रहो!

अत्र कुशलम् तत्रास्तु

दैनिक पूजा-अभ्यास के साथ-साथ, नियमित रुप से रविवारीय व गुरुवारीय सत्संग-कार्यक्रमों में भी सम्मिलित होना अति आवश्यक है। बिना सत्संग-सत्नाम एवं सद्गुरु के आत्मिक एवं आध्यात्मिक उन्नति व प्रगति में

रुकावट की संभावना हो सकती है। सत्संग की कड़ी की टूट भी आध्यात्मिक प्रगति में बाधा डालने वाली सिद्ध हो सकती है। अतएव, जब तक परिस्थितियाँ बहुत ही विषम न हों, जहाँ तक संभव हो सत्संग के कार्यक्रम को नियमित रुप से attend करें तो लाभप्रद होगा।

इन्द्रियों पर नियंत्रण, विषय वासनाओं का परित्याग तथा श्रद्धा प्रेम का पाठ ही इस मार्ग में आत्मिक शान्ति एवं आध्यात्मिक उन्नति की प्रगति में सहायक होंगें। साधकों को नये संस्कार नहीं बनने देना चाहिए, तथा पुराने संस्कारों तथा कमियों को दूर करने के लिए सदैव उस प्रभु के सामने रोना एवं गिड़गिड़ाना चाहिए, ताकि मन का मैल धीरे-धीरे दूर होता रहे। यहाँ निज-कृपा अति आवश्यक है।

आपको मथुरा सत्संग का कार्यक्रम भेजा जा रहा है। सुविधानुसार सम्मिलित होने को प्रयत्नशील रहें। परमात्मा चाहेंगे तो अवश्य ही उस प्रभु की कृपा से लाभान्वित हो सकेगें।

परमात्मा आपके हृदय में नित्य नया अनुराग, श्रद्धा, भक्ति एवं विश्वास जागृत करता रहे, ताकि आप अपने गंतव्य तक पहुँचने में सफल हो सकें। शेष सबको यथायोग्य नमस्ते व आर्शीवाद

आपका पिता तुल्य

ह० व्यशपाल

यह सेवक उक्त पत्र के आलोक में निर्देशानुसार साधना के निर्दिष्ट बिन्दुओं पर उत्साह और लगन के साथ पालन करता रहा। कतिपय गृहस्थी की विषम उलझनों के कारण मथुरा सत्संग में शामिल नहीं हो सका। अब तक के आध्यात्मिक अनुभवों को लिपिबद्ध करके डायरी के साथ पुनः पूज्यपाद के पास दिनांक 12-12-84 को भेज दिया। जिसका पत्रोत्तर सतगुरूदेव को निम्नलिखित रूप से प्राप्त हुआः-

बी–20, सी०सी० कालोनी
दिल्ली–7

जय सद्गुरूदेव जय पदशरणम्

प्रिय बेटा,

चिरन्जीव रहो।

अत्र कुशलम् तत्रास्तु। कृपा पत्र तुम्हारा **12-12-84** का श्रद्धा-स्नेह एवं विश्वास से परिपूर्ण प्राप्त हुआ। समाचार विदित हुए।

साधक को हर परिस्थिति में, तथा हर हालत में उस प्रभु की इच्छा मानकर ही संतुष्ट रहना चाहिए, तथा प्रभु की याद कभी भी नहीं बिसारना चाहिए। वही मालिक है। मथुरा सत्संग में आप नहीं आ सके, यह भी प्रभु की ही इच्छा जानिये। सत्संग, सद्गुरु एवं सतनाम का सहारा ही आध्यात्मिक एवं आत्मिक प्रगति में सहायक होता है। किन्तु साधक की निज-कृपा से ही सब कुछ संभव है।

आपके विचार तथा भावना बहुत श्रेष्ठ हैं। उस परम पिता परमात्मा में पूर्ण रुप से भरोसा तथा संयम नियमपूर्ण जीवन यापन तथा आत्मसमर्पण ही श्रेयस्कर एवं आत्मिक प्रगति में सहायक होता है। परमात्मा आपके हृदय में निरन्तर, नित्यप्रति नया अनुराग श्रद्धा-भक्ति-विश्वास जागृत करता रहे तथा आपका ज्ञान-प्रकाश निरन्तर बढ़ता रहे। शेष सबको यथा योग्य।

आपका पिता तुल्य
ह० यशपाल

हाँ तो श्रद्धेय भाई जी, आप ध्यान पूर्वक सुन रहे होंगे। कहानी आगे बढ़ रही है।

इस पत्र को प्राप्त होने के बाद, इस सेवक का अपने सर्वस्व, पूज्यपाद जी के प्रति श्रद्धा, विश्वास, प्रेम, भक्ति बढ़ गयी। चूँकि, उन्होंने निजकृपा की ओर विशेष ईशारा किया था, इसलिए साधना एवं सत्संग के कार्यों में अत्यधिक लगन, उत्साह एवं प्राथमिकता के साथ लग गया। इतने दिनों की साधना एवं सतुरूदेव जी के आर्शीवाद के फलस्वरूप बहुत विशेष दुनियावी

एवं आत्मिक अनुभव भी इस सेवक को होने लगा, जिसका उल्लेख कर देना अप्रासांगिक नहीं होगा।

प्रकृति के साथ साहचर्यः-

यह पतित सेवक जब से पूज्यपाद जी से पूजा लेकर आया था, तभी से ऐसा महसूस होता था कि प्रकृति के साथ उसका तदातम्य संबन्ध (Relation of identity) स्थापित हो गया है। प्रकृति इसकी प्रत्येक इच्छा, भावना, विचार जो इसके मन में, हृदय में उठता था उसके अनुरूप वह तुरन्त बदलती नजर आती थी। जैसे वर्षा होने पर, इस सेवक के बाहर निकलते ही वर्षा का रुक जाना। बादल की घनघोर घटा उमड़ते ही उसकी इच्छा के अनुरूप बादल का छिन्न-भिन्न होकर हवा के झोंके से छितरा कर बिखर जाना। अनायास कहीं बैठते ही फूल की सुगंध या अगरबत्ती की गंध महसूस होने लगना। कड़ी धूप में बाहर निकलने पर अनायास कहीं से बादल आकर छा जाना। जिस व्यक्ति से मिलने की इच्छा होते ही एक-आध घण्टे के अंदर उसका स्वतः ही इसके सामने प्रकट हो जाना इत्यादि इत्यादि..।

लेकिन इस सबके बावजूद भी, इस सेवक के मन में किसी प्रकार का अहंकार उत्पन्न नहीं हो पाता। इन घटनाओं को पूज्यपाद की कृपा दृष्टि और परमात्मा की असीम अनुकम्पा के रुप में मानता था। ऐसा होने पर परम पिता परमात्मा और पूज्यपाद की गहरी याद-ध्यान हो आती थी और मन धन्यवाद ज्ञापित करते हुए कृतज्ञता का अनुभव होने लगता।

हाँ भाई साहब, इस सेवक को ऐसा महसूस होता था कि पूज्यपाद की ओर से इसकी साधना में पुष्टि और विश्वास्तता बनाने हेतु इस प्रकार की लीला-नाटक का आयोजन उपरोक्त घटनाओं के रुप में होता रहता था। कारण कि पिण्डी मन (स्थूल शरीर का) और ब्रम्हाण्डी मन (प्रकृति का) का सामन्जस्य-संतुलित समामिलन से ही होने पर ही इस प्रकार का अनुभव हो सकता है।

आप, श्रीमान, शोधकर्ता हैं, रिसर्च स्कॉलर हैं, आविष्कार और अनुसंधान के विषय में विशेष जानकारी रखते हैं। साथ ही आप एक अच्छे साधक भी हैं। पूज्यपाद जी से नजदीकी का सम्बन्ध रहा है, आपका। अस्तु,

सादर अनुरोध है कि इस विषय पर अपना विचार पत्र द्वारा व्यक्त करने की कृपा करेंगे। यह पतित तो बस इतना ही समझता है कि–

"उन से जो माँगों, उसे हद से सिवा देते हैं।
खुद भी देते हैं, खुदा से भी दिला देते हैं॥
आपकी शान न समझा है, न समझेगा कोई।
आप अल्लाह से बन्दे को मिला देते हैं॥"

"जो कुछ है मेरा, मेरे पीर तू है।
दिलो-जान, तन-रुह-तकदीर तू है॥
तूही जानता है, मुकदर में क्या है।
मेरे ख्वाब हस्ती का तस्वीर तू है॥
नहीं भेद कोई जो तुझसे हो पिनहा।
कि राजे हकीकत का तफसीर तू है॥

इस प्रकार वर्ष **1984** की अकथ कहानी समाप्त हो रही है लेकिन अन्त नहीं है। वर्ष **1985** की कहानी आगे सुनायेंगे आपको।

आमीन या रबूल आलमीन

(चौ. साहब 'हरि अनन्त हरि कथा अनन्ता' का अनुभव हम सबको भाई साहब जी के साथ का रहा है। हम क्या कहें, वह आपने उपरोक्त दो पदों में स्वयं कह दिया है। हाँ, यह कहूँगा कि हमें यह विश्वास हो गया था कि कुछ भी यदि आपसे माँगू तो पा सकता हूँ, लेकिन किसी बात की कभी कोई इच्छा हुई नहीं। यही हाल धर्मपत्नी का भी था। यह थी उनकी लीला। कभी कुछ जानने की इच्छा भी न हुई। आज भी वही है। जो हो रहा है अच्छा है। इससे ज्यादा है नहीं कुछ कहने को–अक्षयबर सिंह)

1985

तसव्वर (ध्यान) में तेरे रहना, इबादत इसको कहते हैं।
तेरे कूचे में मर मिटना शहादत इसको कहते हैं॥

तुझी को देखना, तेरा ही सुनना,, तुझ में गुना होना।
हकीकत मारफत अहले तरीकत, इसको कहते हैं॥

वर्ष 1985 में साधनात्मक जीवन का आरंभ प्रत्येक साल माह जनवरी में होने वाले बम्बई भण्डारा से हुआ। इस कार्यक्रम में भाग लेने हेतु बिहार के सत्संगी भाईयों के साथ दिनांक **16-1-85** को सुबह बम्बई वी०टी० स्टेशन पहुँच गया। स्टेशन पर उपस्थित स्थानीय भाईयों द्वारा स्वागत-सत्कार किये जाने के पश्चात हम सबने श्रद्धेय पंडित जी (स्व० रामस्वरूप शर्मा) के निवास स्थान पर विश्राम किया। सायँकाल पूज्यपाद जी का दर्शन हुआ। दर्शन-लाभ मिलते ही यात्रा की सारी थकावट मिट गई। पूज्य भाई साहब जी की मंद-मंद मुस्कराहट ने हम सबों को आनंदित एवं फैजयाब कर दिया। कुशलोपरांत, निवास स्थान पर आकर विश्राम किया।

सिर के जाप का अनुभवः-

बम्बई का भण्डारा इस सेवक के लिए परम सौभाग्यशाली सिद्ध हुआ। साधनात्मक जीवन का महत्त्वपूर्ण अनुभव यहीं प्राप्त हुआ। भंडारे के प्रथम दिन, यह सेवक स्नानादि नित्य क्रिया से निवृत होकर अपने बिछावन पर बैठकर आंतरिक ध्यान-मानसिक जाप कर रहा था कि विचित्र अनुभव हुआ। इस सेवक को ऐसा लगा कि इसका शरीर पूर्णतः शून्य जड़वत होता जा रहा है। सारे शरीर के चेतना का खिंचाव होकर मस्तिष्क में केंद्रित होता जा रहा था। सहस्त्रसार के स्थान के बीच भाग पर जोरों का स्पन्दन-फड़कन होने लगा था। इन्हीं स्पन्दनों-फड़कनों के बीच-मानसिक जाप-ईष्ट मंत्र का जाप भी होता जा रहा था। बड़ी आनन्दमयी अवस्था बन रही थी। इस पतित को देहाभास एवं सांसारिक आभास भी बिल्कुल विलुप्त हो गया था। आज्ञाचक्र पर हो रहे गोलकों के बीच कभी-कभी सफेद आकृति उभर जाती थी, जो पूज्यपाद के सदृश्य ही प्रतीत होती थी। इस प्रकार लगभग एक घण्टा आनन्दमयी स्थिति में बैठा रहा। इस विचित्र-सिर का जाप के माध्यम से आनन्दलोक का सैर करता रहा।

'सिर का जाप' साधनात्मक जीवन में, एक महत्त्वपूर्ण पड़ाव था, जो पूज्यपाद की कृपादृष्टि से इस सेवक को उपलब्ध हुआ। यह सब उन

दिव्यात्मा-देवात्मा सद्‌गुरूदेव जी की कृपा-धार-फैज (शक्तिपात) थी, जिसने इस पतित को 'सिर के जाप' का व्यवहारिक अनुभव करा दिया। अन्यथा पुस्तक में वर्णित इसके महत्त्व का सैद्धान्तिक ज्ञान ही रहता।

हाँ, सर जी-यह अकथ कहानी अब और आगे बढ़ रही है। अब, यह सेवक संक्षिप्त रूप में साधनात्मक जीवन ही व्यवहारिक अनुभवों एवं सुनहरे पलों की अनमोल यादों को ही आपसे शेयर या साझा करना चाहेगा, अन्यथा इस आलेख का कलेवर बहुत मोटा और बृहदाकार हो जायेगा। कारण हरि-अनन्त हरि कथा अनन्ता।

स्वप्न में शक्तिपातः-वर्ष 1985 का एक और महत्त्वपूर्ण अनुभव आपको सुना रहा हूँ। बम्बई भण्डारे से वापस आने के कुछ दिनों बाद यह सेवक रात्रि के स्मरण ध्यान के बाद सो रहा था कि स्वप्न में ही लगभग 3 बजे अचानक माथे में अजीब सा सनसनाहट और सहस्त्रसार पर स्पन्दन होने लगा। कुछ देर के बाद इस पतित को ऐसा लगा कि आज्ञा-चक्र से एक प्रकाशपुन्ज फूट कर निकल रहा है। यह प्रकाश की धारा बहुत दूर तक जा रही है। एकाएक उस धारा के दूसरे छोर पर पूज्यपाद सद्‌गुरूदेव जी का दर्शन हो रहा था। पुनः उसी प्रकाश की धारा में परम पूज्य लाला जी महाराज, परम पूज्य चाचा जी महाराज एवं परम पूज्य दद्दा जी महाराज का भी दर्शन होता है। पुनः कुछ देर के पश्चात, उसी प्रकाश धारा में इसके ईष्टदेव-भगवान राम, लक्ष्मण जी, सीता माता एवं हनुमान जी सहित-रामपंचायतन-का दर्शन होता है। कुछ क्षणों के बाद उसी प्रकाश धारा में मंदिर, मस्जिद, विभिन्न देवी देवताओं के दर्शन होने लगता है।

इस सेवक को ऐसा लग रहा था कि ये सारे दृश्य उसी प्रकाशपुन्ज की धारा में आज्ञाचक्र से होकर हृदय चक्र में प्रवेश कर रहे हैं। लगता था कि पूरे शरीर में बिजली की धारा दौड़ रही है। सारा शरीर स्पन्दित हो रहा है। मुँह से अनायास ही 'जय सद्‌गुरु देव, जय पद् शरणम' का जाप शुरू हो गया। फिर इस धारा की फैज इतनी तीव्र और असहनीय प्रतीत होने लगा था कि उसी उनींदी अवस्था में पुकारने लगा-'महाराज जी अब बस करो'-इसके बाद यह तीव्र धारा शांत होने लगी। उसी समय नींद खुल गई, यह स्वप्न नहीं

बल्कि वास्तविकता थी। जगने के बाद भी आनंदमयी खुमारी बनी रही। आज भी वह दृश्य याद आता है तो अनुपम आनन्द की लहर सम्पूर्ण शरीर में दौड़ जाती है।

आध्यात्मिक जगत में स्वप्नों का भी अपना महत्त्व है। पूज्यपाद द्वारा रचित श्री बृजमोहन वचनामृत के अवलोकन से स्पष्ट होता है कि पूज्य महाराज जी को भी अधिकांश आध्यात्मिक अनुभव स्वप्नों के माध्यम से ही प्राप्त हुए हैं। इसी क्रम में आप भी अपने शिष्यों को भी स्वप्नों के माध्यम से ही साधना से ही दिशा निर्देश करते रहते हैं।

जो भी हो, ऐसा सुन्दर प्रेरणास्पद-स्वप्न द्वारा दिशा निर्देशः इस सेवक को प्राप्त हुआ कि आगामी साधनामय जीवन के लिए सुदृढ़ आधारशिला के रुप में मनोमस्तिष्क एवं हृदय पटल पर सदा के लिए अंकित हो गया। यह एक हकीकत-वास्तविकता एवं सत्य के दर्शन के सदृश्य था। ऐसा अनुभव हुआ कि ईश्वर-परमात्मा-ब्रह्म सब एक हैं। उसी एक की शक्तिपुंज प्रकाश की धारा में वे सभी व्यक्ति-वस्तु-देवता-बुजुर्ग लोग-संत महात्मा-सभी समाहित हैं। और सत्य ज्ञान की वही धारा-सद्गुरूदेव से आध्यात्मिक शक्तिपात-फैज के द्वारा शिष्य को प्रदान किया जाता है। चूँकि यह विद्या 'इल्म सीना' हृदय की विद्या है, एक हृदय से दूसरे हृदय में प्रवाहित होता है—एक enlightened soul ही दूसरे सामान्य soul को lighted कर सकता है। तो यही वह अनमोल विद्या है जो महर्षि अष्टावक्र जी महाराज से राजा जनक को प्राप्त हुआ था। न गुरूदेव की जुबान हिली, न शिष्य ने कान से श्रवण किया। हृदय से हृदय में ही अंदर ही अंदर-ब्रह्म विद्या की प्राप्ति हो गई।

इस प्रकार पूज्यपाद महाराज जी की अहेतुकी कृपादृष्टि से इस परम पतित सेवक को साधनात्मक जीवन के लिए महत्त्वपूर्ण निर्देश-व्यवहारिक अनुभव ज्ञान प्राप्त हुआ। पूज्यपाद जी को कोटिशः धन्यवाद एवं पवित्र चरणों में दण्डवत प्रणाम। धन्य हैं प्रभु आप धन्य है, आपकी लीला।

1986:

कोशिश हजार करके भी ढूँढ़ें जो उम्र भर,
तुम क्या हो, क्या नहीं हो? ये होगी नहीं खबर।

तुम बिन न तो इस जहान में आता है कुहर नजर।
तू ही बता दे, मैं तेरी किससे मिशाल दूँ?
तू तू करता तू ही भया मुझ में रही न-हूँ।
अजब कहानी इश्क की, जिस देखूँ तित तू॥

वर्ष 1986, एक महत्त्वपूर्ण आध्यात्मिक अनुभव के लिए एक यादगार वर्ष बन गया। इस महत्त्वपूर्ण अनुभव को 'स्वयं का ज्ञान' के शीर्षक से सम्बोधित किया जा सकता है।

स्वयँ का ज्ञान-एक रोमांचक अनुभवः

पूज्यपाद जी अक्सर कहा करते थे कि जब ईश्वर की मनुष्य पर बहुत बड़ी कृपा होती है, तो उसके मन में यह जिज्ञासा उत्पन्न होती है कि ईश्वर क्या है? संसार क्या है? माया, जीव, ब्रह्म क्या है? वह स्वयं क्या है? कौन है? मानव जीवन का लक्ष्य क्या है? इत्यादि इत्यादि। एक भजन में बहुत ही खोज पूर्ण जिज्ञासा की गई है कि–

"है तू कौन? कहाँ से आया? जायेगा किस ओर? मुसाफिर जाग हुआ है भोर।"

यदि मुसाफिर यात्री को यह जानकारी न हो कि वह स्वयं कौन है, उसकी पहचान-Identity क्या है? वह कहाँ से आया है, यानि उसकी यात्रा का प्रारंम्भिक स्थान कहाँ है, फिर कहाँ जाना है-यानि यात्रा का गंतव्य स्थान-अंतिम लक्ष्य कहाँ है? तब वह कैसे पहुँचेगा? वह तो अभी बीच मार्ग में ही रह जायेगा। हाँ, तो भाई मेरे! हम सबकी स्थिति यही है। हम यात्री हैं। इस शरीर रुपी यात्रा पथ पर खड़े हैं। यह भी नहीं पता है कि पूर्वजन्मों में हम क्या थे और कहाँ थे? इस शरीर को त्यागने के बाद हम किस योनी में जन्म लेंगे, कहाँ जन्म लेगें? यही अकथ कहानी है।

तो चेतनशील प्राणी-मानव इन शाश्वत चिन्तन प्रश्नों के समाधान की खोज में ग्रंथों का अध्ययन करता है। तीर्थों की खाक छानता है, संत महात्माओं का प्रवचन-उपदेश-सत्संग सुनता है। सच्चे सद्गुरु की खोज में दर-दर भटकता रहता है और भी तरह-तरह की उपाय-पूजा पाठ-साधना,

आराधना-उपासना-विविध कर्मकाण्ड करता है। फिर भी उसके मन को शांति नहीं मिलती है-जिज्ञासा का समाधान नहीं होता है, तो सब कुछ परमात्मा पर छोड़ कर-उनकी शरण लेता है। ईश्वर की असीम दया कृपा से उसे समर्थ संत-सच्चे सद्‌गुरु का आश्रय-सानिध्य प्राप्त हो जाता है, जहाँ पर, पूर्ण श्रद्धा-विश्वास-प्रेम भक्ति के साथ सद्‌गुरु चरणों में समर्पित करके अपनी सभी जिज्ञासा सभी प्रश्नों का समाधान पा जाता है। हाँ, तो उक्त पृष्ठभूमि के बाद, यह 'अकथ कहानी' आगे बढ़ती है:

यह सेवक साधना के निर्दिष्ट पथ पर निर्दिष्ट-अज्ञात लक्ष्य की ओर अग्रसर हो रहा था। दिन-प्रतिदिन नये-नये अनुभव हो रहे थे, साथ ही नई जिज्ञासायें भी उत्पन्न हो रही थीं, जैसा कि अध्यात्म के मार्ग के राही को होता है। इसी क्रम में एक सज्जन ने, ईश्वरीय प्रेरणा से, इस सेवक को एक पुस्तक 'संतमत का सिद्धांत' प्रदान की। इस पुस्तक को कबीर पंथ के एक साधक सत्संगी ने संकलित किया था। चूँकि यह सेवक भी संतमत से जुड़ा हुआ था, अतः कौतुहल व जिज्ञासा के कारण इस पुस्तक को पढ़ना शुरु किया। यह पुस्तक काफी प्रेरणात्मक थी और साधना के गूढ़ रहस्यों को समझाया गया था। लेकिन, चूँकि यह सेवक अभी नया-नया आध्यात्मिक साधना पथ पर प्रविष्ट हुआ था, इसलिए उन गूढ़ रहस्यों की विवेचना कुछ भी नहीं समझ पाया। कुछ बातें जो अच्छी लगीं, उसे डायरी में नोट कर लिया और उस पर चिन्तन मनन करने लगा। इस पुस्तक ने निम्न प्रकार इस सेवक को आकर्षित किया-

'सन्तमत' की साधना गृहस्थ आश्रम में रहते हुए-काया मध्य-कायाहीन का, सीमा मध्य-सीमाहीन का, आधार मध्य-निराधार का, साकार मध्य-निराकार का एवं लघु मध्य विराट की अनुभूति प्राप्त करने की है। लेकिन यह अनुभूतिजन्य साधना केवल और केवल, 'गुरू कृपा' पर ही आधारित है। गुरु कृपा ही केवलम्।

उपरोक्त-साधना सूत्र ने इस सेवक को झकझोर दिया। अहर्निश इस सेवक के मन के अंदर इस गंभीर चिन्तन सूत्र के महावाक्य को लेकर काफी उधेड़-बुन जिज्ञासा हर समय बनी रहती थी। इस सेवक की यह

भावना-विश्वास दृढ़ था कि पूज्यपाद अन्तर्यामी है। इस पतित की हृदय की तो चौत्व्याकुलता एवं सच्ची पुकार को अवश्य ही सुनेंगे और कभी न कभी किसी माध्यम से समाधान भी निकल आयेगा।

"पूजा ध्यान करने के बाद प्रार्थना करने लगा एक दिन पूज्यपाद की अहैतुकी दिव्य कृपा, इस सेवक पर हो ही गई। सुबह के पूजा ध्यान करने के बाद प्रार्थना करने लगा।" हे दीन बन्धु दयालु भगवन.. इस प्रार्थना को पूर्ण करने के बाद ज्योंही सिर झुकाकर प्रणाम करने लगा– 'आया प्रभु तेरी शरण'–त्यों ही अंदर से विचित्र प्रकार के विचारों का स्फुरण स्वतः पैदा होने लगा। यथा–वह किसको प्रणाम कर रहा है– भगवान राम का फोटो है, मूर्ति है। यह मूर्ति (फोटो) किसी मानव कलाकार की मानसिक परिकल्पना है। यह तो तुम्हारे ईष्टदेव का वास्तविक स्वरूप नहीं हो सकता है? भगवान राम तो सर्वव्यापक हैं। वह तो चैतन्य शक्ति के रूप में सर्वत्र विराजमान हैं। तो क्या तुम्हारे अंदर नहीं हैं? मानसकार कहते हैं "हरि व्यापक सर्वत्र समाना।"–"राम स्वरूप तुम्हार–बचन, दृढ़ हुई अगोचर बुद्धि पर अविगत अकथ अपार नेति नेति, जेहि वेद कह"।

गीता जी में भगवान कृष्ण ने स्वयं कहा है–

'ईश्वर सर्वभूतानाम-हृदय-देशे-अर्जुन तिष्ठती'

परम संत महात्मा रघुवर दयाल जी महाराज कहते हैं कि यह समझो कि वह दूर नहीं है, वह ईश्वर मुझमें समाया हुआ है–वही सब कुछ कह–सुन रहा है, वही सब कुछ खा–पी रहा है। वही हैं, वही है, वही है (पीयूष बाणी)। यह भावना, यह विश्वास, जहाँ दृढ़ हुई, समझो उसको पा लिया। फिर दूर कहाँ है वह? निकट है, हमारे में है।

परम पूज्य महाराज जी भी तो हरदम कहा करते थे "परमात्मा तू ही है, तेरी इच्छा पूरी हो"। अर्थात सृष्टि के अणु–अणु में, कण–कण में वही परमात्मा विराजमान है। संसार में जितने भी क्रिया कलाप हो रहे हैं, सभी उन्हीं की इच्छा की पूर्ति मात्र हैं। तो क्या वह परमात्मा, इस पतित सेवक के मन–प्राण–हृदय–आत्मा में विराजमान नहीं होगा? जरूर होगा। जरूर विराजमान

है। अर्थात हम स्वयं ही ईश्वर-स्वरूप हैं। अंश रूप में ही सही। स्वयं के द्वारा स्वयँ की पूजा करना?, स्वयं के द्वारा स्वयं को प्रणाम करना-यह क्या है? यह स्वयं ही अपने आपकी पूजा कर रहा है, प्रणाम कर रहा है, उपरोक्त बातों को सोचते ही अनायस ही हँसी का फौवारा छूटने लगा। फिर ठहाकामार कर हँसने लगा। फिर रुक-रुक कर यही बात सोच-सोच कर, रह-रह कर हँसी आ रही थी। बड़ी आनन्दमयी स्थिति बन रही थी। मन-मस्तिष्क, आनन्द से सराबोर, ओत-प्रोत हो रहा था। इसी आसन पर घण्टों बैठा रहा। अपने द्वारा अपने को प्रणाम करना, स्वयं के द्वारा स्वयं की पूजा करने की बात जब भी याद आती थी, सहज ही हँसी का ठहाका छूटने लगता था-इतनी हँसी आ रही थी कि आँखों से आँसू निकल आये थे। गनीमत था कि कमरे में अकेला था। दूसरा व्यक्ति रहता, तो अवश्य ही इसे पागल समझ लेता।

कुछ समय पश्चात अंदर से एकाएक याद आ गई। यह एक पूज्यपाद जी की असीम अनुकम्पा एवं महान दयाकृपा का परिणाम है, जो इस पतित के जिज्ञासा के समाधान हेतु लीला की है। ज्यों ही पूज्यपाद की याद आई उनके पावन स्वरूप का स्मरण ध्यान हुआ, त्यों ही आँखे भर आईं। हृदय फटने लगा और जोरों की रुलाई आ गई। इतनी रुलाई आई कि थमने का नाम ही नहीं ले रही थी। लगभग 10-15 मिनटों खूब रो लेने के बाद मन शांत हुआ। लगा कि मानों वर्षों का लदा हुआ बोझ मन पर से उतर गया हो। मन ही मन पूज्यपाद जी को धन्यवाद दिया और पवित्र चरणों में मानसिक प्रणाम निवेदन किया। उनकी ही असीम दया कृपा से सहज रुप में इतने गूढ़, आध्यात्मिक रहस्यों का समाधान मिल गया। जिसके लिए यह पतित सेवक आजन्म आभारी रहेगा। इसी के साथ साधना मार्ग की आगे की यात्रा हेतु मार्ग निदेशन भी मिल गया।

कुछ दिनों के बाद यह सेवक अपना उपरोक्त अनुभव लिख कर परम पूज्य गुरूदेव जी को प्रेषित कर दिया। जिसके पत्रोत्तर में आपने लिखाः-

"आपके अनुभव सुन्दर हैं। ईश्वर की अनुकम्पा से ही, ऐसे अनुभव होते हैं। आपकी जिज्ञासा का समाधान हो गया, मालिक की कृपा है। आपको अपने गुरूदेव के स्मरण मात्र से ही ध्यान लग जाता है, अच्छी अवस्था है।

परमात्मा से प्रार्थना है कि आपके हृदय में उसका प्रेम, भक्ति एवं ज्ञान का प्रकाश बढ़ता रहे।"

यह पूज्यपाद की असीम दया कृपा से 'आत्म-ज्ञान' की पहली झलक थी, जो इस रूप में इस सेवक को अनुभव हुआ। अब आगे-आगे देखिये होता है क्या? यह लम्बी डगर है। अनेक बिध्न बाधाओं से सामना पड़ सकता है, इस मार्ग में। केवल एक मात्र पूज्यपाद का ही सहारा है। कहा गया है-

इश्क की डगर-प्रेम का मार्ग-अध्यात्म का मार्ग-एक आग का दरिया है और इसे तैर कर जाना है। बहुत मुश्किल, बड़ा ही कठिन। लेकिन यह भी कहा गया है-

सद्गुरु दीन दयालु हे! कृपा करहु अब आये।
कोटि जनम का पंथ था, पल में पहुँचा जाये॥

"गुरु कृपा ही केवलम्।"

जब पूज्यपाद जी ने अपनी टोपी प्रदान की:-

तमन्ना दर्दे दिल की हो, तो खिद्मत कर फकीरों की।
नहीं मिलता यह गौहर, बादशाहों के खजीनों में॥

हाँ तो सुनिये सिंह साहब, यह कहानी अब आगे बढ़ रही है। परम पूज्य महाराज जी अपने प्रवचन एवं पत्रोत्तर में अक्सर कहा करते थे कि प्रेम और विश्वास ही इस मार्ग में मुख्य बात है। बड़ी-बड़ी तपस्यायें धरी की धरी रह जाती हैं, जबकि एक प्रेमी विश्वासी भक्त पार हो जाता है। उपरोक्त प्रेरणास्पद एवं मंत्र स्वरूप पवित्र वाणी का इस पतित के जीवन में-साधना के प्रारंभिक वर्षों में ही प्रत्यक्ष अनुभव हुआ। जिसका विवरण निम्नांकित है-

यह घटना वर्ष 1986 के माह अक्टूबर की है। इस सेवक के घर (गाँव) में पूज्यनीया माता जी की एक मनौती के अनुसार भगवान शंकर की पूजा लक्षावली (जिसमें एक लाख से अधिक पार्शिव (मिट्टी) पूजन होनी थी। इससे अंदर से आवाज आई एक गुरुमुख साधक शिष्य के लिए अपने गुरूदेव के अतिरिक्त न तो कोई दूसरा देवता है और न भगवान। पूज्यपाद ही उसके लिए ब्रम्हा, विष्णु, महादेव एव साक्षात परमब्रह्म होते हैं। अस्तु-सद्गुरु

महाराज के लिए एवं पूज्यनीय माता जी के लिए कपड़ा खरीदा जाये। उसके बाद ही पूजा आचार्य पंडित व परिवार के लोगों के लिए। तद्नुसार इस सेवक ने पहले सद्गुरूदेव के लिए बढ़िया धोती, कुर्ता का कपड़ा गंजी चादर इत्यादि एवं पूज्यनीय माता जी के लिए साड़ी-साया-ब्लाउज का सेट बढ़िया से बढ़िया निकलवा कर अलग रख दिया। तत्पश्चात शंकर भगवान की पूजा के लिए विभिन्न कपड़ों को खरीदा गया।

कपड़ा तो खरीदा गया, लेकिन इस सेवक को बराबर चिन्ता लगी रहती थी कब अपने प्राण धन मालिक, जीवन सर्वस्व के चरणों में इन वस्त्रों को समर्पित किया जाये। भगवान शंकर की पूजा से पहले-दिल्ली जाना मुश्किल लग रहा था। इस सेवक के हृदय में उठने वाले विचार-तड़पन एवं व्याकुलता की भावना अदृश्य तारों के माध्यम से, इस पतित के आराध्य तक पहुँच ही गईं। कहा जाता है कि दिल से दिल की राह भी होती है और यह विद्या तो 'इल्म-सीना' (हृदय की विद्या)-है ही।

स्वप्न में अनुभवः-

इन्हीं दिनों चिन्तन मनन के क्रम में रात में 4 बजे इस सेवक को एक सुन्दर स्वप्न दिखाई दिया। स्वप्न में ही यह सी०सी० कालोनी दिल्ली पहुँच गया। देखा नीचे हाल में पूज्यपाद प्रसन्न मुद्रा में आसन पर विराजमान हैं। यह पतित सेवक वस्त्रों का पैकेट लिये हुए, लजाते हुए झाँक रहा है। लेकिन आगे बढ़ने की हिम्मत नहीं हो रही थी। इसके सिर पर टोपी नहीं थी। इतने पर पूज्यपाद जी ने स्थिति भाँप कर तुरंत आवाज दिया– 'आइये, आ जाइये, कोई बात नहीं है'। यह सेवक तुरंत दौड़कर आपके चरणों पर गिर पड़ा। फिर कपड़ों की थैली को उनके सामने रख दिया। अश्रुपूर्ण नेत्रों से कुछ निवेदन करना चाह ही रहा था कि एकाएक पूज्यपाद जी ने अपने सिर पर पहनी हुई टोपी को उतार कर इस सेवक के सिर पर रख दिया और कहा कि इसे रखें, पूजा के समय पहनना। यह सेवक ने अपना अहोभाग्य माना और तत्काल पूज्यपाद के चरणों पर झुक गया। कुशलोपरांत जब वस्त्रों का पैकेट खोलने लगा, तो उन्होंने स्पर्श करते हुए कहा– 'खोलने की जरूरत नहीं है उसे वैसा ही रहने दें' बस नींद खुल गई।

स्वरूप-दृश्यों को याद करके रोमांच हो आया। अत्यधिक प्रसन्नता हुई। आनन्द से हृदय-मन-प्राण प्रफुल्लित हो उठे। सबसे बड़ी बात तो यह थी कि पूज्यपाद जी ने इस पतित द्वारा खरीदे हुए, प्रेम श्रद्धा भक्ति भाव से उक्त उन वस्त्रों को स्वीकार कर लिया था (स्वप्न में ही सही) और आर्शीवाद स्वरूप अपने सिर की टोपी-पवित्र टोपी-को दिव्य प्रसाद के रुप में इस सेवक को प्रदान किया था। अब यह सेवक आश्वस्त हो गया था कि हृदय की भावना के अनुसार पहले गुरु भगवान की पूजा, फिर शंकर भगवान की पूजा का सुन्दर अवसर प्रदान कराते हुए कृतार्थ कर दिया।

कहना न होगा, भाई साहब, कि शंकर भगवान की पूजा-यज्ञ-जाप सब कुछ पूज्य सद्गुरूदेव के आर्शीवाद-अनुग्रह से सकुशल सम्पन्न हो गया। पूजा के अंतिम दिन ब्राह्मण भोजन-परिजन, पुरजन-स्वजन के भोजनादि की व्यवस्था की गई थी। उक्त व्यवस्था हेतु नियत भण्डार गृह (store room) में सभी सामग्रियों को एकत्र कर दिया गया था। इस सेवक ने उक्त भण्डार घर में पूज्यपाद महाराज जी का एक फोटो टांग दिया। अगरबत्ती, धूपबत्ती जलाकर प्रार्थना किया–हे प्रभो, आप ही मालिक हैं। अब इस भंडार एवं सारी व्यवस्था के सरंक्षक आप ही हैं। इस सेवक की प्रतिष्ठा अब आपके हाथों में है। यह प्रार्थना करके स्टोर रुम बन्द कर दिया गया। दूसरे दिन सायँकाल से ही भोजनादि कराने का कार्यक्रम प्रारंभ हो गया। लगभग एक हजार व्यक्तियों को खिलाने का इन्तजाम किया गया था। लेकिन आमंत्रित अतिथियों के अतिरिक्त अन्य समुदाय, साधु-महात्मा, फकीर औघड़, सभी शंकर भगवान की पूजा सुनकर उनके नाम पर आयोजित भण्डारा सुन कर इकट्ठा (शामिल) होने लगे। संख्या और भीड़ को देखकर इस सेवक के होश उड़ गये। मन ही मन प्रार्थना कर महाराज जी से प्रार्थना करके सारा भार उन्हीं महाप्रभु पर सौंप कर यह सेवक निश्चिन्त होकर सोने चला गया। प्रिय भाई यह जानकर, महान आश्चर्य हुआ, लगभग एक बजे रात्रि तक दो हजार से अधिक व्यक्तियों के भोजन करने के बावजूद भी भंण्डारगृह परिपूर्ण था। किसी चीज की कमी नहीं थी। पड़ोसी एवं घर के लोग भी आश्चर्यचकित थे। यह भण्डार अक्षय भंण्डार हो गया पूज्यपाद जी की कृपा से। धन्य हैं प्रभु जी आप और धन्य है आपकी

लीला। यह सेवक अपने सर्वस्व मालिक की विचित्र लीला देख कर स्मरण करके, रोमांचित होकर, उनके चरणों में झुका जा रहा था।

जब स्वप्न साकार हो गया:

इस यज्ञ समाप्ति के लगभग एक महीने के बाद नवम्बर 1986 में सी०सी० कालोनी जाने का प्रोग्राम बना। निर्धारित तिथि को दिल्ली जं० से उतर कर सुबह के लगभग 8 बजे सी० सी० कालोनी पहुँचा। पूर्व में देखे गये स्वप्न, पूर्व की बातें, सारी घटनाएँ एक-एक करके अक्षरशः सत्य रूप में चरितार्थ होंने लगीं-वहाँ पहुँचने पर देखा कि पूज्यपाद जी हाल में अपने आसन पर विराजमान हैं। चार-पाँच सत्संगी भाई सामने बैठे हुए हैं। ज्योंहीं यह पतित हाल की ओर झाँक कर देखा, त्योंहि पूज्यपाद जी की मधुर दिव्य वाणी सुनाई दी। आईये, आ जाईये दुख हरण जी, आईये। यह सेवक पूज्यपाद जी के श्री मुख से अपना नाम सुनते ही रोमंचित हो गया। मन प्रसन्न होकर आनन्द से भर आया। सामान बाहर छोड़कर, पवित्र चरणों में लिपट गया। मस्तक से चरण स्पर्श कर कृतार्थ हुआ। कुशलोपरान्त, पूज्यपाद जी के समक्ष लाये हुए वस्त्रों का पैकेट खोल कर रख दिया। पूज्यपाद जी ने उठाकर अपने मस्तक से लगाया और अपने आसन पर रख लिया। तत्पश्चात, उन्होंने अपने सिर से 'टोपी' उतार कर इस सेवक को प्रदान करते हुए कहा कि इसे रखिये, पूजा के समय पहिनियेगा। यह पतित कृतार्थ होकर, आर्शिवाद स्वरूप इसे ग्रहण करके, तत्काल ही अपने माथे पर पहन लिया और अश्रुपूरित नेत्रों से गद्‌गद्‌ होकर पूज्यपाद जी के चरणों को स्पर्श करते हुए, अपना अहोभाग्य माना।

इस प्रकार पूर्व में देखा हुआ स्वप्न, प्रत्यक्ष साकार रुप में घटित हो गया। तो यह था सर्वसमर्थ, सर्वान्तरर्यामी, सर्वत्रविराजमान, सद्‌गुरूदेव जी महाराज की इस अकिंचन पतित पर असीम अनुकम्पा एवं महान दया-कृपा।

धन्य हैं प्रभु आप, और धन्य है आपकी लीला। यह घटना इस सेवक के ध्यानमय जीवन में महत्त्वपूर्ण मोड़ के रुप मे साबित हुई। यह स्पष्ट हो गया कि पूज्यपाद हमेशा साथ रहते हैं और हम सबों को अपनी दिव्य दृष्टि से देखते रहते हैं।

गुरु के साथ होने का यकीं मुश्किल से होता है।
अगर गुरु साथ हैं अपने तो फिर यह बेकसी कैसी।।
दास दुखी तव मैं दुखी-उदय अस्त तिहुँ काल।
पल में प्रगट होतु हूँ, क्षण में करौं निहाल।।

सद्गुरूदेव हमेशा साथ रहते हैं-एक अनुभवः

यह घटना 1990 की है। उन दिनों यह सेवक शिवहर परखण्ड (सीतामढ़ी) में पदास्थापित था। एक दिन विभागीय मुख्यालय से दूर के पंचायत में स्थित सहकारी समिति में चुनाव कराने जाना था। चुनावी कार्यों में जटिलता, व्यस्तता एवं उलझनों के कारण इस सेवक को प्रखण्ड मुख्यालय स्थित अपने आवास लौटने में बिलम्ब हो गया। रात्रि के समय 7.30 बज चुके थे। साइकिल की सवारी थी। अकेला था। हालाँकि स्थानीय लोगों ने रात्रि-विश्राम का आग्रह किया था, लेकिन दैनिक पूजा-ध्यान में उत्पन्न होने वाले व्यवहारिक कठिनाईयों को विचार कर वहाँ नहीं रुका, चल दिया।

रास्ते में एक गाँव-खैरबा-दर्प पड़ता था। उसके बाहर रास्ते में ही सघन बँसवाड़ी-बाँस का जंगल था। उस बँसवाड़ी के बीच से ही रास्ता था, जिससे गुजरना था। अब तक काफी अँधेरा हो चुका था। फिर भी यह सेवक साईकिल से उतर कर आगे बढ़ रहा था, अँधेरे में कुछ-कुछ भय-डर लग रहा था। एकाएक सेवक देखता है एक लम्बी आकृति की छाया-साया चलती-फिरती आगे-आगे बढ़ रही थी। यह देखते ही सेवक भयभीत हो गया, और एक जगह रुक कर साईकिल की घण्टी बजाने लगा कि यदि कुछ प्रेत-छाया होगी तो घंटी की आवाज सुनकर हट जायेगी। लेकिन इस सेवक के रुकते ही वह साया भी आगे रुक गई। अब तो इस सेवक का डर के मारे बुरा हाल हो गया। जाड़े के दिनों में भी पसीना-पसीना हो रहा था। एकाएक हृदय में भावना उठी, मन में विचार उत्पन्न हुआ कि पूज्यपाद महाराज जी हमेशा साथ रहते हैं, तो फिर डर कैसा? पूजा के बाद की प्रार्थना में कहा गया है कि "दिन-रात सोते-जागते प्रभु तुम हमारे साथ हो"। जब मालिक हमारे साथ हैं, तो किससे डरा जाय? भूत-प्रेत से! नहीं। संपूर्ण सृष्टि के सभी रूपों

में तो वही परमात्मा विराजमान है। इतना सोचते ही भय मिट गया। साईकिल की घंटी बजाते हुए आगे बढ़ने लगा। साथ ही जयसद्‌गुरूदेव जय पद्‌शरणम्, महामंत्र का जाप भी करने लगा। हाँ भाई जी, तो एकाएक देखता हूँ कि वह लम्बी आकृति धीरे-धीरे छोटी होती जा रही है और उजली छाया के सिर पर काली टोपी भी स्पष्ट दिखाई दे रही थी। बस क्या था तुरन्त सेवक के मन में यह भावना उठी कि पूज्य जी ही तो आगे-आगे जा रहे हैं। इस सेवक के मार्गजन्य भय बाधा हटाने हेतु-दूर करने के लिए उन्हीं की लीला तो है। फिर यह सेवक निडर निर्भय होकर उस सधन बँसवाड़ी के बीचो-बीच चलते हुए मुख्य मार्ग पर आ गया। मुख्य मार्ग पर आते ही वह छाया वह आकृति भी अदृश्य हो गई। यह सेवक अपने आवास पर रात्रि के 9 बजे पहुँच गया।

आप क्या कहेंगे इसको? महाराज कहा करते थे कि अन्धविश्वास कभी नहीं करना चाहिए। अंधविश्वास अर्थात् सुनी हुई बातों पर विश्वास, जिसका कि आपको प्रत्यक्ष व्यवहारिक अनुभव नहीं हुआ हो। यदि घटना के साथ, आपको-प्रत्यक्ष व्यवहारिक आमने-सामने का अनुभव हो जाता है तो उसे दृढ़-विश्वास के रुप में मानना चाहिए। यही दृढ़-विश्वास साधना का मजबूत आधार स्तम्भ के रुप में बनता जाता है। सिर्फ दैनिक प्रार्थना में दुहराने से कुछ नहीं होता "कि दिन रात सोते-जागते प्रभु तुम हमारे साथ हो" बल्कि सम्पूर्ण श्रद्धा, अटल दृढ़-विश्वास के साथ यह महसूस करना होगा कि प्रभु जी-परमात्मा सद्‌गुरुदेव-हमेशा हमारे साथ रहते हैं-

दास दुखी तो मैं दुखी-उदत अस्त तिंहु काल।
पल में प्रगट होत हूँ-क्षण में करौं निहाल।।
गुरु के साथ होने का यकीं मुश्किल से होता है।
यदि गुरु साथ हैं हरदम, तो फिर यह बेकसी कैसी।

दूसरी घटनाः

हाँ भाई साहब सिंह जी, सुन रहे हैं न आप, इसी सिलसिले की दूसरी घटना सुनाता हूँ, जो इस सेवक के साथ प्रत्यक्ष घटित हुई है। वर्ष 1992 की घटना है। उस समय यह सेवक अपने गाँव में घर पर था। अपरांह में सूचना

मिली कि इसकी सासू माँ की तबियत बहुत खराब है। यह सुनते ही धर्मपत्नी जी बहुत परेशान हो गईं और बार-बार मुझको वहाँ जाने का आग्रह करने लगीं। इस सेवक ने किसी आदमी को भेजकर जानकारी लेने को कहा तो श्रीमती जी कुपित हो गईं। इसी उहापोह में साँयकाल हो गया। अन्ततः साईकिल उठाकर पूज्यपाद को स्मरण करते हुए-यह सेवक ने प्रस्थान किया। मार्ग में एक बरसाती नाला पड़ता था जो बरसात में लबालब पानी से भर जाता था। यह अषाढ़ का महीना था, दो दिन पहले ही भयँकर वर्षा हुई थी।

सेवक प्रस्थान कर नाला के किनारे पहुँचा तो देखा कि पानी लबालब-पूरा पाट भरा हुआ है। कम पानी होने पर तो सहज ही पार हो जाता। लेकिन इस भयंकर स्थिति में नाला पार करने में डूबने-बहने का डर था। नाव की व्यवस्था भी न थी इस संध्या काल में कोई आस-पास था भी नहीं, कि उसे पार करने का स्थान पूछा जाय। बड़ी असमंजस की स्थिति थी। न आगे बढ़ने की गुंजाइश न पीछे लौटने का। किंकर्त्तव्यविमूढ़ की स्थिति में खड़ा रहा। एकाएक मन में विचार कौंधा कि इस विषम परिस्थिति में क्यों न पूज्यपाद महाराज जी का स्मरण किया जाय। वे सर्व-समर्थ तो हरदम साथ रहते हैं। इतना विचार कर 'जय सद्‌गुरूदेव, जय पद्‌शरणम्' का मंत्र जपने लगा।

हाँ, तो सिंह साहब! अचानक नाला के उस पार एक 15-16 साल का लड़का प्रकट हो गया। उसने ग्रामीण भाषा में पूछा मालिक-उस पार जाना है? सेवक के हाँ कहते ही, उसने कहा कि आप जहाँ खड़े हैं, उससे दक्षिण दिशा में बढ़िये, वहाँ से आप नाला पार कर सकते हैं। यह सेवक उस अजनबी बालक के निर्देशानुसार आगे बढ़ने लगा। एक जगह रुक कर वह बोला कि अब आप पानी में उतर जाईये, मैं यहाँ खड़ा हूँ। यह सेवक पूज्यपाद जी को याद करते हुए नाला में उतर गया। पार हो गया। उस अजनबी बालक ने साईकिल ऊपर चढ़ाने में मेरी मदद की। जब ऊपर चढ़ने के बाद यह सेवक अपने भीगे वस्त्र को ठीक कर रहा था, तो उसी बीच वह अजनबी बालक अर्न्तध्यान हो गया। चलने को तैयार हुआ, सोचा उस बालक ने बहुत मदद किया है, कुछ पारिश्रमिक उसे दे दिया जाय। लेकिन आस-पास चारों तरफ देखा, कोई नजर नहीं आया।

हाँ, याद आ गई महाराज जी की अहैतुकी कृपा, जो इस सेवक पर तत्काल घटित हुआ था। फिर याद आई लाला जी महाराज के प्रसंग में वर्णित-बृजमोहन वचनामृत-पियूष बाणी में राम गंगा की भंवर लहर से उबरने बचाने की घटना। शरीर रोमांच हो आया। इस सुनसान-बियावान में सहचर-निर्देशक, पथ-प्रदर्शक, एक मात्र पूज्यपाद महाराज जी के सिवा और कौन हो सकता है? यह सोच कर दिल भर आया। इस महान अहैतुकी कृपा को याद कर सेवक ने अश्रुपूरित नैनों और गद्-गद् हृदय से पूज्यपाद जी को धन्यवाद दिया। वहाँ से लगभग एक घण्टे की यात्रा के बाद ससुराल पहुँचा। कहा गया है–

भरा समुन्दर इलाही, किश्ती बगैर कैसे अबूर होगा?
पकड़ सहारा कि दिल हो यकसूं, किनारा हासिल जरूर होगा।।

अपनों से अपनी बातः-

आदरणीय भाई सिंह साहब जी,

चूँकि यह अकथ कहानी का सिलसिला बहुत वृहद् है। यह अनुभव सैंतिस वर्षों का है। हम सभी साधक शिष्य इस अकथ कहानी के जीवन्त दस्तावेज के रूप में हैं। इस दस्तावेज अभिलेख के प्रत्येक दिन का कोरा पृष्ठ अपने सद्गुरु जीवन नौका के कर्णधार की याद में, ध्यान में, स्मरण में लिखा जा रहा है-रंगीन किया जा रहा है। कारण कि हम जो कल थे-उपदेश पूजा लेने के पहले वह आज नहीं हैं और जो हम आज हैं, वह कल (भविष्य) में नहीं रहेंगे। काल-चक्र सतत् गतिशील है। हम सब जाने-अनजाने उसी लक्ष्य की ओर चले जा रहे हैं, जो हमारे लिये नियति ने निर्धारित किया है। इस संदर्भ में पूज्यपाद महाराज जी का अन्तिम पत्र सेवक लिपिबद्ध करना चाहेगा जो आइने की तरह स्पष्ट है और साधनामय जीवन के लिए महत्त्वपूर्ण है। **महत्त्वपूर्ण पत्रोत्तर–**

जय सद्गुरूदेव जय पद शरणम्

दिल्ली-7

दिनांक 17-9-99

प्रिय बन्धुवर,

सप्रेम नमस्ते।

अत्र कुशलम् तत्रास्तु। आपका पत्र **6-9-99** का प्राप्त हुआ। समाचार जाना। कोई सन्त-महात्मा या फकीर किसी भी व्यक्ति की किस्मत नहीं पलट सकता, लेकिन उसके जीवन के संस्कारों को तरतीब दे सकता है, ताकि जीवन ठीक से व्यतीत हो जाये। हाँ! ईश्वर की कृपा से कभी-कभी सूली-सूल में बदल जाती है।

यह सेवक सिर्फ-प्रेम का भूखा है। प्रेम ही ईश्वर है। मनुष्य जीवन बड़े भाग्य से प्राप्त होता है। इसके लिए देवता भी तरसते हैं।

अस्तु, सत्संग के यम-नियम पालन करने से लाभ होता है। वेद भगवान कहते हैं जो मेरी याद में शरीर छोड़ता है, मोक्ष प्राप्त करता है। हमारी साधना 24 घण्टे परमात्मा की याद करने की होनी चाहिए।

परमात्मा तू ही है, तेरी इच्छा पूरी हो।

सबको यथायोग्य नमस्ते व आर्शीवाद।

आपका दासानुदास,

ह० यशपाल

यह पत्र पूज्यपाद जी का अन्तिम पत्र था। जो इस सेवक को उन्होंने एक पत्र के जबाब में दिया था। हो सकता है कि इसी आशय का जबाब उन्होंने और दूसरे सत्संगी भाइयों को भी दिया हो, लेकिन यह पत्र साधना-जगत में मील के पत्थर के समान है। इशारों-इशारों में उन्होंने संकेत कर दिया है कि हमें उनके द्वारा निर्दिष्ट, आहार की शुद्धि, विहार की शुद्धि, अभ्यास और वैराग्य-इत्यादि यम-नियम और आठ-आठ घण्टों में विभक्त 24 घण्टों की साधना-पद्धति के अनुसरण करते हुए, यदि 24 घण्टे परमात्मा

की याद में समय व्यतीत होता है तो वेद भगवान अर्थात गुरु भगवान की याद बनी रहेगी। इस अर्हिनिशि-सतत स्मरण का परिणाम होगा, अन्तिम समय पूज्यपाद का स्मरण, ईष्ट का स्मरण, ध्यान बना रहेगा-फिर मोक्ष की प्राप्ति। यही है मंत्र मूलम् गुरु कृपा। मोक्ष अर्थात जीव-शिव का मिलन हो जाना। फिर सांसारिक आवागमन जन्म-मृत्यु के चक्र से छुटकारा।

पूज्यपाद सद्‌गुरूदेव जी स्वयं में अपने आप में एक जिन्दा-किताब 'Living Book' थे। कहा जाता है जो ज्ञान सन्त-महात्माओं, सद्‌गुरुओं के हृदय में है, उतना ज्ञान वेद शास्त्र, उपनिषद एवं अन्य धार्मिक ग्रंथों में नहीं है और बातें धार्मिक आध्यात्मिक ग्रंथों में हैं, वे सारी बातें और उससे अधिक भी-संत महात्मा-समर्थ सद्‌गुरु के हृदय में विराजमान हैं।

आध्यात्मिक ज्ञान-आत्मा का ज्ञान-ईश्वरीय ज्ञान हमारे मन के विचारों को सिमटाव के लिए होता है न कि भटकाव के लिए। मन की विविध बर्हिमुखी वृत्तियों का निरोध, उन्हें अर्न्तमुखी बनाने का उपाय, नानत्व को एकत्व में सिमटाव करने हेतु मन की एकाग्रता, चित्त की एकाग्रता के लिए सत्संग, सतनाम एवं सद्‌गुरु का विधान किया गया है।

इस सेवक द्वारा भी विगत वर्ष में (**1983-2000**), लगभग **17** वर्षों तक उन्हीं के पवित्र चरणों में बैठकर, चरण धूलि को सिर पर धारण करते हुए, मन-वचन-कर्म से सर्वतोभावेन समर्पित करते हुए, उन्हीं के बतलाये हुए साधना मार्ग पर चलने का प्रयास किया है। जिस प्रकार एक छोटा बालक, जो अभी चलना सीख रहा है, उसको चलने के लिए, सिखाने हेतु, प्रोत्साहित करने के लिए, उसका पिता, उस बच्चे का हाथ पकड़ कर कदम-कदम डग भरना, चलना सिखाता है। ठीक उसी प्रकार इस अधम पतित सेवक को इसके समर्थवान, सर्वसमर्थ, परम दयालु-कृपालु सद्‌गुरुदेव-सत्य पिता ने अध्यात्म के इस दुरूह, कठिन, दुर्गम, दुसहः, मार्ग पर हाथ पकड़ कर डग भरना सिखाया है, दिशा बोध दिया है। मार्ग-निर्देशन किया है। सैकड़ों पत्र-पत्रोत्तर इसी मार्गदर्शन के साक्षी रुप हैं।

साधना के मार्ग में उत्पन्न होने वाले मायावी-सांसारिक विघ्न बाधाओं में भी उन महापुरुष ने अपनी छत्र-छाया प्रदान करके इसे सहज सुलभ और

सरस बना दिया। यह अकथ कहानी-उन्हीं समर्थ सद्गुरूदेव जी की अहैतुकी कृपा की गाथा के रुप में है। अन्यथा इस पतित सेवक में इतना सामर्थ्य कहाँ है, जो उनकी महिमा का वर्णन कर सके।

हाँ, भाई जी, अपने मार्गदर्शन के सिलसिले में उन्होंने इशारा किया था "कितनी भी ऊँची स्थिति क्यों न प्राप्त हो जाय, अपनी दैनिक साधना को कभी भी बन्द नहीं करना चाहिए। उस लामहदूद-असीमित-विराट-सर्वज्ञ-सर्व व्यापी-अनुभव गम्य परमात्मा को किसने जाना है। इस मार्ग में एक रोटी खाई और आधे की भूख बनी रहनी चाहिए। एक स्थान पर संतुष्ट होकर नहीं बैठ जाना चाहिए, जब तक की अभीष्ट लक्ष्य की प्राप्ति न हो जाय।"

यदि हम अभ्यास को छोड़कर, ऐसे ही संसार में विचरण करेंगे, तो मायामोह के थपेड़े में पड़ कर पतन की पूरी सम्भावना है। आध्यात्मिक प्रगति की मात्र एक झलक मात्र से ही हम पूर्ण सुरक्षित नहीं रह सकते हैं। हमें अपने नाम, यश से उन्मत्त नहीं होना चाहिए। हर समय ईश्वर का भय बना रहना चाहिए। एक बात और वे बताते थे कि हमें जिन्दा किताबें पढ़नी चाहिए। वे लाला जी महाराज एवं पूज्य दद्दा जी महाराज के साधना काल की एक घटना की बराबर चर्चा किया करते थे, जो बृजमोहन वचनामृत में अंकित है। आपने भी अपने संकलित पुस्तक में इसका उल्लेख किया है। आप स्वयं, एक अच्छे अनुभवी साधक हैं। पूज्यपाद के सम्पर्क-सानिध्य एवं निकटता पाकर आप, धन्य एवं कृत्य-कृत्य हो चुके हैं। इसलिए इस संबंध में आपको कुछ कहना सूर्य को दीपक दिखाने के समान होगा। अस्तु कुछ अनर्गल बातों का उल्लेख हो गया हो तो इस नादान को क्षमा करेंगे।

आपका कृपा पात्र

दुख हरण

8

मेरी आध्यात्मिक जीवन यात्रा

डॉ. राम प्रकाश शुक्ला, लखनऊ

बचपन व शिक्षा:

सेवक का जन्म ग्राम बाजपुर नकटौरा, जिला हरदोई (उ. प्र.) में हुआ (1950)। माता-पिता व परिवार धार्मिक विचारों का था। समाज में पिता ईमानदारी एवं सत्य निष्ठा के लिए जाने जाते थे और आस-पास के गाँवों में निष्पक्ष न्याय कराने के लिए बुलाये जाते थे। माता जी भी सामान्य ईश्वर परायण छल-कपट से रहित गृहणी थीं। कक्षा 1 से 12वीं तक यह मध्यम श्रेणी का विद्यार्थी रहा। जैसे-जैसे जीवन यात्रा आगे बढ़ी, ईश्वर में समझ तथा श्रद्धा बढ़ती गई। B.Sc. (Ag) तथा M.Sc (Ag) की डिग्रियाँ क्रमश: प्रथम श्रेणी व प्रथम स्थान के साथ पूरी हुई। साथ-साथ 1979 में Ph. D. की डिग्री भी पूरी करते ही बंगलौर और पंतनगर में कुछ दिन Research Fellow रहा। वर्ष 1978 में Indian Council ofAgricultural Research के agricultural Research Service (ARS) में चुने जाने पर बंगलौर, Horticulture Institute में वैज्ञानिक के पद पर नियुक्ति मिली। ईश्वर कृपा का भाव मन में दृढ़तर होता गया जो अंतत: प्रत्येक मंगलवार को हनुमान जी के नाम पर व्रत रखने लगा। बंगलौर में मिलिटरी की सर्विस से एक रिटायर्ड गृहस्थ संत श्री त्रिपुरारी लाल जी से मुलाकत हुई, जो हनुमान मंदिर में रामायण पर प्रवचन भी करते थे। चूँकि सब उन्हें गुरु जी कहते थे, मैं भी उन्हें गुरु जी कहने लगा। इस कार्य में रूचि इतनी बढ़ी कि यह अपनी कालोनी में भी रामायण के प्रोग्राम

आयोजित करवाने लगा। समय बीतता गया, **1983** में, इसका चुनाव वैज्ञानिक की अगली श्रेणी के लिए हो गया और पोस्टिंग नार्थ ईष्ट शिलांग के ICAR Research Complex के लिये हुआ, वहाँ चला गया। बंगलौर में हमारे बॉस, निदेशक डॉ. चड्ढा जी हमें, वहीं रूकने की सलाह दे रहे थे। स्वाभाविक रूप से आये परिवर्तन को ही मानना हमने उचित समझा।

शिलांग आने के बाद, संस्थान के ही वैज्ञानिक डॉ. अक्षयबर सिंह जी से मुलाकात हुई, जिनके यहाँ 'अखिल भारतीय सन्तमत सत्संग' संस्था का रविवार को सत्संग होता था। यह सत्संग ध्यान मार्ग का, गृहस्थियों के लिए था। सत्संग संस्था के संस्थापक दिल्ली निवासी गृहस्थ सन्त यशपाल (भाई साहब) जी महाराज थे। सत्संग में सपरिवार शामिल होने लगा। जो भी परिवार इस सत्संग से जुड़े थे, उनके आपसी व्यवहार बड़े प्रेममय लगते, जो एक विशेष आर्कषण की वजह बनी। वर्ष **1985** में, संस्थान के वैज्ञानिक डॉ. आर०पी० अवस्थी जी के साथ, यह परिवार सहित गोवा तथा बाम्बे, यल०टी०सी लेकर पर्यटन का प्रोगाम बनाया। डॉ. अक्षयबर सिंह जी के कहने पर ही हम लोग बाम्बे में एक सत्संगी भाई डॉ. बीरबल सिंह जी के साथ ठहरे। इनके यहाँ भी शिलांग की तरह इसी संस्था का सत्संग होता था। लगा ही नहीं कि हम इतने लोग किसी अपरिचित के यहाँ रुके हैं। बड़ी ही आत्मीयता व अपनत्व के अनुभव रहे। याद है कि डॉ. साहब के यहाँ रुकने के दिन पूरी रात ईश्वर चर्चा ही रही थी। गोवा जाते समय डॉ. बीरबल सिंह जी की सलाह व आग्रह रहा कि वहाँ हम ऐसे ही सत्संग केंन्द्र के संचालक श्री शिव शंकर मिश्रा जी के यहाँ ही ठहरें।

जब हम सब गोवा मिश्रा जी के यहाँ पहुँचे, तो उस समय रविवार का सत्संग चल रहा था। सत्संग समाप्त हुआ, प्रसाद वितरण के बाद मिश्रा जी ने एनाउंस किया कि आज यहाँ कुछ सत्संगी भाई लोग शिलांग से पधारे हैं, इस उपलक्ष में समुद्र के किनारे हम सब पिकनिक पर मिलेंगे। ऐसा ही हुआ, वहाँ भी सत्संग ही रहा। मुझे भी एक भजन कहने की प्रेरणा हुई, हालाँकि हमें भजन कहना आता नहीं था। मिश्रा जी की अनुमति मिली और यह 'श्रीरामचन्द्र कृपालु भजुमन हरण भव भयदारुणम.....' की कुछ पंक्तियाँ ही कह पाया।

भजन करते समय हमेशा हमारे मन में घर में टंगी भगवान राम की फोटो का चित्र आ जाता था, लेकिन आज भाई साहब जी की छवि भी साथ-साथ स्पष्ट रूप में दिखती रही। हालाँकि मैं कभी उनसे मिला नहीं था। मेरी आँखों से अश्रुधारा भी बह रही थी।

गोवा से वापसी हुई, 16 जनवरी 1985, रात 10 बजे हम सब बॉम्बे रेलवे स्टेशन पहुँचे। अवस्थी जी के ही आग्रह पर वहीं स्टेशन पर खाना खाया गया। हाँलाकि डॉ. बी० बी० सिंह हम सबके साथ खाने का इंतजार कर रहे थे। बम्बई भण्डारा के लिए पधारे भाई साहब जी का, डॉ. साहब के यहाँ इसी रात्रि सायँ भोज था और हम लोगों का इंतजार हो रहा था। स्टेशन से जब हम सब डॉ. साहब के यहाँ पहुँचे, तो भाई साहब जी जा चुके थे। सेवक को बहुत दुख हुआ। जाते समय भाई साहब जी कह गये थे कि शिलांग से पधारे भाई-बहन कल दोपहर लंच पर सेठ यमुना दास के यहाँ आमन्त्रित हैं।

अगले रोज 17 जनवरी की सुबह, लंच पर जाते समय सेवक के मन में एकदम ऐसा विचार आया कि हमें पूजा (दीक्षा) लेनी है और अपने आप व्रत रख लिया। धर्मपत्नी ने कहा कि आपका निर्णय एकदम होता है। उन्होंने कहा कि हमें भी तो पूजा लेनी है, हमने कहा कि आपकी अपनी मर्जी। जब हम सेठ जी के यहाँ पहुँचे तो भाई साहब जी आ चुके थे। डॉ. सिंह ने ईशारा किया कि भाई साहब जी यही हैं, मैंने दण्डवत प्रणाम किया। आपने पीठ पर हाथ फेरा तो आपका हाथ वजनी और करेंट सा लगा। डॉ. साहब ने हमसे पूछा कि क्या आप पूजा लेना चाहते हैं, इसने हाँ कहा। आपने भाई साहब जी से बात की। भाई साहब जी ने सहमति देते हुए कहा कि पहले पूजा होगी, फिर लंच किया जायेगा। पूजा में बैठते समय, हमने साहब को माला पहनाई, आपने सामने बैठने को कहा। आपने पूछा कि आपके ईष्ट कौन हैं? भगवान राम की बात बताई। फिर बोले हम लोग-अपने अपने ईष्ट का ध्यान करेंगे। विचार आया कि हमने तो कभी ध्यान किया ही नहीं है, लेकिन आँखे अपने आप बन्द हों गई, शरीर में कंपन हुआ फिर भगवान राम की मूर्ति जो हमारे घर में है सामने बहुत चमकती हुई आई और उसमें से एक ज्वाला सी उठी और उसी में पूज्य भाई साहब जी समा गये। ऐसा लगने लगा कि आप हृदय

में विराजमान हैं। अब ध्यान में पूज्य भाई साहब जी ही दिखने लगे। थोड़ी देर में होश आया तो इसने साहब से कहा कि इसकी पत्नी भी पूजा लेना चाहती हैं। आप बोले पहले बताते तो एक साथ ही हो जाता। खैर पत्नी को बुलवाया गया। उनके साथ फिर हम सब ध्यान में बैठे। आपने हम दोनों को पूजा देकर अनुग्रहित कर दिया। भोजनोपरांत हम सब पवई जहाँ भण्डारा होना था वहाँ पहुँच गये।

प्रारंभिक अनुभवः

भण्डारे में ध्यान गुरु चरणों में ही लगा रहता। रात्रि में शान्तिपाठ में बैठा तो माला बार-बार छूट जाती। ध्यान में 'श्री राम' की जगह गुरु (भाई साहब) का चित्र आता और बहुत तेज प्रकाश दिखता। आज से ही हमने आपको ही ईष्ट मान लिया और जब भी ध्यान करता, एक प्रकाश की तेज धार हृदय में प्रवेश करती मालूम होती। ऐसे में अर्ज किया कि मेरा मस्तक आपके चरणों में हमेशा के लिए झुका रहे।

17 जनवरी 1985 के दिन सेवक को पूजा मिली थी जो भाई साहब जी के सद्‌गुरूदेव का निर्वाण दिवस है, इस दिन पूजा मिलना यह बहुत गौरव की बात मानता है। इसके बाद तो अनुभवों की लम्बी कहानी है जो यहाँ व्यक्त करना उचित नहीं होगा। यहाँ तक के अनुभव के आधार पर, मुझे लगा कि कानपुर से बंगलौर तबादला केवल आध्यात्मिक शिक्षा और सत्‌गुरू मिलन के लिए ही हुआ था। क्योंकि बंगलौर में इससे ऊपर की शिक्षा नहीं हो सकती थी, शिलांग जाना पड़ा और यहीं हमें 'सत्‌गुरू' की प्राप्ति हुई। हम सब प्रकृति के ही अंग हैं, यह स्वाभाविक व्यवस्था है। बात संस्कार, समझने, व मानने की लगती है और फिर गुरू (तत्व) कृपा की। अपना (मैं) का कोई बस नहीं, स्वचालित प्रक्रिया! सदगुरु भी साधकों को खोजते व व्यवस्था बनाते हैं। योगानन्द जी की पुस्तक 'योगी कथामृत' में इस विधान का बड़ा ही स्पष्ट वर्णन मिलता है। ऐसे अनुभव, गीता शास्त्र की बात जो हुआ अच्छा हुआ, जो हो रहा है अच्छा हो रहा है, जो होगा अच्छा होगा की बात की पुष्टि करते हैं, अनुभव सार गर्भित होते हैं, जिसे अध्यात्म मार्ग का साधक, अपने

ही अनुभवों के विश्लेषण से समझ सकता है। इंसान भगवान के हाथ का यंत्र है, कर्त्ता धर्त्ता भगवान है, की बात बहुत अनुभव के बाद ही कही गई है। यह सब अध्यात्म विज्ञान की बातें हैं।

यशपाल जी एक अद्‌भुत सन्तः-

मेरी समझ व अनुभव के अनुसार, सन्त यशपाल जी आधुनिक काल के सर्वोपरि गृहस्थ सन्त हुए जिन्होंने गृहस्थ में अध्यात्म साधना हेतु अनुभव आधारित 'आनन्दयोग' साधन पद्धति की संरचना की, प्रचार किया और बहुतों को इस मार्ग की साधना में दीक्षित किया। आपको 'आधुनिक कबीर' कहना अतिशयोक्ति न होगी। इस पद्धति की विशेषता यह है कि साधक केवल अपनी दिनचर्या का खाली समय लगा कर एक ईष्ट के सहारे जीवन यात्रा करते हुए, दिन के हर समय ईश्वर की याद में रहते हुए, इसी जीवन काल में ही जीवन मुक्त अवस्था प्राप्त कर सकता है। ऐसे साधक के दुनियावी कार्य भी अच्छे और अच्छे होते चले जाते हैं। वास्तव में, ऐसे साधक के पास दो ही कार्य रह जाते हैं–स्वधर्म पालन या फिर ईश्वर की याद। सेवक के अनुभव जीवन यात्रा में स्वतः ही सामान्य प्रक्रिया में संयुक्त निदेशक का पद मिलना और तमाम अनुभव 'ईश्वर इच्छा ही प्रिवेल करती है' के उदाहरण हैं। जीवन यात्रा में आती हर परिस्थिति एक अवसर के समान लगने लगती है न हर्ष न विषाद, सब प्रभु इच्छा ही भासती है। यह है अध्यात्म की खूबी और गुरू कृपा। गुरूदेव जी ने महामंत्र 'परमात्मा तू ही है, तेरी इच्छा पूर्ण होने' के यथार्थ के महत्त्व का ज्ञान व अनुभव, इस सेवक को कराया, जो अनुभव गम्य है, वर्णन नहीं किया जा सकता। खास बात यह है कि हमें अपना जीवन ईश्वरमय बनाने का प्रयास करना चाहिए। समाज के लिए हम उपयोगी साबित होंगे, प्रभु की बनाई इस सृष्टि को सँवारने में कुछ योगदान कर सकेंगे। सद्‌गुरूदेव जी के शरण मिलने के बाद अब तक की (2022) जीवन यात्रा में परम हंस रामकृष्ण जी की कही बात कि 'परमात्मा चाहे तो सुई के नकुए से ऊँट निकाल दे' के यथार्थ को अनुभवों में सत्य पाया है। काश आज का समाज अध्यात्मिक विज्ञान की ओर मुड़ सके तो दुनिया की शक्ल प्रेममय हो जाय।

अंत में यह अपने रिसर्च के अनुभवों का उल्लेख करते हुए कहना चाहेगा कि इसके छोटे-छोटे रेसर्च की बातें तो लगती मामूली ही थीं लेकिन किसानों के लिए ऐसी लाभकारी होतीं, जिसका पहले अंदाजा लगाना इसके लिए कठिन होता। अपने स्वभाव के अनुसार यह प्राप्त सरकारी कार्य के प्रति पूर्ण समर्पण भाव रखता था, जो कुछ आधिकारियों को पसंद न होता लेकिन उसका परिणाम देखकर वे खुश होते। कितनों का तो व्यवहार इसके प्रति नकारात्मकता से सकारात्मक होता पाया गया। ईश्वर कृपा से मेरे मातहत सहयोगी, सभी अच्छे ही मिलते गये। कहने का तात्पर्य है कि ईश्वरमय जीवन में लाभ ही लाभ है और ऐसे लाभ प्रतिफल रुप में सरल-सहज व शान्तिमय तनाव रहित जीवन यात्रा कराने में सहायक होते हैं।

शिलांग मे रहते हुए, सेवक का चुनाव उसी रीजन में, संस्था के रिसर्च सेन्टर, मीजोराम में संयुक्त निदेशक (Joint Director) के पद पर हो गया। वहाँ से तबादले पर (1990), मैंगो रेसर्च इन्स्टीट्यूट, लखनऊ आया और यहीं से वर्ष 2011 में सेवा निवृत्त हुआ।

आध्यात्मिक जीवनः

सहज-सहज की ईश्वरोपासना, जीवन यात्रा का अभिन्न अंग रहा जिसमें दिनचर्या के बीच के खाली समय का सदुपयोग, सत्संग कार्य में होता रहा। बंगलौर में सर्विस के दरमियान, मिलटरी काम्पलेक्स के मंदिर में, सेवा निवृत्त गृहस्थ संत श्री त्रिपुरारी लाल जी से मुलाकात और शिलांग आने के बाद परम पूज्य भाई साहब जी से दीक्षा प्राप्त होना, हम दंपति पर ईश्वर की बहुत बड़ी कृपा रही। अब जीवन के 73वें वर्ष के पड़ाव पर इस 'आनन्दयोग साधना' सिलसिले के आदि गुरु, हिन्दू गृहस्थ सूफी सन्त महात्मा रामचन्द्र जी महाराज (लाला जी महाराज) की बात कि 'यही जाना कुछ नहीं जाना' की याद आती है। लेकिन इस संसार की विषम परिस्थितियों में जीवन यात्रा सुखद ही कहूँगा। यही लगता है कि 'लड्डू खाने से ही मतलब होना चाहिए, कैसे बनता है के फेर में पड़ने से कोई लाभ नहीं'। आध्यात्मिक जीवन अनुभव व उससे शिक्षा लेते हुए आगे बढ़ने का है, उधेड़-बुन का नहीं। मुख्य बात है, स्वधर्म पालन, जो काम सहज में प्राप्त है, उसे निष्ठा व सच्चाई के साथ

करना। हाथ काम में, मन परमात्मा की याद में। इसी तरह की जीवन यात्रा अतीत में राजा जनक की थी, महात्मा कबीर की थी और तमाम गृहस्थों की भी रही। यही हमारे गुरूदेव यशपाल जी ने स्वयं एक साधक की तरह रहते हुए हम तमाम भाईयों को अनुभव कराया। इस साधना की कुछ बातें जिन से यह प्रभावित हुआ, यहाँ बताना, उपयुक्त होगा।

भाई साहब जी के प्रवचन से:

1. दिन के 24 घण्टे परमात्मा की याद में रहने के तीन स्टेप में ध्यान, साधना, विधि और वह केवल दिनचर्या के बीच का खाली समय लगा कर।
2. सोने के पहले निष्काम कर्म करने की साधना, आत्म-निरीक्षण (Self-introspection) के माध्यम से।
3. केवल आँख और जुबान पर कंट्रोल करके, दस इंद्रियों को काबू में लाने की विधि।
4. आज की प्लानिंग करना और उस पर चलना।
5. अपने साधना के अनुभव से, स्वयँ सुधार की टिक डायरी का कानसेप्ट का सुझाव। इस साधना का प्रैक्टिल अनुभव जो सेवक ने किया।
6. स्वयं के अनुभव से, आपके इस कथन की पुष्टि की जिनके विश्वास कायम रहेंगे, उनके लिए यह सेवक आज की तरह हमेशा उपलब्ध रहेगा।
7. गुरु के साथ होने का यकीं मुश्किल से होता है, गुरू साथ हैं तो बेकसी कैसी के अनुभव। कदम-कदम पर आज भी इस कहावत की सत्यता के अनुभव।

निष्कर्ष:

जीवन एक रहस्य है। हम चमत्कार देखने के लिये लालायित रहते हैं। ऐसे चमत्कारों का मतलब परमात्मा (एक ईष्ट) में निष्ठा/ विश्वास बने रहने के लिये साधक का उत्साहवर्धन (incentives) हैं। संस्कार के अनुसार सबके

अनुभव व चमत्कारिक बातें अलग-अलग होती हैं। साधना में सारा खेल ध्यान बनने का है। यही अवस्था हमें अपना ज्ञान कराती है कि हम क्या हैं? सब हमी हैं की बात हमारे गुरदेव कहते थे। इस बात का अनुभव आपके साथ 15 वर्ष के सानिध्य में, हमने आपके अनुयायिओं के बीच, आपसी व औरों के प्रति विकसित होते निःस्वार्थ प्रेम व व्यवहार के रुप में देखा। सब यही समझते थे कि महाराज जी सबसे ज्यादा हमें ही प्यार करते हैं। सच्चा अध्यात्म पाना दुर्लभ है। जब आप कभी मौज में होते तो कहते कि परमात्मा के चाहने वाले बहुत कम होते हैं। यह जो आप भीड़ देख रहे हो, इसमें बस मुश्किल से इतने होंगे, जिन्हें ऊँगलियों पर गिना जा सकता है। फिर भी अच्छा है कि रास्ते में लगे है, कभी न कभी सफल होंगे ही। आप अक्सर कहते, इस मुकाबले की चीज (साधन-पद्धति) इस समय संसार में नहीं है। सेवक इस बात को शतप्रतिशत अपने स्वाध्यायी व साधनात्मक अनुभव के आधार पर सही पाता है 'न हींग लगे न फिटकरी, माल चोखा का चोखा'। आप पक्के स्वपोषित गृहस्थ व ऐसे साधक रहे कि 'न चन्दा न निन्दा', ईश्वर इच्छा में विश्वास और निष्काम कर्म पर आरुढ़ रहे। आपसे कुछ न हुआ, जो किया आपके गुरु महाराज महात्मा बृजमोहन लाल (दद्दा) जी ने किया। बिल्कुल वही विवेकानन्द जी वाली समझ व कहानी।

भाई साहब जी का जीवन कबीर दास जी का जीवन रहा है। परमात्मा चाहेंगे तो आनन्द-योग साधन-पद्धति आगे आने वाले समय में, पूरे मानवता को सच्चा इंसान बनने में सहायक साबित होगी। यह साधन-पद्धति पूर्ण रूप से धर्म-निरपेक्ष है। परमात्मा तू ही तेरी इच्छा पूरी हो।

9

तब और अब

– जे० पी० अग्रवाल, फरीदाबाद

मैं कोई लेखक नहीं हूँ। लेकिन क्या कहें अपने प्रिय मित्र सत्संगी भाई डॉ. अक्षयबर सिंह को, जिन्होंने मुझे बार-बार कह कर यह लिखने को बाध्य ही कर दिया। मेरी कहानी भी अजीब है! साधारण सामान्य जीवन यात्रा हो रही थी, भाग्य ने वर्ष 1980 में गृहस्थ संत महात्मा यशपाल (भाई साहब) जी से मिला दिया। धीरे-धीरे जीवनचर्या में बदलाव आया कि दो ही काम रह गये, या तो नौकरी या फिर खाली समय में सत्संग। भाई साहब का साथ मिलने से धीरे-धीरे, सारे लन्द-फन्द छूट गये। आपके माध्यम से उदभित् सत्संग संस्था 'अखिल भारतीय सन्तमत सत्संग' का विकास हो रहा था, उसी कार्य में सहयोग करने लगा। सिविल इंजीनियर होने की वजह से निर्माण के कार्य में आवश्यकतानुसार देखभाल करता। डॉ. सिंह भी ऐसे ही थे जो भूमि, जल व पर्यावरण से सम्बन्धित कार्यो में लगे रहते। सेवा निवृत्ति के बाद भाई साहब जी की प्रेरणा से स्थापित हाउस बिल्डिंग को-ऑपरेटिव सोसायटी में हम लोग प्लाट लेकर मकान बना कर रहने लगे, पड़ोसी हो गये। सत्संग व संस्था के विकास के अलावा कोई काम ही न रहा। भाई साहब जी के साथ हुए अनुभवों की आपस में खूब चर्चा होती। डॉ. सिंह लेखक रहे, हमारे साथ हुए अनुभवों को भी जो हमने साझा किया, इन्होंने अपनी संकलित पुस्तक 'गृहस्थ जीवन में अध्यात्म'-संत यशपाल कथनामृत, में विस्तार से दिया है।

कहावत है 'सब दिन जात न एक समान' तथा जो होता है अच्छे के लिए होता है कहावतें तभी समझ में आती हैं जब हम अपने स्वयं के अनुभवों का अध्ययन करते, सीख लेते व विश्लेषण करते हुए जीवन यात्रा करते हैं। सत्संग संस्था का विकास भी भाई साहब जी अनुभवों के आधार पर कर रहे थे 'आवश्यकतानुसार विकास' तथा 'न चन्दा न निन्दा', न कि किसी प्लानिंग के तहत। उदाहरण के लिए, स्कूल में, बच्चों की संख्या बढ़ने के साथ-साथ कमरे बनते व जुड़ते गये। भाई साहब जी के साथ जो विशेष बात इसने अनुभव किया वह थी, आपकी स्वपोषित रोजी-रोटी और आत्मनिर्भर जीवन यापन। ऐसे ही, सिलसिले के सूफी संतों का भी रहा है। अपने अनुयायियों से उनकी केवल एक ही अपेक्षा रहती थी और वह थी महीने में एक पत्र। डॉ. सिंह लिखते हैं कि यदि भाई साहब जी के साथ वे अपने आर्थिक सम्बन्धों का लेखा-जोखा करें, तो यह कभी उऋण नहीं हो सकता। याद आते हैं वह दिन जब यह दिल्ली टूर के दरमियान बीमार हो गये और भाई साहब जी ने इन्हें 15 दिन अपने यहाँ रोक लिया। हालांकि, इनके साथ एक सज्जन और भी थे, लेकिन मैं दिल्ली आया था, साहब ने कुछ न कुछ बहाना बनाकर, मुझे भी रोके रखा। उस बीच सिंह साहब से मेरी काफी घनिष्टता भी बढ़ी। भाई साहब व माता जी हम सबको अपने परिवार का ही सदस्य मानते थे। किसी छोटे से पैसे के लेन देने में, जो सिंह साहब नहीं ले रहे थे, बड़ी जद्दोजहद के बाद लेना ही पड़ा। इन्हें बुरा न लगे, भाई साहब ने कहा कि भाई हमें मर्यादाओं का पालन करना चाहिए। मेरे लिए आप और अवधेश (आपके पुत्र) में कोई फर्क नहीं है जैसे वे, वैसे आप। दिल्ली में कभी लोकल बसों में यदि आपके साथ गये, तो हमारा टिकट आप ही लेते।

भाई साहब जी का सिलसिला महात्मा रामचन्द्र जी महाराज (लाला जी) से था। उनके बारे में, 'दिव्य क्रांति की कहानी' पुस्तक में आया है-"महर्षि अरविन्द एवं श्री माँ ने शक्तिपात को दृष्टिपात से संभव किया था, किन्तु उनका यह प्रयोग भी मानव तक ही सीमित था। पूज्य लाला जी महाराज ने काकभुशुण्डि के आश्रम के अनुकूल इस प्रयोग का मानव के अतिरिक्त प्रकृति एवं भूमि तक विस्तार किया। गाजीपुर के दिलदार नगर व रावटी

(रतलाम) की भू-स्थलियाँ को ही उन्होंने शक्तिपात से ऐसा शक्ति सम्पन्न बना दिया कि उन स्थानों की भूमि, वनस्पतियाँ इत्यादि सभी दिव्य प्रकाश से प्रदीप्त हो गये और ऐसा प्रभाव पड़ा कि वहाँ का घर-घर धार्मिक विचारों से ओत-प्रोत हो गया, तथा प्रत्येक निवासी सत्संग में सम्मिलित हुआ। यह अभिनव प्रयोग आध्यात्मिक जगत की अभूतपूर्व क्रांति रही है"। भाई साहब जी के समय में, अनंगपुर गाँव में संस्था के आश्रम का अस्तित्व में आना कुछ ऐसे ही अनुभवों की कहानी रही है। इसका अनुभव हम लोग बखूबी किये जो आपके साथ विकास कार्यों में सहकर्मी रहे या सोसायटी में मकान बना कर वर्ष 2010 तक रहे, जब तक माता जी (भाई साहब जी की पत्नी, श्रीमती रूपवती देवी जी) संरक्षक रहीं। आपकी ढलती उम्र की वजह से, आश्रम के तौर-तरीकों में बदलाव के चिन्ह तो वर्ष 2005 से ही दिखने लगे थे, लेकिन माता जी के परदा लेने के बाद बड़ी तेजी से बदलाव आये कि कुछ लोग, बड़े सहज ढंग से आश्रम व सोसायटी छोड़ने लगे। आखिर वर्ष 2015 में, एक दिन हमलोग भी अपना कुछ सामान ले, मकान में ताला लगाकर, फरीदाबाद किराये के मकान में शिफ्ट हो गये। नियमित सत्संग छूट ही गया था, रह गया था सिर्फ भाई साहब जी की बताई पद्धति का सुबह-शाम, आधे-आधे घण्टे की पूजा, जो ध्यान (meditation) के रुप में होती रही और गुरु कृपा से आज भी बरकरार है। निवास स्थान बदल देने के 2 माह बाद पता चला कि मेरे मकान में चोरी हो गई है। पुलिस की मदद से निकेतन में दाखिल हुआ, देखा कि चोरी तो हुई थी, इसके अलावा घर का सारा सामान बाहर निकाल कर जला दिया गया था। कोई चारा न था, धर्मानुकूल जीवन यात्रा में अन्याय के खिलाफ खड़ा होने की बात, शास्त्र भी कहते हैं। संस्था के संरक्षक महोदय के खिलाफ थाने में F.I.R करानी पड़ी। यहीं से प्रारम्भ होती है हमारे जीवन यात्रा के अध्यात्म साधना के महाभारत रूपी समाज में हो रहे युद्ध या संघर्ष की, जिससे हमलोग रोज रू-ब-रू होते रहते हैं।

मुझे यह भाई साहब जी और परमात्मा का खेल लगता है। क्यों? यदि मैं अपने मानसिक स्वास्थ्य या आध्यात्मिक स्थिति (तनाव रहित जीवन यात्रा) का मूल्यांकन करूँ तो वह भाई साहब जी के साथ रहते जैसा था, उससे कहीं

ज्यादा आज बेहतर पाता हूँ। आप कहते थे कि 'खुदा भला करे उनका जो दिल दुखाते हैं' कि स्थिति का आभास रहता है। अब तो वह प्रथम F.I.R. का दायरा काफी बढ़ गया है, कुछ और विस्थापित भाई धर्म युद्ध में साथ आ गये हैं, मामला हाईकोर्ट तक पहुँच गया है, जैसा जो सामने आता है जो हो पाता है करते हैं। बड़ी व्यवहारिक तथा स्वाभाविक स्थिति 'न किसी से बैर न किसी से दोस्ती' जैसी हालत है। भाई साहब जी की मौजूदगी का एहसास बना रहता है। आप कहा करते थे कि 'जिन भाइयों के विश्वास कायम रहेंगे सेवक उनके लिये हमेशा जिन्दा रहेगा।' यह एकदम सच पाता हूँ। हमारे शास्त्रों में आई आध्यात्मिक शिक्षा उतनी ही सही है, जितनी यह भौतिक विज्ञान की बातें।'

इस लेख का शीर्षक 'तब और अब' आध्यात्मिक साधना के परिपेक्ष्य में, विचार में आया। भाई साहब जी ने, गृहस्थ में रहते हुए, जीवन-चर्या के खाली समय को लगाकर जीवन में परमात्मा के नाम को जोड़ने की साधन पद्धति आनन्दयोग के नाम से प्रतिपादित की थी। जीवन यात्रा की इस विषम परिस्थितियों में, महाभारत के समय की बातें, जो गीता शास्त्र में आई हैं, का सुन्दर अनुभव समय के साथ-साथ हो रहा है। 'इंसान जो चाहता है वह होता नहीं, और जो होता है अच्छा ही होता है'। यह कहावत मेरे अनुभव से लगता है कि यह हर एक पर लागू होती है, और सकारात्मक रुख बनाये रखने तथा गुरु कृपा से, इसका अनुभव किया जा सकता है। एक दिन वाट्सअप पर गुरु कृपा पर आया पोस्ट पढ़ा, जिससे गुरु कृपा की सही समझ बनी जो इसे हृदयग्राही लगी। उपरोक्त संदर्भ में यहाँ उसे उद्धतृ करना उपयुक्त लगता है-

-जीवन में सबकुछ पा लेना गुरु कृपा नहीं है। वरन कुछ भी पाने की चाह न रखना गुरु कृपा है।

-जीवन में धन, दौलत, नाम, यश, शोहरत, पद, प्रतिष्ठा, गौरव सफलता, समृद्धि और प्रसन्नता मिल जाना, यह गुरु कृपा नहीं है। वरन इन चीजों की जीवन में निरर्थकता का आभास हो जाना गुरु कृपा है।

-जीवन में किसी चाह का बाकी रहना, यह गुरु कृपा नहीं है। वरन हर तरह की सांसारिक चाह खत्म होकर जीते जी मर जाना ही गुरु कृपा है।

–जीवन के हालात बदलने की कोशिश या इच्छा रखना या जीवन के हालात बदल जाना यह गुरु कृपा नहीं है। वरन् जीवन जिस भी हाल में है, उसी हाल में खुश रहना ही गुरु कृपा है।

–जीवन में कष्ट न आना, यह गुरु कृपा नहीं है। जीवन में आये कष्टों को पूरे धैर्य, शांति, गंभीरता के साथ सहन करना यह गुरु कृपा है।

–भजन कीर्तन करना, गुरुजनों के प्रवचन सुनना यह गुरु कृपा नहीं है। गुरुजनों के प्रवचनों को जीवन में उतारने का प्रयास करना ही गुरु कृपा है।

–सत्संग में जाना, यह गुरुकृपा नहीं है। जीवन सत्संगी हो जाना, यह गुरु कृपा है।

जाने–अनजाने, यह इच्छा रहित, अध्यात्म पथ का साधक रहा है, भाई साहब जी ने गुरुकृपा का आभास करा ही दिया है, जिसे यह असली सुख मानता व अनुभव करता है। आपके ही लिखे 'प्रवृत्ति में निवृत्ति, गृहस्थ धर्म का गीता भाष्य' में पढ़ा था 'मनुष्य में मौजूद सद्वृत्तियाँ (पाण्डव) स्वयं अपनी शक्ति द्वारा क्रूर वृत्तियों (कौरवों) पर विजय पाने में सर्वदा असमर्थ ही रहती हैं और जीव सदा त्रास भोगते रहते हैं। परन्तु जब यह पांडव भगवान श्री कृष्ण (ईष्टदेव) की शरण में जाते हैं और सहारा लेते हैं तथा भगवान श्री कृष्ण (इष्टदेव) उनका सारथ्य (मार्गदर्शन) स्वीकार करते हैं, तभी यह पाण्डव कौरवों को परास्त कर विजयी होते हैं और मनुष्य इस संसार में वैभव तथा आध्यात्मिक जीवन में परमानन्द और परम शान्ति को प्राप्त करते हैं। साधक कैसे, इस स्थिति को प्राप्त करे, महात्मा यशपाल जी ने आनन्द योग साधन पद्धति, सिलसिले के सूफी संतों की शिक्षाओं व स्वानुभव से विकसित की और समाज के लाभार्थ ईश्वर इच्छा से एक अद्‌भुत शिक्षा तंत्र (सत्संग संस्था, हाऊसिंग सोसायटी व स्कूल) अस्तित्व में आया। लेकिन अंततोगत्वा, ईश्वर इच्छा ही प्रिवेल (prevail) करती है। यहाँ ईश्वर इच्छा के मर्म को समझने के लिए, मजीद कुरान में आई यह बात अच्छा खुलासा करती है "इंसान को दुनियाँ में परीक्षा के लिये पैदा किया है और परीक्षा के उद्देश्य से यह बात खुद उस पर छोड़ी गई है कि वह सत्य मार्ग की ओर जाना चाहता

है या गुमराही की ओर। अगर वह खुद ही पथ भ्रष्ट होना चाहे तो अल्लाह अपनी इच्छा से उसको सत्य मार्ग पर चलने को बाध्य नहीं करता"।

भाई साहब जी द्वारा प्रतिपादित 'गृहस्थ में अध्यात्म साधना पद्धति' संभवतः आज के समय के लिए, हमारे शास्त्रों का व्यवहारिक सरलतम प्रारूप है। यहाँ भाई साहब जी की साधन-पद्धति की कुछ मुख्य बातें जो सेवक के जीवन के आध्यात्मिक विकास में सहायक रहीं उन्हें यहाँ उद्धत करना उचित लगता है-

1. आधुनिक काल में श्री रामचन्द्र जी (लाला जी महाराज) पहले हिन्दू संत थे जिन्हें यह तरीकत मिली। वह कहते थे-

'अव्वले मां आखिरे हर मुस्तहीस्थ। आखिरे मां जेबे तमन्ना तिहीस्त।।'

योग साधन में आम तौर पर कड़ी मेहनत, रियाजत, यम-नियम आदि कठोर साधना या तपस्या के पश्चात अंत में सुषुप्ति व समाधी की जो उच्चावस्थायें प्राप्त करके सफर समाप्त समझ लिया जाता है, उन अवस्थाओं को आनन्द-योग साधना में शुरु से ही ले लिया जाता है और यहीं से सुरत शब्द योग द्वारा इस मार्ग का आरम्भ होता है अर्थात जहाँ लोग अंत समझते है वहाँ से आनन्द-योग का सफर शुरु होता है। जिस स्थान को वहाँ पर शान्तिपद बना माना जाता है उस पर यहाँ साधक की जेबें सारी आशाओं और तमन्नाओं से खाली होती हैं (संरक्षक का संदेश, पे. ११६, १९९७)।

भाई साहब जी आनन्द योग साधन पद्धति पर कहते थे।

'अजब सिलसिला है सलारे हक का कि ले जाते हैं परदे में हरम तक'

गुरु के शरण व फज़्ल से अभ्यासी के जज्बात में उतार-चढ़ाव में सहूलियत आती है, अहंकार नहीं होने पाता क्योंकि गुरु उसको अपने मुकामों से बेखबर रखता है। भगवत गीता के अध्याय 2 के अन्तिम श्लोक का निरूपण करते हुए, महात्मा यशपाल जी लिखते हैं, ईश्वरीय कृपा व सद्‌गुरु अनुकम्पा से जब साधक को आत्मिक उड़ान प्राप्त होती है और वह दिव्य दृष्टि प्राप्त कर अपने सूक्ष्म शरीर और अपनी विश्वव्यापी आत्मा का अनुभव ज्ञान प्राप्त कर लेता है तो उसका मन उस आत्मज्ञान से सदैव ओतप्रोत रहता

है। इस स्थिति को प्राप्त होकर योगी (साधक) फिर सांसारिक विषय-वासनाओं के मोह जाल में नहीं फँसता। वह इस संसार में रहते हुए, सब काम धर्मानुकूल करते हुए, निरन्तर सहज समाधि में मग्न रहता हुआ जीवन-मुक्त होकर विचरता है। अन्तकालेपि, अन्तकाल में (शरीर छोड़ते समय) भी स्थिति-प्रज्ञ की यह अवस्था अटल बनी रहती है और वह जन्म-मरण के बन्धन से मुक्त हो जाता है। ज्योति से ज्योति एकाकार हो जाती है। कभी-कभी ऐसा भी होता है कि सारे जीवनभर साधक परमात्मा और सद्‌गुरु में सच्चे विश्वास के साथ साधन में तत्पर रहता है। निरन्तर परमात्मा के चिन्तन में अपने मन को लगाये रहता है पर आत्मा का अनुभव ज्ञान (आत्म-साक्षात्कार) प्राप्त नहीं होता। परमात्मा की विशेष कृपा ऐसे जीव पर जब होती है तो अन्तकाल में उसके चक्र ज्वालामुखी की तरह एक साथ जागृत हो जाते हैं और आत्म-साक्षात्कार के साथ-साथ उसकी आत्मा अपने सच्चे स्वरूप में विलीन हो जाती है, फिर उसे जन्म नहीं लेना पड़ता। (गीता सुधा अध्याय 2 पे. 160)

भाई साहब अक्सर अपने गुरूदेव की यह बात बताते "हम एक नई दुनिया, एक नया आसमान बनाना चाहते हैं जहाँ सच्चे प्रेम का वायुमण्डल हो। बनावट, चालाकी, छल व असत्य हम लोगों को छू तक न जाये। हम भाइयों में अटूट प्रेम हो, सरल, सुन्दर, निष्कपट हमारा सीधा सच्चा व्यवहार हो जिसे देखकर दूसरे लोग हमारी ओर आयें। अगर यही नहीं होगा, खाली बातों को सुनकर लोग गुरु की जाँच करने आयेंगे। यह रास्ता प्रोपेगेंडा का नहीं, अमल का है। हमें यह शौक ही नहीं कि भीड़ जमा करें, पर जो लोग हों वह ठीक व आमिल हों।"

कसदन है कि इस घर में कोई आने न पाये।
और बेखबर आ जाये तो फिर जाने न पाये॥

भाई साहब जी लिखते हैं, जब एक भण्डारे में लोग नाश्ता कर रहे थे, उस समय ऐसा लग रहा था कि जैसे अनेक दिनों के बिछड़े बच्चे अपनी माँ की गोद पाये हों (श्री बृजमोहन वचनामृत, भाग 3)।"

आज समझ में नहीं आता कि हम ऐसे कुछ मुट्ठी भर लोग संस्था से निकाल दिये गये हैं, आश्रम में अपना मकान होते हुए, किराये के मकान में

रहने को बाध्य हैं। सिंह साहब बताते हैं कि एक बार भाई साहब जी ने अचानक इनसे कहा कि 'सिंह साहब! इस मार्ग में बड़े टेस्ट होते हैं'। इन्होंने मन ही मन कहा कि साहब बड़े टेस्ट दे रखें हैं, आप ही लेना और आप ही देना। क्या पता, भाई साहब जी गीता सुधा में अपनी दी हुई विवेचना का अनुभव हम कुछ लोगों को करा रहे हों।

अन्त में यह कहना चाहेगा कि परमात्मा व गुरूदेव की क्या लीला है कि जब यह आपके साथ पूर्ण कालिक सत्संग के कार्यों में रहा करता था और आज स्वधर्म में प्राप्त जिम्मेदारियों को 'कर्मणेवाधिकारस्ते मा फलेषु कदाचिन' के भाव की जीवन यात्रा में सत्संग से बहुत दूर रह कर जीवन यात्रा कर रहा है, तो "तब और अब में" कोई अन्तर मालूम नहीं पड़ता। शायद यही अध्यात्म है। बेहतर परमात्मा व गुरूदेव जानें।
परमात्मा तू ही है तेरी इच्छा पूरी हो।

10

My journey through life

K L Malhotra, Mandi

At the age of 86, usually my days are spent well in doing small jobs, like bank transactions, buying household material for family, looking after the needs of the children and spiritual activity with alike minded (*stasamgi*) brothers. In life, I have had a careless nature that still prevails. Destiny shaped the things that were due, to me and I was to act on what came in natural way or results of my deeds. Worldly experiences both pleasant and unpleasant were relished with surprises and reactions generated in thought process. Virtually, nature's way was decisive, that I under line. When the life's journey was reaching to paradoxical confusions the destiny lead to the company and care of my Spiritual Master (guide) - the great grihasti saint of the time Sh Yaspl ji Maharaj popularly known as "*Bhai Sb ji*", leading a family life. He appeared in my life's journey at appropriate time, as described in our epics or say when destiny required. Prior to this stage, I was like a settle cock in this mysterious world and whirl of thoughts viz. are we puppets in the hands of destiny or are our 'Karmas' directing us towards some goal already fixed?; Are we, being directed for some advanced stage of human development?; Destiny compels to do the task even one runs away from not doing that.; When science is developing and making experiments, in all spheres of life, spiritual science seems to be the future study for man; when I fell down from the falling car on a steep hill slope, all right, but how did my belongings, fell at the same place? Is this not the subject of study?; No preaching! no advice!! no conclusion!!! but what is all this? What are we doing and what is being done to us! call it God, call it Nature, call it Destiny, and call it by any name! But some unknown force is definitely shaping our lives-for good or for bad. How to befriend it?

In this presentation, I wish to travel through the life's experiences which are often unbearable and the human beings normally miss the target of meeting one's destined Master who otherwise exists as protector in all circumstances though physically not seen (may call it God, *Isht or Guru*). If this presentation even helps a single reader "soul" in believing destiny and existence of his/her "Master", the purpose will be served and the mental suffering that I had can be skid off to an extent. I believe that events in life needs to be taken as unavoidable but for good and one need to wait for the master to appear some day in this or life ahead to help in treading the soul to salvation the ultimate goal of human life.

What I have realized this, the main problem is of 'I' and lack of clarity. With my understanding the problems all human form faces, are related to this single letter 'I' (ego). But whatever makes the world to sail, in my understanding is the binding force 'love' generated by a single individual (s) in whom the 'I' component is weak or missing. Such persons in the society are identified as good or saints (अच्छे लोग या सन्त जो छुपे होते है।). I feel to be lucky to have met such a person, who happen to be in a family life "*Grihasth Sant*'.

Proceeding ahead, let me ponder upon the reality of this world-said to be unreal (झूठम-झूठ पसारा है) particularly in reference to the most revered book (ग्रंथ) *Bhagwata Geeta* on way of life. It would be seen that things move as if they are preplanned by some unseen commander and this 'I' being a mere tool to follow or implement the scheme. Somehow! At this stage, I see clearly that God in the form of *Guru* (human form) as is said through "गुरू ब्रह्मा गुरू विष्णु गुरूदेवो महेश्वरा, गुरू साक्षात परब्रह्म तस्मै श्री गुरूवेनम:" . "In our shastra. This '*tatva*' is similar to the form of electricity, that works but cannot be seen. This *tatva* becomes available with the birth of man in the form of mother, teachers at different stages of life's journey and finally revealed as *Guru* though in many cases through Isht (Ram, Hanumaana, Shankar, Vahe Guru, Om, Allah etc)' The above school of thought is not simple, the way it has been presented, but if one has the blessings of clarity about the natural mechanism of working of 'man and conscience' (मन और आत्मा) in human body, the life's journey is bound to be smooth. One has to tread the path of life on the conscience, not on the dictates of the 'man' (मन जिस काम को कहे कि करे और आत्मा सहमति न दे तो न करे)

Early Life:

I was born in a middle class family at Ravalpindi but the family shifted to Amritsar during India and Pakistan partition. My father established business at Sujanpur and from there I did my matric education in first division. Further study was at DAV College Jalandhar; from where I did F. Sc. Carelessness followed me but somehow I could do M.A. as a private candidate. At Patahankot, my father was merchant and commission agent under the name and style of M/s Moolraj Malhotra. I would go in and out of the shop but could not stick to it for long. What to do with a son like me! He decided to try me on purchases and sent me to markets in Gaziabad but failed in my duty due to carelessness. Nevertheless, secured job in a School. I was given to teach Mathematics, to high and higher secondary classes. But having lost contact with the subject, it was as hide and seeks throughout the day. Whenever in the class, I would find a difficult problem; I would go out on one or other excuse. So the days were passing. I was called back to Pathankot as my father was arranging for my marriage. In the meanwhile I was selected for the Govt. job, reached back home and joined the Job. My marriage was fixed on 30th of Nov. 1960. During my stay away, my father had succeeded in making his own home on Mission Road. Now everything was looking a bit settled and bright.

One day, while I was at my shop, father placed his hand on my shoulder, took me out of the shop and said, "I shall be doing business only for the next year." That is all, Just one sentence. I thought, "we carry bags full of money from this business every day. Why did he say so!," and the things finished, the message was lost in cosmos. We were living in the new house. Things were normal and the day of marriage reached. My father was a commission agent, who would sell other's produce on commission. It was the season of potato seed. My father broke his principle. Purchased all the potato seed he could put his hands on, and sent to Calcutta for sales. Every penny was invested in it, not only his own, but borrowed one too. I as usual knew nothing because of my careless nature. So when I sat on the mare to proceed for marriage, first telegram reached, and it reached my hands. The market in Calcutta had slashed no buyer. The produce was being thrown into Hugli River on our expense. So, as long as the marriage function lasted, telegrams went on coming. Within those twenty-four hours of marriage every penny was lost, it was year1960. Pong Dam near Mukerian was coming up, at Talwara, my father availed of the opportunity of new township, moved to Talwara to start life a new. We were settling down, destiny had its play and a family quarrel made us to shift in a rented house. Where my first son Atul was born on 9th September 1961. The own house had to be locked. Creditors from here and there had started demanding their money. Life was passing on. One day, a telephone call came from Mukerian, information that my father having fallen ill. My wife and I went to Mukerian and brought him to Pathankot where he breathed last. His forecast had come true! The gate of my home got opened. I shifted there. Life started on a new note.

The journey ahead:

People who had not received back their money of 1960 loss had to be paid. I had no accounts of anybody. I was left with no alternative but to pay what they say. All the ornaments of my wife had to be pawned to the moneylenders. With a paltry amount opened a bank account and started making payments by issuing postdated cheques. I start the day from early morning to late at night and came under the unbearable pressure of work and tension. One day while taking tea in a teashop I fell down unconscious, was taken to clinic. It was diagnosed high blood pressure and depression. I was haunted by the fear of death. God was kind as He sent me a savior in the form of Dr. Amir Chand. He became my Godfather. Slowly and slowly I started coming to normalcy, but the stress and strain remained there. Payments were too heavy. Income was too meager.

One day, there was a cheque for Rs. 700.00 (seven hundred) to be paid the next day. I tried, but none would lend me the amount. At last one of my friends took me to a moneylender, his friend. He offered to give me the money on 2% interest per week. There was no way out but to pay. So I received Rs. 686/- for a week. As the week passed, I was to make the payment to him. The money was in my pocket. His home was directly opposite to my home. It being late at night, I hesitated to awaken him and decided to pay in the morning. Early next morning, before going to school at about 6.50 I called him to make the payment. He came out and very politely said, "Malhotra Sahib, business is business friendship is in its own place. The week ended last evening. The next week has started, so please, whether you use the money or not the interest for the next week is due." Very humbly, I paid him Rs. 714/- but with a big lesson. Destiny was teaching me in its own way. The value of money! Not doing things at the right time! Expecting too much from others! The lessons were getting itched with indelible ink.

One afternoon in my drawing room, I was lying on my stomach and reading a story. It related to a girl child. Immediately a message came to me that was the story of my life. She will be my daughter and all the problems therein. I shall have to face. Now after forty-five years, all that came up true to the word, How A! mystery!, but it must be some science. It was the year 1963. On a day in January 1965, I was sitting in the sun, when a suggestion came to go to the picture. My wife and I reached Jagat Theatre at a distance of about a kilometer and a half. Wife, Santosh was in family way and under advice of bed- rest. Destiny was playing another role. We, return home at 11PM. In next morning when we got up, wife fell down and had paralytic stroke of the left side. Immediately Dr. Amir Chand Ji was called, who gave first aid, the condition became stable. After a few days she was shifted to Patiala, to her parents and on the 17th of March 1965, on the day of Holi, she gave birth to a son. Thus a life of struggle became a little more struggle some. Health problems added to monetary problems.

During this period Sh. Baldev Raj Puri, my wife's uncle visited us. He was manager of M/s Pokher Das & Co. distributor of Bengal Lamps and wanted to set up sales network at Pathankot. He found in me the right prey. I had no money, no experience, no aptitude, no inclination, no place to run the business, but I was brought into it. He agreed to accept payment after sales. My school hours were 7 to 12 in the forenoon and monetary condition was so miserable that I would agree to do anything. In a few months, eight-cases of defective lamps got accumulated and I took them to Rohtak for replacement. But the real picture of dear uncle came to light when he refused to replace rather accused me for bringing the defective lamps from the *bazzar*. The business with him stopped. But destiny is more powerful. An officer of Philips Mr. Dash was coming to Pathankot to set up an outlet of Philips light group in Himachal Pradesh. He was staying for the night with my nephew's parent's in-laws at Chandigarh. Asha, my nephew's wife recommended my name to him, as I was selling bulbs those days. Dash sent me a telegram to see him on the railway station. I went to meet him and it was decided that we travel together to Himachal. He had two options either Mandi or Shimla. He stayed for a few hours at Dharamanda and I came straight to Mandi and located a place for the shop. So what! Losing one, gaining one, in a few days gap-without any effort on my part, is difficult to explain. God's grace and I was destined to sell bulbs of Philips out let. It was 1967.

Now the greatest problem was of funds. I approached Surinder, our old accountant, who was a big Egg Merchant. He came forward to be a partner in the concern and joined S. Malhotra & Co., that I had floated in the name of my wife. I became a shuttlecock, running from Pathankot to Mandi besides looking after my teaching job as well. Two shops, one service, sick wife, three young children, no funds and a lot of money to be paid and my ethics. Things were becoming unbearable. Payment date for the last installment came, I had no money, the post paid cheque was to be honoured and no one my friend lend money to me. On Sunday as an old habit I was going to Jagat cinema with my friend Mohinder and when passing in front of M/s R.L. Baldev Raj's Office, their manager caught hold of me. They were going to have draw of chit fund in which I was also a member. We sat down on the chair, box containing the chits was rotated. Mr. Sharma cried out, "O Malhotra, you have won the lottery." It was 6000/- Rupees. All that I could not do with my entire effort to arrange money; destiny had done with one stroke. The last installment was paid on Monday and I became a free man.

One day I received a telephone call from my manager Jagdish to send him "Black Tape" for immediate supply to a client. I arranged the material and requested the conductor of the bus to take it to Mandi but he refused. I left the carton on the roof of the bus and set out for my home. On the way, met Mr. Ved Mittal, who was leaving for Mandi on his car. I gave him the number of the bus and a message for Jagdish, to unload the box at Mandi. When Ved reached 53 miles on the way to Mandi, he found the bus had broken down, he stopped his car, brought down carton, took it to Mandi and delivered to Jagdish. How!!! Who arranged it and why?

In 1966 there was reorganization of states and a part of Punjab went to Himachal Pradesh, In 1968 I was transferred to Nurpur, at a distance of 20 Km from Pathankot. Life became a bit harder. An aged mother, ailing wife, young children, tight monetary condition, responsibility of business and daily up and down traveling to Nurpur This went until Feb. 1973.

I purchased a Motorbike to facilitate my traveling. One day, while I was serving at Nurpur, my sixth sense compelled me to reach Mandi, feeling that my wife had broken her knee. It was Saturday, half day at school. I had to finish some business matter, took the help of a colleague, but did face an accident in which a girl child and his father escaped with minor jurks. I apologized and left for ahead. I was in hurry to reach Mandi but something else was destined when I got entangled between a Military truck and an bus but had miraculous escape surprising the viewers there. Now I was certain to have the third accident. Near Gaggal, there used to live an Astrologer, I met him and he asked me to stay with him for the night but I refused and started on my onward journey. At Maranda, two miles before Palampur I dropped for a while at one friend's place and related the incidents of the day and also declared that the third accident was due. They tried to detain me there but who can change the course of destiny. After a cup of tea, I started my bike and set out for the journey. Hardly had I gone 500 mtrs. when I found a great rush in the bazaar perhaps some '*Mela*' was on. Though I was driving at normal speed but a girl-aged about 8 to 10 years struck against my motorcycle. The third accident took place. I fell on one side, she on the other and the bike on the other side. Before the people would gather, I lifted her, sat on the back seat of a scootrist standing near by and rushed to a doctor across the road. A few stitches on her head-before any body came for quarrel. In the mean while my friends also reached, I gave the little money I had for her treatment to the doctor. I had to stay for the night at Maranda, throughout the night, I vomited, and feeling embarrassed. I got up early in the morning, started the bike but unable to drive. Ultimately leaving the bike there, took bus and when reached home at Mandi, I found my wife with a broken knee.

One Sunday, I and Kamal Kishore, a colleague of mine planned to clean the store of my shop. In between when we were taking cold drink, a *Sahdu* " kali kamaliwala", approached me and took me to his Gurudev who requested for some money required to complete his *Yagya*. I borrowed Rs 5 from near by fruit seller and gave to him who thanked and left. But this incident scared me of the Sadhus with black clothes and I decided not to entertain them in future. But hardly a few days passed when another incident occurred confirming my fears. It was noon. I was sitting on the counter of my shop, when a car carrying sadhus of same cadre stopped in front of the shop. I could only think of running away to save myself from giving them some money. My manager lived on the first floor of the shop. I pulled down the shutter, went backward near the staircase, called him to come down as I was leaving for lunch. Hardly had I gone a few steps, when I heard a loud sound of the falling of some heavy material. When I looked back, manager had come down while lifting the shutter; he entangled his foot in the show case lying on the parapet and threw it down on the road breaking all the glass panes. I had saved few rupees at the cost of at least a thousand rupees loss. Mysterious!

I was in a fix what to do, whether to give alms to beggars or not. My testing was in His hands. In the evening, an ordinary man came, stopped at the road, and asked for "Five Paisa". Neither less nor more. He asked for five paisa, only. I refused in clear cut terms, NO, I won't give. And from the main stair entered another gentleman, very handsome, dressed in pure white shining clothes. He purchased things worth thirty four rupees and at the end asked for a bed switch, which I gave to him of the best quality. Before I could know, he left the shop, without paying anything. As I came out of the shop, boys were rushed all around but neither of the two could be traced. Both had evaporated into nothingness. Did refusing 5 paisa is to do some thing with this loss?

My mother was very much attached with me and against her wishes she was forced to live with my brother. In 1973 there was virtually emotional tug of war between me and mother for living together but it was not to happen and she breathed last while waiting for me to meet her and move to Mandi. This shattered me immensely and I suffered in her memories and on my cowardice. I would go on thinking about her. Time was passing, but I could not be normal. Gloominess followed me everywhere. I lost all interest in work.

In September, there was an annual meeting of Philips Light Association at Kathmandu. I had no intention of going there. But a day before the party was to leave from Delhi, my wife persuaded me to go, as that would help me in getting out of my gloominess. So in the evening I rang Mr. Shanti Gupta, the President, if he would accommodate me. I could participate in the meeting. Business meets were just by the name. Most of the time were spent playing cards or visiting places. To spend the evenings, I would go to the Casino. There was a glass rectangular box with grooves at the base, with numbers written in them. One had to throw the 'ping pong ball'. You would get the amount of the money where your ball would fall. I don't know, how, I managed to strike at an angle that I won and won every time. I gathered money enough to purchase a full lot of woolen and Pashmina shawls and chaddars with that money.

I shifted to Mandi, in the year 1974. The manager resigned and left. Children were too young to help still. Daily up and down journey to Pandoh, entire Himachal to cover for the sales of Philips bulbs, looking after the shop and bouts of depression resulted in many complicated diseases. Nervous breakdown, depression, palpitation, fear of death, feeling alone being in the family. I was spending entire nights running about on the roads due to the fear of approaching death. So quite a miserable life. I longed for the company of someone like Dr. Amir Chand.

One day, the owner of the house indicated his intentions of getting his house vacated. But God is Great!! The very next day, I got a house opposite to the same, at half the rent I was paying. The new accommodation was quite sufficient for my family. A year went by and one day, history repeated itself, the tenants and the masters. We were asked to vacate the house. No way out! But the history repeated in Toto. Just in the adjoining road, a tenant vacated a very big house, I got it that was newly constructed, a four bedrooms set, on the first floor.

Miraculous escape:

Within a few days of my shifting to the new house, I made a programme to visit Kullu-Manali-Bhunter-Banjar. In the early hours of 14th September, 1975, saw a dream, my mother sitting near my feet on the bed. It was an indication of some impending danger. Whenever I would see my mother in dream, I would pay some money to someone, thinking that she may be in need of something wherever she was. But, could not get suitable person to be given that money. In rout at a Dhaba an old student of mine came out of the car, touched my feet and made me to accompany for further travel. Here too, the destiny played, its role as the car struck against a parapet with all its force-What happened!! God knows!!! But the car was rolling down from the top to the river bed. The salesman sitting near the front gate, fell down on the road side and the car took us all, with it. How did it happen, that I fell down in the centre of the hill. Not only I, my two pieces of belongings, one my hand bag and the second my umbrella, also fell along with me. All the three of us were lying in the middle of the hill slope. I tried to get up, but something, within me had broken. Though there was no injury outwardly, but I could not move. Within a few minutes, a truck stopped at the main road. Two persons came down and they helped me to the top. I was seated on the front seat and they took me to the Pandoh dispensary.

In the afternoon, when Atul, my son came from school, he took over charge of the shop from his mother and she went away to home to look after the house hold duties. When she approached near the home she listened "Aarti"- a bhajan sung after the pooja", being sung from the adjoining area. A temple had been constructed by the ladies of the area, to meet for prayer. Santosh also went in. After 'the Aarti' a plate is circulated amongst the ladies to subscribe some money for the up keep of the temple. So when the nurse and placed plate reached my wife, she took out a ten rupee note from her purse and placed in the plate. in the plate. As it is customary only to offer small coins, she was asked, "how much to be paid back." But she offered the full amount. How is that! The currency note, I had been carrying throughout the day to be given to someone, was ultimately paid by my wife and most probably, it was the moment when I was falling!!!

Atul my son was studying in the 10th class at that time. When the information reached him, how he would have managed to bring me from Pandoh to Mandi. There used to be no taxis at that time. But he did. I was transported to Mandi. I maintained my peace of mind. I was in complete control of my senses. I was operated upon and saved. Days were passing on. Temperature was still persisting. Some fluid was getting accumulated in the lungs. I was shifted to Patiala and taken to the hospital. As soon as, the x-ray was placed before the light, a glaring fact came to light- a broken rib and that was suspected as the cause of persisting temperature. I was operated upon from the back, the broken rib was removed, the accumulated liquid was drained out and blood was given. I became very weak, body became skeleton like, thus had to stay at Patiala for a month. The period in between became a period of inner turbulence. I would think and think of the sequence of events. I was entering into a new era of self-analysis.

State of depression:

It took me quite some time to be normal to go to work. Mystery of 'I' was operated upon life and death!!! What and how, would not leave me alone. On one hand, having escaped death made me bolder, on the other hand facing death so closely had made me all the more coward. I was travelling on two boats. One day, a thought caught hold of me to such an extent that I became sure that the "God of Death"- "Yam Raj"- would be coming and taking me along with. I started waiting for Him. Evening came. From the adjoining house, cries of weeping started coming. Reason! her grandson has died. I thought and thought. I reached the conclusion that 'The Yama' had come no doubt, but finding a prey on the way, had gone back temporarily, but would be coming the next day. Virtually on the next day, I started waiting for Him. Evening came, the cries of weeping started coming from the next house, which was situated on the upper side. A DFSC lived there. He had lost his son-in-law. Where to go? How to run away from the impending disaster! Helpless!!!

One day I visited Delhi on routine business tour to find to my utter surprise and shock that the two firms I was dealer, were closing their offices, a news of losing bread and butter. When I left their offices, I didn't know where to go. Purely aimless, I started walking on the road, entered Delhi Gate and moved just a few steps; I saw a sign board on the left hand, "Belrex India Ltd." (The Bengal Lamps People). I went in and sent my card. I was called in and told that they were eager to start business in Himachal Pradesh. Thus, "The Destiny" was changing its course once again. Happily, I came out of their office. I reached the verandah of the building and my eyes stuck to the sign board across the road exactly opposite to where I was standing "Pradip Lamps". I crossed the road and reached the fourth floor office of Pradip Lamp. Mr. Bose-the-managerjumped up at his chair on seeing me and cried out. "Mr. Malhotra, "I was just going to send you a telegram. Please give me a thousand rupees as security and we can start work immediately." I could spare only rupees five hundred, which I gave to him. We went to their go down, which was on the third floor. I ordered for the material I needed. Thus the bread and butter lost an hour before-were regained. I left Delhi and came home a bit more widened by the incidents of the day.

The Rescue:

In those days, I had been going to Lala jee's house, a retired DEO to seek guidance in spiritualism. One day, he advised me to find a Guru in this line. Mr. O.P. Malhotra, was manager in Punjab National Bank at Mandi. He lived in the ground floor of the house, while I was occupying the first floor. One day, he along with his wife came to invite us, as his eldest daughter was going to be married in Bombay. My wife would have been discussing my condition with his wife. They were disciples of a *grihasthi Sant* Sh. Yash Pal Ji, affectionately called 'Bhai Sahib Ji' - a retired Director from P&T, Deptt. at Delhi. When they came to invite us, started referring to Spiritualism and Dhyan and their attachment with the organization *"Akhil Bhartiya Santmat Satsang"* During discussion offered me his *guru* on loan, as per his way of speech. Next day they had planned a '*havan*' for which I was invited. God knows what was in his words, that I was literally shaken, pulled by the very reference and thought of his *Gurudev*. Early next morning, I reached him to get the address of his *Gurudev*. He took me to a steel almirah, took out a register and gave me the address- perhaps- I had been waiting for-for generations. Immediately did I know that, he was the person, I was looking for. I couldn't stay for the *havan* and immediately after taking the address, I went away- the same night, I wrote the following letter to him.

My dear Swami ji.

I am taking the liberty of addressing you as such for the want of any other better word and I am not known to you at least in this life so far. While talking about transcendental meditation, one of your devotees Sh. Om Parkash Malhotra, my neighbor suggested that he could offer me his 'Guruji' for my help to guide me through this dilemma of worldly affairs. With the introduction he gave me of you. I don't have hesitation to say that you must have known the trinity of the so called man writing these lines.

I am trying to seek the truth, but I am shattered mid between.I aspire for spiritualism but even the grosset of physical problems.I have not been able to understand, I longed to see Him but so far I know too little of my own self. I wish to have a Guru to sow the seed but I have not worked well enough to prepare the land. I write to you but expect no reply. This is my shattered self between physical, mental and spiritual struggle.

With devotion.

One on the path,

(K. L. Malhotra)

After writing this letter, though I had written that I was expecting no reply but unconsciously I was very much in the waiting. Time was passing. When one day, a post card dated 5-2-79, written by sh R.S.Aggrwal, Secretary of the Organization reached me.

Jai Sadgurudeo Jai padsharnam

B-20, C.C.Colony

Delhi-7

5-2-79

My dear Malhotra ji

Namaste,

Received your kind letter dated 25-1-79 and noted the contents. Bhandara will be from 4th to 7th April 1979. There will be ashram life for 4 days, You kindly come along with sh Om Prakash Malhotra ji. And if you feel some improvement you are free to continue the contacts,

Rest is OK. With dues for all

Yours affectionately

For Yashpal

The contact had been made. Now I longed to meet him personally.Though it was written in the letter about Bhandara in April and I was invited to attend the same, but the pull was too strong and the gap of two months seemed as if it was centuries away, I started looking for excuse to visit Delhi. Where there is a will, there is a way. Soon after I received an invitation of the marriage of a friend at Delhi. I asked my wife's pemission to attend the marriage ceremony. Though the presence there was not so important, but the reason was clear, I wanted to be in Delhi so I reached Delhi.

I visited Param Pujya Bahi Sahib Ji's home one early morning, missing the marriage ceremony no doubt. His youngest daughter Vijay received me. But he was not at home. She told me that he would be back in the evening. I was staying with my sister-in- law-at Karol Bag. During afternoon it started raining very heavily. I was perturbed and agitated as, how to reach C.C. Colony my destination. Evening was fast approaching. A marriage ceremony in the neighborhood had blocked the road and our gate. Sudarshan- my brother-in-law- came back from his work, finding the road blocked, he lost his temper. Finding no way out to let out his anger, he asked his wife to pack all that she had prepared for the evening meals. Everything was packed, put in the car, and he set out to his closest friend, living in C.C. Colony. We reached C.C. colony. He stopped the car. Where? The two houses were exactly opposite to each other. Destiny had done its job. Rain couldn't restrict my movement. I requested Sudarshan to let me go to give a message to a friend of mine and would be back soon. And in that torrential rain, I ran to the home, across the road. Once again, I knocked at the door. Vijay Didi again opened the gate. This time, he was inside the home. So I was taken to the drawing room, to sit down and wait for the person of my dreams. There was a 'Chattai' on the floor, a few chairs in one corner, a "Takht-posh" against one of the walls. Where to sit? I decided to sit on the "Chattai" and sat down. Already some one was lying down on the 'Chattai'.

I started waiting for the master of the home. Time started moving like a snail. Waiting was inexhaustible. It was 9 PM. How many hours had passed! Despite all my efforts to run-away, I couldn't unlock my legs. Ultimately at 9 PM, I decided to leave within five minutes. And lo! Vijay Didi brought me a cup of tea. I couldn't run away. I had to take the tea. I started sipping it. As soon as, I finished the tea, *Bhai sahib Ji* came in. He asked about me, my whereabouts, about Mr. O.P. Malhotra and sat me down in Dhayan. Might be, half an hour passed when we came back to the world of physical existence. What a freshing experience. My patience of waiting amply rewarded. I asked about his literature. He called his youngest son Mr. Avdhesh, who brought all the books of his organization. I purchased a set of all the books. Dear Avdhesh packed all the books as one packet. 'I was ready to leave when Param Pujya Bhai Sahib Ji asked me if I could come the next day again. I readily agreed. Time was fixed at 9 am. I left the packet to be taken the next morning as

I wanted to save myself the unnecessary explanation to my sister in law. So, in the torrential rain, I once again ran across the road to Mr. Jagdish's home, to face the enquiries of my such a long absence. We took dinner and left for Karol Bagh. The day was well spent.

Next morning, I started for my destination once again, no doubt telling Swatantra about attending the marriage party. When I reached B-20 C.C. Colony, and alighted the rikshaw and saw the watch, it was exactly 9 a.m. My arrival had coincided with the appointed hour to the second. Once again I knocked at the door. I was received immediately. No waiting today. I was taken once again to the drawing room. Once again I sat down on the "Chattai". Param Pujya Bhai sahib Ji came in. He sat me in Dhyan along with him. I was transported. For about half an hour. We travelled in the inner life of thoughtlessness. Where pure peace prevails. After coming to our self, I was asked, "How did you feel? And my answer was "You were traversing in the higher sphere of cosmos, while I was still' creeping on the ground." Thus our second meeting came to an end. I lifted my packet of books and came out of the home. A rickshaw was already standing at the gate. I left for Pusa Road, where Dr. Nardev Rana, a heart specialist and my pet student in school days lived and he has his residence and clinic at Pusa Road. I was bursting with energy. I was feeling like a person possessed. I couldn't sit calmly on the rickshaw. I was virtually dancing. I wished to go in for a fight with an elephant. I didn't sit on the seat of the rickshaw. I placed my feet on the seat and sat on the back support I danced and sang, while the rickshaw set out for Pusa Road. Dr. Rana was very much there. He checked my blood pressure and had my ECG, everything was normal.

For quite some time, since 1975, I had been practicing Dhyan all alone. There was no one to guide me, although I had been running about here and there in search of a guide. During this period I would go through any literature on this subject. A book titled 'kundlini' by some devotee of Jammu depicted the miserable condition he had to pass though by practicing Dhayan alone, without a guide. His search for one who could cure his maladies is a fearful narrative. I, too perhaps had been a victim of the same problem. I developed malfunctioning of my inner life, heart problems, palpitation, and depression, fear of death, loneliness and so on. I would be running about on the roads throughout the night, feeling restless. I was all alone living in my family. I was being treated by the Doctors at Mandi and by Dr. Rana at Delhi too. But there was no escape for me. Another book that impressed me at that time was "Autobiography of a Yogi." by Yognanda. A specific foot note describing 'chakras used to be my favourite reading. I would close the door while going through these foot notes, as if I was doing something forbidden. Life was simply miserable.

The working of 'Pran Vayu or inner Paranas' are still unknown to me and Param Pujya Sh. Yash Pal Ji was its master. He could direct them to the right channels. He by virtue of his mastery and command set them right. A person who was leading such a miserable life was brought back not only to a normal living, but a healthy, energetic and useful life. 'Dhyan' is like a double-edged sword. It saves but when not regulated properly, it kills. Later on, I heard someone telling that Bhai Sahib ji had said, "had this man, not come here, he had limited day to live. Thus relieved of my many ailments, I came back to Mandi, waiting anxiously to attend the Bhandara in the 1st week of April 1979.

On the path of Spirituality;

Back from Delhi, Bhai sahib ji became center of all my thoughts. Although, I was to reach Bhandara in the early first week of April. I could not wait for so long and the following letter I wrote to him on 30th of March, 1979.

Mandi

30-3-1979

My dear Divine Sir,

My selfishness is compelling me to write to you at this time, when I know that you will be very very busy with the affairs of the coming Annual Bhandara. A few minutes earlier when I was thinking of writing to you, my mind was running like a non-stop train; but now I don't find words to write. If I want to explain myself I can't but otherwise I am a mental wreck, afraid of death that I have touched many a time, now I am perfectly calm, no thoughts.

Am I a liar? You asked me to follow the following instructions which I have categorically neglected.

i) Half an hour's meditation morning & evening but since then I have given much lesser time for meditation.

ii) I was advised to concentrate on one isht but today my meditation room, contains the snaps of all the gods & saints, as they were at that time.

iii) Despite that being my first meeting with you. I have not been able to forget you, I often have been talking to you while meditating. About food, though I have been taking milk curd and butter, but could not adjust with the quantity, & many time a dose of liquor has been adding in the evening, as gas in the stomach, heaviness in the chest & under the neck, in the center, would make me fear full. Though the liquor never helped me out of the predicament. Many a time, the pulse rate too has gone up to 120/130 per minutes. Perhaps, I am mentally very weak. If I start thinking, the idea doesn't leave me free i.e. for quite some time say about a couple of months back, the finger tips of my hands started' getting redder in under the tips of nails a red ring erupted, the nails became thick, their growth retarded, a sense of touchiness came up. I want to the reference book of palmistry-ting & reached my own mental conclusions strong in enough to disturb my peace of mind, which today has been the maximum.

Paramhansa Yognanda Ji had written some lessons on meditation, no doubt they are for confidential reading and I have been going through them for a couple of years now, & they have no doubt been my base on spiritual training.

I feel myself that I could not follow them exactly want Him - Him and alone but with this weak mind, lack of faith and fearfulness what chanced do I have? Perhaps, nothing. Can't I get what I don't deserve?

What I want to say, I can't write, what comes out of the pen, is I don't know what, the language of the heart is silent, only my tears can speak.

With sincerest regards & love.

Your

knows not what,

Time trickled on. April came, and I joined Mr. O.P. Malhotra for my first journey to Bhandara at Anangpur near Faridabad. We reached Delhi Bus-stand in the early hours of the morning, took bus and reached to "Anangpur". It was a vast expands of land with shamiana (pandal) in the center of the ground for pravachan and tents all around with the boundary for staying. In one of the corner of the pandal a small portion was separated for Akhand Shanti path. The tents were allotted to different states for staying with name plate tags on each one of them. There was no concrete construction. Everyone was staying in tents. On the arrival of every new visitor, people would run to bring their luggage and set them in the tents allotted to them. The atmosphere was an example of pure peace and serenity. The presence of Param Pujya Bhai Sahib was clearly visible everywhere. Everything seemed working like a well-oiled machine. I also took my seat in the tent meant for Punjab. The programme started as per schedule. Every time, as the programme would come to an end. I would wait for Param Pujya Bhai Sahib Ji at the entrance. He would come, place his hand on my shoulder and take me to his tent. His tent was the storehouse of vegetables and mosquitoes too. Someone would apply odomos on his naked parts of body, as it was virtually impossible to face the fleet of mosquitoes. Sometimes, he would offer me tea also when it would come for him.

An inner turmoil was always going on while I was there. It was night before the final day, I was strolling behind a tent, thinking and thinking. There were so many questions, and unsolved riddles - What! What next, we leave. So the night passed. Next day, the programme came to an end. Everybody was leaving. The occupants of my tent also were leaving. There used to be 'Pooja'-the formal Guru-Disciple relationship. I had never known this bond. I couldn't ask for Pooja. Rather I dared not go to him to ask for Pooja. I had never done any formal Pooja in my life. What to do? I requested Mr. Goverdhan Lal Sharma to go and ask for my Pooja, knowing well enough that it would be rejected. And so did it happen. He came back empty handed. He was to leave and he left for Amritsar. Next, I requested the same proposal to Mr. Suresh kumar Gupta, known as Mamaji. He knew me too well. At first he would not agree to carry my ear and but was ultimately brought around. He also came back with the same reply. But this time, he took me along with him to Bhai Sahib Ji.' He was sitting on a small cot in the sun. He affectionately rebuked me for not having requested myself but gave his consent for Pooja, on the next morning.

When going to bed, a thought appeared, when I get up in the morning, I should see Param Pujya Bhai Sahib first of all. It so happened, at getting up in the morning, what did I see! Directly before my eyes, at the entrance gate, he was standing along with a few devotees. There were no bathrooms or latrines at that time. We had to go to the field to ease. Perhaps, he had come back after the morning routine. I got up, went to meet him. As soon as I reached him, spot came the words, have you taken bath? I shirk bathing. I can do without it for days together. But how did he know of my this weakness. So I did have a bath that day and changed clothes for the pooja ceremony, the importance of which I never knew. It was most probably the 10th of April 1979, a fine refreshing sunny morning when I got ready for Pooja. I was to offer some sweets and a garland as an offering, which was placed in a plate and covered with a new handkerchief. I was made to sit in Dhyan with him and after about half an hour, he opened his eyes and so did I. He gave me some '*Prasad*' out of the sweets that I offered and gave me a piece of it, to be given to him. As he opened his mouth, I affectionately put that entire piece of barfi in his opened mouth and a bonds was sealed. Only he and God know a bond -the importance of which. I simply became a part of unknown system- an education-deep and vast enough to be described in words. As per his dictates, this is knowledge of the heart. Words don't have any meaning. By and by, this relationship takes new shape a constant touch.

After 'Pooja' I went away to have my breakfast. Most of the people had already left for their homes, but still there were many left over. The organization has two plots, the one where Satsang was organized and in the adjoining plot, wheat was cultivated. The harvest had been reaped and bound into bundles. I reached there, people were taking the bundles to store house across the road. I started watching their doing this job, when a thought gripped my mind about my uselessness. 'When everyone else is working, what are you doing, doing nothing?' But I had never done such a heavy work. What to do? At last, I took courage and asked one of the workers to place a bundle on my head also. And so he did. I started my journey towards the godown, which was quite some distance away. Hardly had I reached the road, a few meters away, when my legs started trembling, the load seemed too heavy for me. Should I throw it down? What an astonishing, the weight became weightless. It became a bundle of flowers, lighter than air. I simply ran to the go down with it. I might have repeated this act twice or thrice, when I reached the godown, Param, Pujya Bhai Sahib Ji was standing there and seeing me with the bundle, commented, "People using fans should not carry heavy loads." He forbade me to bring any more bundles. He scenic of 'Dhyan' started unraveling to me.

In that sunny morning, after the bundle incidence, as there was nothing also to do, I once again came back to the main plot. Param Pujya Bhai Sahib Ji, Param Pujya Mata Ji and a few more aspirants were sitting there. Some magnetic force compelled me to join them. As soon as I reached there and was thinking of having a suitable seat, Param Pujya Mata Ji brought a very big orange and gave it to me. As instant thought came. "Why to me alone? What should I do with it?" I peeled it and distributed among all those present there. The last piece remained for me. They were meant for all of us.

Bhai Sahib ji

On way back to Mandi, I spent a day at Patiyala. After having come out of the fury of Dhyan, I started thinking about the experiences of the previous few days and the person involved. Such a living being! unknown to his very next neighbours and possessing such vast powers and incomparable humility! He was born at Bulandshehar in U.P. on 5th of Dec. 1918 in a rented house. His father Sh. Sohan Lal worked in the Civil Courts there. After having received his school and college education, he joined as a telegraphist in P&T Deptt. But destiny was guiding him to do something greater. His uncle Sh. Mohan Lal was a follower of *Grihasth sant Mahatma Dadda Ji Maharaj*- Sh. Brij Mohan Lal Ji. Through the efforts of his uncle, he reached *Dadda Ji Maharaj* for this science of all sciences the science of the heart. The situation was being created and on the day of *Dashehra* in 1948, while attending *Bhandara*, he formally joined the small band of disciples of *Grihasth sant* Sh. Brij Mohan Lal Ji who was already in the knowledge of his destiny. His uncle Gurdev Ram Chander Ji Maharaj, affectionately known as Lala Ji Maharaj, already told him about such a disciple.

The most striking fact about this line seemed its anonymity. The movement was doing its part; people were being prepared to keep the torch burning, unknown to the outer world. The knowledge was retained in the four walls of homes. Every saint of the order, worked for his livelihood, accepted only small jobs, retained domestic names like *Lalaji, Chacha ji, Dadda Ji and Bhai Sahib Ji*, Mata Ji and lived in their small houses, fulfilling the responsibilities of a house holder and keeping the secrets of their greatness to themselves. The science in itself is so unique. No instructions, no laws, no nos, everything through the cosmos. Messages and training through the via media of dreams, situations, passing references and means in explicable. Catch hold of the point and you learn otherwise the currents go back the sender.

The bond: While sitting before him, before coming back, per chance it escaped my tongue that Jagdish's daughter was to be married on 21st of April and most probably I would be coming and seeing him. On the 21st there was a strike of the transporters and I could not go to Delhi to attend the marriage. He thought about me and as I was told by someone, he referred about my coming to Delhi and feeling- that I had not visited him, was sufficient, to move the cosmos. I was sitting at my shop. All of a sudden the current caught hold of me, I must go to Delhi, immediately, otherwise the soul would fly away leaving the body where it was. What to do? I rushed to my wife at home. Our kitchen was on the roof. Some children were playing on the terrace. She was cooking food. I called her to a corner and told about my predicament. I must go to Delhi immediately. She was completely shattered. I had been to Delhi only last week and going back! Her fears were true. She couldn't compromise with her feelings. Both of us were strolling on the roof, each absorbed in his/her own fears. Time and again I would be asking her for her permission, which ultimately she had to give. She prepared two chapaties for me and packed in a lunch box. I ran to the bus stand to catch the first bus to Delhi. The Box containing my dinner came back, unopened the next day. Early next morning I reached Delhi. How to go to his place empty handed! My first visit after Pooja to his home. Shops open at 10 or 11. Hungry and exhausted. I went on roaming about on the roads of Chawri Bazar, waiting for the shops to open so that I could purchase some gift. Ultimately shops started opening, I purchased some clothes for Param Pujya Mata Ji and him and reached my destination. He was very much in the home but my test was not yet over.

Once again, I was in the same drawing room. Once again waiting for him to come out. But situation was quite different. I was thinking to eat something only after meeting him. But no, it was not to be. It was 2.00 P.M. My patience was exhausted. I went to the nearby bazaar, had my meals at a *Dhabba* and came back. Once again waiting for his arrival. He came. He was in great 'Jalal', while entering the drawing room, he was singing full-throated, "गुरू के साथ होने का यकीं मुश्किल से होता है, गुरू साथ है तो बेकसी कैसी"

After my first visit to Bhai Sahib Ji, he occupied my mind. I had nothing else to think of. This phenomenon of spiritualism needs thorough study, but the material of the mind cannot be studied with the physical organ brain. The flow of mind currents surpasses the limited powers of the brain. So something greater, bigger and more powerful is needed for this purpose. The mechanical machinery cannot reach it, so, spirit can only be studied with soul, a more powerful and pure soul can only overpower the smaller and weaker one, that too, when the channel between the two is made, connected and cleaned for the un- interrupted flow of cosmic relation.

Sh. Kesho Ram was once an employee of Raj Kumari Amrit Kaur- a minister at that time, but for reasons unknown, quit his job and went away to live in his village Tootoo in Shimla Distt. He was very closely following the dictates of Param Pujya Bhai Sahib Ji. He lost eight children turn by turn in infancy. None would escape death. One day he reached his mentor with his predicament and a request that this tyranny of nature may please be stopped. On the birth of a son, in their village 'Sacrifice' of a goat was offered and it was a Must. He was granted the boon but with a condition, no sacrifice! A son was born. No sacrifice!. The entire village stood up against him. But he stood, poverty gripped him.

He hardly could make both ends meet. He boldly faced the fury of the villagers but saved his son.

Bhandara came. No money. What to do? He set out on foot, from Tootoo to Anangpur, a distance of 400 K.M. accepting some lifts on the way but reached his destination. He had brought a five-rupee note to be offered at Bhandara. His tests were still not over. When he offered his share, the collector thought in some other terms. He refunded the money, God knows why, but the shock was unbearable. The poor man was helpless. What could he do, but to cry! He sat down in a corner, the note clenched in his hand, tears washing his clothes and the message reached his mentor, who was busy in some corner of the plot. I don't know how Krishna listened to the cries of Dropdi, but how did Bhai Sahib Ji hear his cries, I know. He came, drawn to the spot, where Kesho Ram was hiding himself. Lo! He was embraced. He was calmed. His money was accepted most gracefully and in the presence of everybody around there Bhai Sahib Ji declared "This Bhandara is run with these five rupees." That was the money!!!

Destiny:

Once again, I come back to destiny. Bhai sahib left his human abode on 3rd April, 2000. Now four decades have passed, My journey through life still continues, I would say in unbelievable prosperity of both 'spiritualty and wealth'(once for which He blessed) and worldly event similar to of early life's events but no notice of them, resembling very much to the meanings imbibed in couplets framed by Kabir "न कुछ किया न कर सका न कुछ किया शरीर, जो कुछ किया सो हरी किया कहत कबीर-कबीर। Nothing in or bey of mission He established, events so happened, they brought me back to my original destination, I am physically and mentally, but emotionally attached, very much with the great Master of the time 'Saint Yashpal ji'. I do not know how my days pass but free from any kind of anxiety and tension. Nevertheless, thought does prevail about, what this science is? Do try to find answer but I am lost and nothing precipitates. Let me end with my Master's voice that was often heard as- परमात्मा तू ही है, तेरी इच्छा पूरी हो। God bless one and all.

11
उपसंहार

मानव की सुखद जीवन यात्रा के परिपेक्ष्य में 'अध्यात्म' शब्द आया है, जिसकी चर्चा सन्तजन करते रहे हैं जो आज भी बदस्तूर जारी है। हमारी स्वाभाविक रुप से होती जीवन यात्रा प्रक्रिया में ईश्वर इच्छा ही थी कि गृहस्थ सन्त महात्मा यशपाल जी (भाई साहाब) से, वर्ष 1979 में सम्पर्क बना जिससे, जीवन यात्रा में 'आध्यात्मिक चिन्तन' प्राथमिकता सी बन गई। अतिशयोक्ति न होगी, यदि कहूँ कि वैसे ही जैसे नदी के बहाव में बहता हुआ तिनका जो लहरों के धक्के से इधर-उधर रास्ता पाते हुए पानी के साथ उसके मूल उद्‍गम (श्रोत) समुद्र की ओर अग्रसारित रहता है। जीवन यात्रा के स्वाभाविक क्रिया कलापों में यदि शास्त्रों की शिक्षा के परिपेक्ष्य में विचार करें तो गीता शास्त्र की 'स्वधर्म पालन' की बात ही किसी भी व्यक्ति के जीवन में आध्यात्मिक पक्ष के स्तर का निर्धारण करता है और प्रत्येक व्यक्ति में आध्यात्मिकता का अंश होता ही होता है। गीता शास्त्र से ही यह बात स्पष्ट होती है कि शतत् परमात्मा की याद ही 'अध्यात्म' की अपने में एक पूर्ण परिभाषा है। इसे सूफी सन्तों ने 'दस्त बकार दिल ब यार' (हाथ काम में दिल परमात्मा की याद में) की बात जीवन यात्रा का मुख्य पक्ष कहा है। यदि मानव जीवन में ऐसी स्थिति बन सके तो व्यक्ति विशेष की जीवन यात्रा आध्यात्मिक हो जाये और वह सिर्फ वर्तमान में ही रहने का सुखद तनाव रहित जीवन यात्रा के अनुभव के साथ इस संसार में कमलवत रहने की अनुभूति का जीता जागता नमूना ही बन जाय। तुलसी, कबीर, राजा जनक

बहुत-से अनजाने गृहस्थ या वर्तमान में हम सबके सामने भारत के प्रधान मंत्री श्री नरेन्द्र मोदी जी और उत्तर प्रदेश के मुख्यमंत्री श्री आदित्यनाथ योगीजी ऐसे ही अपनी-अपनी जीवन यात्रा करते हुए कर्म योगी हमेशा समाज में रहे हैं।

महात्मा यशपाल जी गृहस्थ जीवन में 'स्वधर्म पालन' करते हुए कैसे जीवन में परमात्मा का नाम जोड़ें का अद्‌भुत व सहज प्रयोग करते हुए निरंतर ईश्वर की याद बनाये रखने का 'आनन्द योग' पद्धति का सृजन किया। आप जीवन यात्रा में एक वैज्ञानिक के रोल में रहे और यह लेखक भी वैज्ञानिक रहा, जिससे इसके चिन्तन का आधार शोध प्रवृत्ति की बनी। आपका कहना था कि स्वाभाविक जीवन यात्रा में जो काम स्वतः हमारे पास आते हैं वे परमात्मा के भेजे हुए होते हैं, यदि कर सकें तो करना चाहिए, मजबूरी की बात और है। आप एक सच्चे कर्म योगी होते हुए 'परमात्मा तू ही है, तेरी इच्छा पूरी हो' मंत्र के एक सहज उपासक रहे। ऐसे योगी के बारे में सन्त कबीर ने कहा है-

सूरा सोई जानिए जो लड़े धनी के हेत।
पुरजा पुरजा कटि मरै तऊ न छाड़े खेत।

स्वधर्म पालन में ऐसी दृढ़ता। सारे काम तो मालिक के हैं, हम यंत्र हैं, करने-कराने वाला तो वह स्वयं है। स्वधर्म पालन में मर मिटने के भाव में जीवन यात्रा। 'आनन्द योग' की खूबी है कि साधना में स्वधर्म पालन के बीच के खाली समय का ही सार्थक उपयोग और एक ईष्ट में निष्ठा बनाते हुए जीवन-यापन व यात्रा करना।

आध्यात्मिक जीवन यात्रा में जो समझने वाली बात है वह है मानव के अन्तः करण के बारे में स्पष्टता का होना/जानना। हमारे अन्तःकरण के चार मुख्य तत्व हैं 'मन, बुद्धि, चित्त और अहंकार'। मानव 'मन' असीमित शक्तियों का भण्डार है, ताकतवर है, क्या करें का निर्देशन करता रहता है। लेकिन क्या करना चाहिए, क्या नहीं करना चाहिए की बात का निर्णय मानव के अन्तःकरण की सर्वसम्मति की बात/आदेश, जो 'आत्मा की आवाज' के रुप में मन के प्रस्ताव के साथ-साथ पीछे से आभासित होती रहती है। इसीलिए कहा गया है कि मन जिस बात को कहे और आत्मा न सहमति दे,

हरगिज न करें। यही एक बात यदि अपने जीवन में मानव अपना लें तो जीवन यात्रा का आध्यात्मिक पक्ष विकसित होता रहे, जीवन यात्रा सुखद होती जाय। इसकी स्पष्टता हम ऐसे साधारण मानव-जन को नियमित स्वाध्याय, सत्संग तथा निजकृपा से ही हो पाना संभव है। अपवाद की बात और है कि परमात्मा किसे कब क्या बना दे। रामकृष्ण देव जी ने कहा है कि परमात्मा चाहे तो सुई के नकुए (छेद) से ऊँट निकाल दे।

इस पुस्तक में संकलित साहित्य सामग्री, महात्मा यशपाल जी के आध्यात्मिक कार्यों का संक्षिप्त विवरण तथा आपके कुछ साधक साथियों के जीवन यात्रा के अनुभवों की गाथा है, जो यह लेखक सहज रुप में संकलित कर सका। यह उन सभी लेखकों का आभारी है जो अपनी जीवन यात्रा के आध्यात्मिक पक्ष के आनन्द योग पद्धति के अनुभवों को साझा करने को तैयार हुए और किये। पाठक बन्धु पायेंगे कि प्रत्येक व्यक्ति आध्यात्मिक जीवन यात्रा की ओर ही अग्रसर है जिसमें स्वयं के संस्कार व प्रयास ही महत्त्वपूर्ण होते हैं। हाँ! ऐसी अनुभव ज्ञान सामग्री, एक प्रेरक व हिम्मत बढ़ाने में ही सहायक होती है। यदि हम महात्मा तुलसी दास जी की कही बात 'यहि सर आवत आति कठिनाई राम कृपा बिनु आई न जाई' के परिपेक्ष्य में लें तो नि:संदेह ही इस पुस्तक का पारायण (पढ़ना) 'ईश्वर कृपा ही कहा जायेगा कि जैसा भी हो आखिर हमने पढ़ा तो। आइये हम सब' सर्वे भवन्तु सुखिन:, सर्वे सन्तु निरामया:। सर्वे भद्राणि पश्यन्तु मा कश्चिद् दु:ख भाग्भवेते के भाव के साथ मानव जाति के कल्याण हेतु स्वयं पर दया की परमात्मा से प्रार्थना के साथ "सर्वजन हिताय, सर्वजन सुखाय" के भाव के साथ यह सम्पूर्ण चिन्तन सामग्री प्रभु चरणों में अर्पण करें। परमात्मा तू ही है तेरी इच्छा पूरी हो।

–अक्षयबर सिंह

आभार

इस पुस्तक का अस्तित्व में आना नि:संदेह लेखक के मार्गदर्शक (महात्मा यशपाल जी) की प्रेरणा व ईश्वर इच्छा की अभिव्यक्ति है जिसे यह अपने ऊपर एक असीम कृपा मानता है। संसार में सारा खेल उसी एक तत्व का है जो विभिन्न रूपों में निरन्तर सक्रिय है। उसे समझना, व्यक्त करना हम जैसे व्यक्ति के लिए असंभव है। अत: आभार नहीं, उस तत्व/शक्ति की कृपा ही कहना उचित होगा। यह काम क्यों किया, वह ही जाने, उसे ही अर्पण है।

भौतिक दृष्टिकोण से गुरुदेव, भाई साहब जी के प्रिय भक्त/अनुयायी, श्री चिरंजीलाल शर्मा जी का योगदान विषय वस्तु सामग्री को इस रूप में प्रस्तुत होने में, बहुत सहायक रहा है जो इस कोरोना काल में लगभग रोज सायँ, ऑनलाइन आध्यात्मिक चर्चा/सत्संग से मिलता रहा है। आपने इस पुस्तक में दो लेख भी दिये हैं जो आनंद योग और ध्यान जैसे विषय को सरल रूप में समझने में सहायक है। यह उनके प्रति आभार व्यक्त करता है। पुस्तक का शीर्षक भी आपका दिया हुआ है। परमात्मा आप पर दया बनाये रखें की प्रार्थना है।

जिन भाइयों और बहनों ने अपने अनुभवों को लेख के रुप में प्रस्तुत कर, आनन्दयोग साधना के व्यवहारिक पक्ष को गृहस्थ जीवन में साधने का उदाहरण दिया है, यह उन सभी के प्रति आभार व्यक्त करता है। यह गुरु सेवा का अनुपम उदाहरण है, ऐसा लेखक मानता है। परमात्मा इन सबका भला करें की प्रार्थना है।

अन्त में लेखक अपनी पत्नी श्रीमती शिव कुमारी सिंह के बारे मे क्या कहे। यही कारक बनीं कि हमारा सम्पर्क वर्ष 1979 में भाई साहब जी से

बना। हम उस संयुक्त परिवार से आते है, जिसका गत 150 वर्ष का इतिहास अनजाने में आध्यात्मिक परिपेक्ष्य का रहा है। भाई साहब जी, पत्नी को गाड़ी का दूसरी पहिया कहते थे। दोनों ठीक रहें तभी गृहस्थ की गाड़ी सुचारू रूप से चलती है। आपने इस बात का सुन्दर अनुभव हम सबको जीवन यात्रा में कराया। आप के सम्पर्क में जब यह आया तो आप गुरुमाता को माता जी ही कह कर सम्बोधित करते थे। हमें लगता है कि बहुत कम लोग ऐसे है जिन्हें पत्नी में वह सब कुछ मिल जाता है जो एक मां में होता है। ऐसा शायद तब होता है जब ईश्वर कृपा से दोनों का जीवन आध्यात्मिक हो। खैर! हरि अनन्त हरि कथा अनन्ता। पत्नी के प्रति क्या आभार व्यक्त किया जा सकता है। पत्नी के ही सहयोग से कबीर साहब की कही इन दो बातों के यथार्थ का जीवन यात्रा में हमने अनुभव किया–

"साई इतना दीजिए जामें कुटुंब समाय। दास भूखा न रहे अतिथि न भूखा जाय॥

"गुरु गेविन्द दोऊ खड़े काके लागूँ पांय। बलिहारी गुरु आपने गोविन्द दियो दिखाय॥"

इन्हीं के आचरण व सहायोग से हमारी व पाँचों बेटियों की जीवन यात्रा आध्यात्मिक बनीं और हम सब लाभान्वित हुए। ईश्वर इन्हें अध्यात्म की ओर समझ दें की प्रार्थना है।

बेटी सरिता सिंह की रूचि अध्यात्म में होने और साथ रहने से, स्वाभाविक है कि इस पुस्तक के बनने में इनका सहयोग निरन्तर मिलता रहा है। पड़ोस में रह रहे लेखक के बहनोई श्री दिनेश प्रताप सिंह जी आध्यात्मिक विचारों के हैं, आध्यात्मिक जागृति के प्रचार–प्रसार में लगे हैं। इनका भी सार्थक सहयोग विषय वस्तु के सरलीकरण करने में रहा। लेखक इस सबका आभार व्यक्त करता है।

मानव जीवन, अध्यात्म को वरण करने के लिए मिला है। सब कुछ परमात्मा की लीला/खेल है, ऐसा हम लोगों को कहते हुए, सुनते रहे हैं। कुरान मजीद में भी आया है–"इंसान को दुनिया में परीक्षा के लिए पैदा किया है और परीक्षा के उद्देश्य से यह बात खुद उस पर छोड़ी गई है कि वह सत्य की ओर

जाना चाहता है या गुमराही की ओर। अगर वह खुद ही पथ भ्रष्ट होना चाहे तो अल्लाह अपनी इच्छा से उसको सत्य मार्ग पर चलने को बाध्य नही करता"।

अन्त में लेखक उन सबका आभार व्यक्त करता है, जिनका सहयोग इस पुस्तक के अस्तित्व में आने में रहा।

परमात्मा तू ही है, तेरी इच्छा पूरी हो।

29-03-2022 अक्षयबर सिंह

संदर्भः-

1. श्री बृजमोहन बचनामृत. यशपाल, अखिल भारतीय सन्तमत सत्संग, दिल्ली-7.
2. योगीकथामृत, परमहंस योगानन्द जी महाराज। जै. को. पब्लिलिशिंग हाउस, बम्बई-1
3. साधन पद्धति, अखिल भारतीय सन्तमत सत्संग, दिल्ली-7
4. गीता सुधा भाग-२, यशपाल, अखिल भारतीय सन्तमत सत्संग, दिल्ली-7
5. संरक्षक का संदेश, लेखक यशपाल, अखिल भारतीय सन्तमत सत्संग, दिल्ली-7
6. सन्तसुधा (1980-2000), अखिल भारतीय सन्तमत सत्संग, दिल्ली-7.
7. दिव्य क्रांति की कहानी, गृहस्थ सूफी संत लाला जी महाराज परम संत समर्थ सद्गुरु महात्मा रामचन्द्र जी महाराज की आत्मकथा। लेखक डॉ. (श्रीमती) सुमन सक्सेना। महात्मा रामचन्द्र पब्लिकेशन लीग फतेहगढ़ (उ०प्र०) भारत।
8. Anand Yoga. (Vol. 1-2) Yashpal, Akhil Bahartiya Santamat Satsang, Delhi-7

9. गृहस्थ जीवन में अध्यात्म-सन्त यशपाल कथनामृत, लेखक डॉ. अक्षयबर सिंह, Gyan Books Pvt. LTD, 5 Ansari Road, Dariyaganj New Delhi-110002

10. मानव जीवन में अध्यात्म- कोरोना काल में एक अध्ययन, लेखक डॉ. अक्षयबर सिंह Gyan Books Pvt. LTD, 5 Ansari Road, Dariyaganj New Delhi-110002

11. अखिल भारतीय सन्तमत सत्संग की साधन पद्धति संकलन कर्ता डॉ. अक्षयबर सिंह। अखिल भारतीय सन्तमत सत्संग, दिल्ली-7

परिशिष्ट-I
प्रेरणा

मानव जीवन में सकारात्मक काम करने की प्रेरणा हर किसी को ईश्वर कृपा से मिलती रहती है। लेकिन तमाम कारण होते हैं कि इंसान उनका उपयोग बहुत कम ही कर पाता है। हमने अपने जीवन में अनुभव किया है कि, इसका मुख्य कारण होता है कि इंसान एक साथ कई काम करना चाहता है, प्लान बनाता रहता है, दूसरों के साथ अपनी तुलना करता रहता है। इसी के चलते वह कोई विशेष योगदान न वह अपने को बनाने में और न समाज को ही और बेहतर बनाने में कर पाता है, धीरे-धीरे जीवन यात्रा पूरी हो जाती है। महात्मा यशपाल जी से जुड़ने के बाद, ईश्वर कृपा से मेरे दो ही काम रह गये स्वधर्म पालन या सत्संग। जीवन के उतरार्ध (आठवें दशक) में 'अध्यात्म' विषय पर चिन्तन केंद्रित होता गया। जीवन यात्रा सुखद होती गई। करोना महामारी के दो वर्ष (1920-21), बड़े उपयोगी व सार्थक साबित हुए। विचारों में, महात्मा यशपाल जी की शिक्षाओं व स्वयं के अनुभवों का संग्रह व संकलन स्वतः होता गया, न कोई प्लानिंग न कोई सोच, हाँ! चिन्तन में आती बातों को रोज कुछ न कुछ लिखता रहा। याद भी न रहता कि बीते कल में क्या लिखा था। हाँ! अव्यक्त व अनुभव गम्य 'सवान्तः सुखाय' से प्राप्त प्रेरणा इस कार्य में लगाये रही। ऐसी गुरु कृपा का आभास अभी तक की जीवन यात्रा में रहा जो इस तरह की मनः स्थिति का कारक रहा। यह लेखक की, इस श्रृंखला की तीसरी पुस्तक है। इसके पहले हाल में ही 'गृहस्थ जीवन में अध्यात्म–सन्त यशपाल कथनामृत' और 'मानव जीवन में अध्यात्म-'कोरोनाकाल में एक

अध्ययन' प्रकाशित हो चुकी हैं। लेखक के लिए यह आश्चर्य तथा आत्मसंतुष्टि की बात रही है। उदाहरण के लिए यह तीसरी पुस्तक 'आध्यात्मिक क्रांति के बढ़ते कदम' सन्त यशपाल जी के जीवन यात्रा प्रयोग', जीवन में 'प्रेरणा' को अमली जामा पहनाने का एक ईश्वर इच्छा का ऐसा ही उदाहरण है। कैसे इस कार्य का प्रारम्भ हुआ, नीचे दिये पत्र में आया है। यही ईश्वर इच्छा है, हम सब उसके हाथ के यंत्र हैं। यही बात जीवन यात्रा में समझने की है। कुछ हो न हो, ऐसी प्रेरणा जीवन यात्रा को सुखद बनाने में सहायक होती है। सुखद होने का अर्थ जो लेखक की समझ में आया, वह है 'वर्तमान (आज) की जीवन यात्रा तनाव रहित होना, रात अच्छी नींद होना और इस क्रम की निरंतरता का बनते जाना'। यह कोई हमारा ही अनुभव नहीं रहा है बल्कि हमने गाँव के संयुक्त पैत्रिक परिवार के बुजुर्गों का भी देखा है कि ऐसा ही रहा था। 150 वर्ष पूर्व परिवार के साथ कहीं से आकर रह गये साधु बाबा भोला दास के प्रभाव का असर था कि परिवार की पाँच पुस्तों की यात्रा साधु-सन्तों के आते-जाते रहने से ऐसी बनती गई थी। अधिकांश की जीवन यात्रा अनजाने में आध्यात्मिक ही रही थी। प्रेरणा स्वरूप यह पत्र कुछ साधक साथियों को लिखा।

दि. 3-1-2020.

प्रिय बन्धुवर/बहन जी

नमस्ते

नया वर्ष आप व आपके परिवार के लिये हर तरह से शुभ हो। नये वर्ष की 2 तारीख की सुबह टहलते हुए कुछ विचार हमारे मन में भाई साहब जी के बारे में आये जो मैं आपसे से साझा कर सहयोग की प्रार्थना करता हूँ।

साहब कहते थे कि आज इस मुकाबले की चीज (आनन्द-योग साधन पद्धति) दुनिया में नहीं है। साहब के साथ रहते हुए, इसने उन्हें एक वैज्ञानिक रूप में देखा व वैसे ही यह भी, लिखने-पढ़ने में लगा रहा। स्वाध्यायी रहा, जो आज भी आपकी कृपा से जारी है। मेरे अनुभव का निष्कर्ष यह है कि बिना साधकों के जाने, वह अपने बहुत से समर्पित अनुयायी बन्धुओं को गीता में वर्णित 'योगी' की अवस्था तक पहुँचा गये जो आज वैसा जीवन जी रहे हैं, जिसमें आप भी हैं। ऐसे लोग विषम परिस्थितियों में रहते

हुए भी पहले से भी कहीं अच्छी जीवन यात्रा कर रहे हैं। जीवन यात्रा में यही अनुभव कराने के लिए ही तो ऐसे साधकों को परमात्मा ने वर्तमान परिस्थिति में रखा है। इस बात का आभास इसे अपनी संकलित पुस्तक (गृहस्थ जीवन में अध्यात्म संत यशपाल कथनामृत) में प्रो. अम्बिका सिंह, जो गीता के स्कॉलर हैं, के लिखे 'दो शब्द' के पढ़ने के बाद हुआ।

क्या बिडम्बना है कि इस महान संत पर आज एक भी पुस्तक अभी तक नहीं लिखी गई है। हाँ, उन्होंने बहुत कुछ लिखा है, लेकिन सोचने वाली बात यह है कि अपने बारे में वे क्या लिखते (रहिमन हीरा कब कहे, लाख टका मेरा मोल)। इसने एक पुस्तक संकलन के रुप में रमन महर्षि जी पर पढ़ी थी, जो उनके बारे में उनके करीब 15-16 अनुयायियों ने अपने-अपने अनुभवों के अनुसार लिखी थी। बड़ी पुस्तक थी वह, जिससे उनके मिशन के प्रचार को बल मिला।

विचार में आता है कि हम लोग भी अपने-अपने अनुभवों के आधार पर साहब के बारे में कुछ लिख सकते हैं। ऐसा मैं पहले भी, भाई साहब जी के नजदीकी रहे कुछ भाईयों से चर्चा करता रहा था, लेकिन यही सुनता कि भाई मैं लिख नहीं सकता। सोचिये! भाई साहब जी को आपने कितनी बार अपनी किताबों पर यह कहते हुए सुना होगा कि जब मैं इन्हें पढ़ता हूँ तो सोचता हूँ कि यह मैं तो लिख नहीं सकता, लिखने वाले ने लिखा दिया। बन्धुवर, यही वास्तविकता है। इसे केवल लेखक वर्ग ही यदि 'मैं' को निकाल दें, तो अनुभव कर सकता हैं।

सोच्चिये, यदि हम सब मात्र अपने अनुभव टूटे-फूटे शब्दों में ही सही लिखना शुरु करें तो यह जो 'मैं नहीं कर सकता' 'तू ने किया' का सुखद अनुभव करते हुए, रही सही 'मैं' की भावना से भी छुटकारा पा सकते है कि उसने लिखा दिया। यदि आप हिम्मत करें तो हम लोग साहब पर यथार्थपूर्ण मानव समाज के कल्याणार्थ एक उपयोगी संग्रह समाज को दे सकते हैं। जो ऐसा संकलन साहब पर आयेगा वह मानस में आई इस बात को चरितार्थ करेगा 'जाकि रही भावना जैसी, प्रभु मूरति देखी तिन तैसी'। साहब का जीवन कबीर का सा रहा है। यह संकलन साहब को आधुनिक कबीर साबित करेगा,

'आनन्द योग-गीता मेड इजी' की हैसियत में होगी। थोड़ी हिम्मत करें, साहब की कृपा का आनन्द लें। मेरे विचार से साहब पर यह बहुत बड़ा काम हम लोग कर सकेंगे।'

लिखते समय यह ध्यान रखें कि सकारात्मक बातें ही हों, क्योंकि इस संसार में हर व्यक्ति सही है और वह वही करता है जो वह सही समझता है। समाज की यही बहुत बड़ी बिडम्बना है, जिससे आज भी हमारा समाज अंधविश्वासिता व भेड़ियाधसान के जाल में जकड़ा हुआ है। अध्यात्म में लाला जी महाराज जी की कही यह बात गौर करने योग्य है।

"मेरे मित्रों! मानसिक या अध्यात्मिक शोषण वह है कि जिसमें मैं सोचूँ और आप मान लें अथवा आपको जबरदस्ती मनवा दूँ। पहले में आपने मेरा शोषण किया, जबकि दूसरे मामले में मैंने आपका शोषण किया। धन का शोषण इतना भयावह नहीं है जितना की मानसिक या आत्मिक शोषण का। धन छीन लेने से किसी का कुछ नहीं बिगड़ता, वह और अधिक धन कमा लेगा। किन्तु जब किसी व्यक्ति की आत्मा या सोच छिन जाती है तब उसका सब कुछ छिन जाता है। आज सारा संसार जो आध्यात्मिक व मानसिक रुप से गुलामी की जंजीरों में जकड़ा हुआ है, उसका मूल कारण यह ही है कि आज का व्यक्ति मानसिक आलस्य अथवा मेन्टल लेथार्जी से बुरी तरह घिरा हुआ है।"

आप से इस प्रयास में, मैं सकारात्मक रुख की आशा करूँगा। लेख 5 से 10 पेज का हो। आइये ईश्वर इच्छा समझ इस काम को पूरा करने के लिये 31-3-2020 की टारगेट डेट रक्खी जाये और लिखने की कोशिश करें।

यह साहब के लिये हम सबकी श्रृद्धांजली होगी। परमात्मा तू ही है तेरी इच्छा पूरी हो।

आदर सहित

आपका

अक्षयबर सिंह

3340/1, विवेक नगर

परिशिष्ट–II

आहार की शुद्धि, उसका अभ्यास और महत्त्व

प्रस्तावना व महत्त्वः

हर व्यक्ति सुख चाहता है, आनंद चाहता है, शांति चाहता है और इसके लिए तरह–तरह के यत्न करता है। इस स्थिति को प्राप्त करने के लिए वह अपनी अंतरात्मा की आवाज की अवहेलना करता है और दूसरों की भावनाओं को भी ठेस पहुंचाता है। धन–जमीन, जायदाद बटोर लेता है, फिर भी शांति, सुख व आनंद नहीं मिल पाता। जब थक कर हार जाता है तो मंदिरों, मस्जिदों, साधु, संतों, महात्माओं की शरण में जाता है। संतजन बताते हैं कि परमात्मा का नाम लो, उसी से शांति व आनंद मिलेगा। प्रायः यह अवस्था तब आती है जब उम्र ढल चुकी होती है, शरीर कमजोर हो चुका होता है, मन भी कमजोर हो चुका होता है और आदतें परिपक्व हो गई होती हैं। फिर भी संत–महात्माओं के पास जाने–बैठने से सुकून व शांति मिलती ही है। शास्त्र कहते हैं कि जीव चौरासी लाख योनियों को भोग कर ही मनुष्य योनि पाता है और इसका उद्देश्य मोक्ष प्राप्त करना है। मोक्ष क्या है? कैसे मिले? यह बड़ा गूढ़ विषय है, जिस पर तमाम मत–मतान्तर व पद्धतियाँ उपलब्ध है। संस्कार व स्वभाव के अनुसार हर व्यक्ति को साधन मार्ग मिलता है, ऐसा परमात्मा का विधान है। मेरे साथ भी कुछ ऐसे ही हुआ। अखिल भारतीय संतमत सत्संग के संस्थापक परम संत महात्मा यशपाल जी महाराज पूज्य बाबा जी के दर्शन प्रथम बार शिलाँग में हुए। मेरी मम्मी आपके सत्संग में जाया करती थीं।

धीरे-धीरे परिस्थितियाँ बनी कि हमारे यहाँ ही सत्संग केंद्र बन गया। सत्संग व मनुष्य जीवन के उद्देश्य को अच्छी तरह जानने का अवसर मिला। सच्चा सुख व आनन्द कैसे प्राप्त किया जा सकता है, इसके बारे में जानकारी मिली। इसकी प्रार्थना स्वीकार कर इसे भी प्रार्थना सिखाई। पता चला कि 'आहार की शुद्धि' साधना का एक मुख्य अंग है। इसके महत्त्व व अभ्यास का पूज्य बाबाजी अपने 'योग साधना' के प्रवचन में बड़ा सुन्दर व व्यवहारिक तरीका बताते हैं। आप कहते हैं कि योग जानने से पहले हम अपने आप को जान लें तो अच्छा है। हम जो बाहर से दिखाई दे रहे हैं यही सब कुछ नहीं है। हमारे तीन शरीर है। यह जो दिखाई देता है-स्थूल शरीर है, इसमें दस इंद्रियाँ हैं जिनसे हम विषयों (सूँघने, देखने व स्वाद) का आनंद लेते हैं। दूसरा हमारा सूक्ष्म शरीर है जो मन, बुद्धि, चित्त व अहंकार से मिलकर बना है। सोच विचार का कार्य इससे लिया जाता है। जितनी वासनायें है उनका आनंद सूक्ष्म शरीर से लिया जाता है। जैसे कवि है कविता बनाने में मस्त है, अपने को भूल जाता है। वैज्ञानिक अपनी खोज में लगा है, संसार को भूल जाता है। उसकी खोज पूरी होती है तो उसे आनंद आता है। यह जो आनंद आता है सूक्ष्म शरीर से मिलता है और हमारा तीसरा शरीर है कारण शरीर (आत्मा) जिसमें आनंद ही आनंद है। चैतन्यता व आनंद आत्मा में ही है। आत्मा से सूक्ष्म शरीर में आता है, सूक्ष्म शरीर से इंद्रियों में आता है। इंद्रियों से हम आनंद लेते हैं। विषयानंद व वासनानंद में जो झलक है वह हमारी आत्मा की ही है। यदि हम इसकी विवेचना करें तो पाएंगे कि-

स्थूल शरीर	↔	सूक्ष्म शरीर	↔	कारण शरीर
↓		↓		↓
विषय + आनंद		वासना + आनंद		आनंद

आप कहते हैं कि यदि किसी तरह से हम स्थूल शरीर से विषय को दबा दें, व सूक्ष्म शरीर से वासनाओं को दबा दें, तो तीनों जगह आनंद ही आनंद रह जाएगा। हमारा आत्ममयी जीवन हो जाएगा। यही जीवन का सच्चा लक्ष्य है, यही सच्चा योग है।

संत-महात्माओं ने बड़े अनुभवों के बाद बड़े तजुर्बे के बाद बताया कि यदि हम दो इंद्रियों-आँख व जुबान पर कंट्रोल कर लें तो सब हो जाए। जुबान पर कंट्रोल करने के तरीकों में ही 'आहार की शुद्धि' की बात आती है, स्वादेइंद्रिय निग्रह। हमारी जुबान स्वादों में ना पड़े, बहुत तीखा; बहुत मीठा, बहुत खट्टा भोजन न करें। स्वाद से ऊपर उठ जाएं। संतों ने आहार के शुद्ध होने पर बहुत जोर दिया है, क्योंकि इसी से विहार शुद्ध होता है और फिर व्यवहार। शरीर भी स्वस्थ रहता है। वास्तव में इन बातों का सीधा संबंध हमारे मन से हैं। मन पर कंट्रोल प्राप्त करने के लिए जो साधन मार्ग हैं उसमें भी आहार की शुद्धि पर संतों ने बड़ा जोर दिया है। मन पर कंट्रोल प्राप्त करने का मकसद चित्त की एकाग्रता प्राप्त करना है। कहते हैं कि चित्त की एकाग्रता प्राप्त करने से ही हमें अपने वास्तविक स्वरूप का ज्ञान होता है। समझ में आता है कि इस सृष्टि में सभी कुछ हमारी आत्मा के ही प्रकाश से ओत-प्रोत है। संसार का मानव एक है। दूसरों के भले में ही उसका अपना असली भला है। इस तरह धीरे-धीरे आदमी के अंदर से अपने और पराए का भेद कम हो जाता है और अपनेपन का दायरा बढ़ता और फैलता जाता है। परायेपन का ख्याल घटता और सिकुड़ता जाता है। उसके दिल में एक-एक करके अपने मुहल्ले, गाँव, शहर और अपने देश और बढ़ते-बढ़ते सारी धरती के मनुष्यों के साथ अपनापन बैठने और जमने लगता है। उसे दूसरों के भले में अपनी भलाई; दूसरों की बर्बादी में अपनी बर्बादी, दूसरों के सुख में अपना सुख, दूसरों के दुख में अपना दुख दिखाई देने लगता है। दुनिया के सब देशों में सब मनुष्यों के इस बात को समझ लेने पर ही दुनिया भर की सच्ची शांति, सच्चे अमन और सच्चे सुख का दारोमदार है। इन बातों को देखते हुए 'आहार की शुद्धि' के महत्त्व का अंदाजा लगाया जा सकता है। समय के साथ-साथ जैसे-जैसे अनुभव हुए, संत महात्माओं ने आहार की शुद्धि के लिए सरल से सरल तरीके निकालें। इससे संबंधित जो बातें भारतीय अखिल भारतीय संतमत सत्संग में आने के बाद मालूम हुई, उसका संकलन इस लेख में करने का प्रयास किया गया है।

आहार व उसका प्रकार:

आहार प्राणी मात्र के जीवन निर्वाह के लिए आवश्यक है। हमारा आहार कैसा हो? इस प्रश्न का आधुनिक वैज्ञानिक दृष्टि से उत्तर यह है कि आहार संतुलित होना चाहिए। साथ ही इस बात पर भी जोर दिया गया है कि आहार सात्विक हो। सात्विक आहार शरीर को स्वस्थ रखता ही है, वह मस्तिष्क को अविकृत और मन को संतुलित रखता है। हिंदू धर्म में सात्विक आहार के मूल में अहिंसा का भाव निहित है, जो प्राणी मात्र के प्रति कल्याण के व्यापक दृष्टिकोण का परिचायक है। यह संपूर्ण प्राणी जगत की समानता के आधार पर निर्माण करता है। प्राय: शाकाहारी भोजन और माँसाहारी भोजन में विभिन्न प्रकार की तुलना की जाती है। मनुष्य जीवन के उद्देश्य मोक्ष प्राप्ति की दृष्टि से संतों ने भोजन के प्रकार पर विशेष ध्यान न देकर 'आहार की शुद्धि' पर विशेष ध्यान दिया है। ऐसा संभवत: इसलिए किया गया है कि इस पृथ्वी पर ऐसे भी स्थान हैं जहाँ के लोग परिस्थितिवश माँसाहारी हैं। भगवान कृष्ण ने गीता में साधन की दृष्टि से जो चार बातें बताई हैं (आहार की शुद्धि, विहार की शुद्धि, अभ्यास और वैराग्य) उन पर समय के साथ-साथ महात्माओं ने तरह-तरह के प्रयोग करके आने वाली पीढ़ियों के लिए सरल व सुगम मार्ग बताये। आहार की शुद्धि में जो विशेष बात बताई वह यह है कि हमें किसी तरह स्वादेइंद्रियनिग्रह प्राप्त करने में सफलता मिल जाए। भोजन कैसा हो? कैसे बनाया जाए? कितना खाया जाए? यह सब बातें हैं जो 'आहार की शुद्धि' से संबंध रखती हैं।

अतिथि व भोजन:

इस पर महाभारत की यह घटना सुंदर प्रकाश डालती है। भगवान कृष्ण ने सर्वसंपन्न दुर्योधन के आतिथ्य की उपेक्षा करके, निर्धन विदुर के शाकपात को स्वीकार किया था। दुर्योधन ने जब उनसे पूछा-"हमने कहा विदुर है निको।" तब श्री कृष्ण ने सीधा सा उत्तर दे दिया:

"द्वै विधि भोजन किजे राजा
विपत्ति पर कै प्रीति

तोरे प्रीति मोहि आपदा
यह बड़ी विपरीत।"

भैया किसी के यहाँ भोजन दो स्थितियों में ही किया जाता है, "स्वयं पर खाने को ना हो, तथा आतिथेय के मन में अतिथि के प्रति प्रेम भाव हो।" ना मैं भूखा मर रहा हूँ और ना तुम्हारे मन में मेरे प्रति प्रीति है।

बस इसी विषम स्थिति के कारण मैं तुम्हारे यहाँ आतिथ्य स्वीकार करने को नहीं पहुँचा।

संत महात्माओं के विचारः

महात्मा रघुवर दयाल जी महाराज कहते थे आहार की शुद्धि के लिए कई बातें जरूरी हैं। प्रथम तो दस उंगलियों के पुरुषार्थ से कमाया हुआ धन हो। उसमें किसी भी प्राणी को बेजा पीड़ा ना पहुँची हो। जो काम किया गया हो, उसमें विश्व का मंगल हो। दूसरी बात जो जरूरी है, वह भोजन बनाने वाले का शुद्ध भाव। ईश्वर की याद में मगन होकर वह भोजन के पदार्थ तैयार करें। भोजन बनाने का स्थान निर्मल हो। जब भक्त शुद्ध भाव से भोजन बनाता है, वह अपने लिए नहीं बनाता, किंतु यज्ञ के लिए बनाता है। उस भोजन के कण-कण में राम-नाम समाया होता है। संतजन इस आहार को अमृत मानते हैं, क्योंकि उससे हमारा हृदय जीवित हो जाता है। हमें प्रभु जी की याद आ जाती है। प्रेम का प्रवाह सर्वांग में रम जाता है। धन्य है वह सज्जन जिन्हें ऐसा आहार प्राप्त होता है। तीसरी बात जो जरूरी है, वह है 'पंच महायज्ञ', इसके बिना हमें आहार करने का अधिकार ही नहीं। मनुष्य को परमात्मा ने सब सृष्टि में सर्वोत्तम प्राणी बनाया है। इसलिए लाजमी है कि वह सृष्टि भर को तृप्त करके खुद खाए। ऋषियों ने हमें ज्ञान दिया है, प्रार्थना सिखाई है, ईश्वर के पास पहुँचने का मार्ग सुझाया है। हम उनके बड़े ऋणी हैं। उन्हें अवश्य तृप्त करना चाहिए। ईश्वर की उपासना, भजन और दैवी वाणी का ज्ञान उन्हें तृप्त कर देता है। हर मनुष्य का धर्म है, वह ऋषि यज्ञ करें। देवता भगवान भी आज्ञा के चलते हुए हमारे पालन-पोषण के लिए सब पदार्थ तैयार करते हैं। अनाज, फूलों व फलों को बढ़ाते व पकाते हैं। धूप, वर्षा, वायु, पृथ्वी आदि की देख-रेख करते हैं। हमारा फर्ज है कि हवा को हवन आदि से शुद्ध करें। अग्नि की, जल की रक्षा करें तथा उन्हें शुद्ध रखें। अच्छे-अच्छे भाव हमारे हृदय में हों। घृणा व द्वेष की अग्नि से बचें। इससे देवता तृप्त होते हैं।

भोजन कर चुकने पर थोड़ी-सी सामग्री घी और मीठे के साथ अग्नि में डालना चाहिए। यह हुआ देव यज्ञ। पितरों ने हमें शरीर के साथ-साथ अपने कुल की तहजीब दी है। कोई गुण किसी कुल में श्रेष्ठ होता है, कोई किसी और में। शरीर की पुष्टता तथा बनावट और रंग, मन और हृदय का झुकाव हम विशेषत: अपने पितरों से ही पाते हैं। हमारा फर्ज है कि हम उनकी तृप्ति के लिए प्रार्थना और यत्न करें। प्रतिदिन उनके कल्याण और शांति के लिए भगवान से विनय करें। प्रतिदिन उनके कल्याण और शान्ति के लिये भगवान से प्रार्थना करें। हृदय की पवित्र प्रार्थना धार ही सच्चा तर्पण है जिससे उन्हें तृप्ति प्राप्त होती है। यह पितृ-यज्ञ है।

स्वास्थ्य की दृष्टि से आप कहा करते थे कि कभी भी भरपेट भोजन न करें। जाड़ों में आठवाँ भाग, गर्मियों में चौथा भाग और बरसात में तिहाई भाग। खाना खाने के बाद तोला दो तोला (एक घूंट) से ज्यादा जल न पियें। हाँ, जल उसके पीछे पियें तो कुछ प्यास रहने दें, पूरी प्यास भर न पियें। दोपहर खाने के बाद 8 साँस चित्त, 16 साँस दाहिने और 32 साँस करवट लेकर उठ बैठे। खाना हजम होगा।

परम संत महात्मा श्री यशपाल जी महाराज आज के युग (समय) के लिए आहार की शुद्धि का बड़ा सरल व व्यवहारिक तरीका बताते हैं। आप कहते हैं कि भोजन जिन विचारों में डूबकर किया जाता है, खून जो बनता है उन्हें विचारों का रंगा हुआ बनता है। अगर हम भोजन भगवान की याद में करेंगे तो दिन में जब भी खाली होंगे, ईश्वर की याद आएगी। भक्ति के लिए जब तक खून नहीं बदल जाता, भक्ति नहीं आती। चित्त की एकाग्रता के लिए भी आवश्यक है कि हम भोजन ईश्वर याद में करें। भोजन बनाने के तरीके और भोजन करने के तरीके पर प्रकाश डालते हैं।

भोजन कैसे बनाएँ?

गृहणियाँ, जिन पर घर की जिम्मेदारी है घर चलाने की, उनके दो विशेष काम है घर में। एक भोजन बनाना और भोजन कराना और दूसरा अपने बच्चों की देखभाल करना। यह दो खास काम हैं। पहले जमाने में जो हमारी माताएँ थीं, जब भोजन बनाती थीं तो ईश्वर की याद में बनाती थीं और उन्होंने यह

नियम निश्चित किए थे कि अगर नमक डालेंगी तो यह मंत्र बोलेंगी। जब पानी डालेंगी तो यह मंत्र बोलेंगी। ऐसे नियम निश्चित किए थे जब नमक डालती थी तो कहती थी 'सीता राम की रसोई, सीता राम यज्ञ होई'। हम यह जो बना रहे हैं, यज्ञ के लिए बना रहे हैं। इससे भगवान को नैवैध्य चढाएंगे, फिर सब लोग प्रसाद पाएँगे। भोजन का मन पर बड़ा भारी असर पड़ता है। भोजन किन विचारों से बना हुआ है, किस भावना से खिलाया जा रहा है, इसका मन पर भारी असर पड़ता है। क्रोध में कभी भोजन नहीं बनाना चाहिए। अगर गुस्सा आ रहा है तो भोजन बनाना बंद कर दीजिए, कोई हर्ज नहीं। शांत भाव से भोजन बनाइए। यदि गुस्से में बनाएँगे तो जो उस भोजन को पाएगा, उसमें क्रोध पैदा होगा, कलह पैदा होगी। प्रेम और शांति के साथ भोजन बनाया जाए। हर काम भोजन बनाने का ईश्वर याद में करिए। परमात्मा की याद में करिए, भोजन तैयार हो जाए तो भगवान का भोग लगाएँ। उसके बाद ईश्वर याद में खिलाइए। ऐसा भोजन जो पाएँगे, उनके हृदय में राम-नाम अपने आप जागृत हो जाएगा। भोजन बनाने का कोई ऐसा काम नहीं है जो ईश्वर याद में नहीं किया जा सकता। सब काम भगवान की याद में कर सकते हैं।

भोजन कैसे करें?

पहले हमारा तरीका भोजन करने का ऐसा था कि लोग चौके में बैठकर शांति से भोजन करते थे। पश्चिमी सभ्यता की हमारे ऊपर छाप पड़ी और हमारा स्टैंडर्ड ढाई फुट ऊँचा हो गया। पहले जमीन पर बैठकर भोजन करते थे, अब मेज-कुर्सी पर बैठकर भोजन करते हैं। इस बात में कोई हर्ज नहीं। विशेष हर्ज यह है कि बहुत सारे दुनियावी वार्तालाप खाने की मेज पर होते हैं, क्योंकि हमने पश्चिमी सभ्यता को अपना लिया है। यदि हम 'आहार की शुद्धि' चाहते हैं तो इस तरीके में तब्दीली लानी होगी। वह परिवर्तन यह है कि जब भोजन सामने आ जाए तो भगवान को अर्पण करें। यह मंत्र मन ही मन पढे-

ॐ सहनाववतु, सहनौ भुनक्तु, सह वीर्यं करवाव है

तेजस्विना वधितमस्तु मा विद्विषावै है

ॐ शांतिः शांतिः शांतिः॥

और हर ग्रास भगवान (अपने इष्ट) की याद में खाएँ। न कोई ग्रास बिना परमात्मा की याद के पेट में जाए और ना कोई चीज बिना परमात्मा की याद में पिएँ। यह अभ्यास है। ऐसा करने से भोजन का समय पूजा में बदल जाएगा। संतों ने स्वादेइंद्रिय निग्रह पर बड़ा जोर दिया है। जब तक स्वाद पर कंट्रोल नहीं होता, तब तक आत्मा का सारी इंद्रियों पर कंट्रोल नहीं हो पाता। स्वाद पर कंट्रोल करने का या बड़ा सुंदर और सभ्य तरीका संतों ने बताया।

यह उपरोक्त बातें-विचार संत महात्माओं के हैं जो 'आहार की शुद्धि' पर समय-समय पर कही गई हैं। आज भी इन बातों का महत्त्व है। जैसा कि ऊपर लिखा गया है, यह आध्यात्मिक साधना का एक sub step है, लेकिन है बहुत महत्त्वपूर्ण। आज हम नवयुवकों (नई पीढ़ी) में अध्यात्मिकता के बारे में जैसे कोई जागरूकता ही नहीं। कैसे हो भी? हमारे नेता व समाज के मार्गदर्शक हमें पश्चिमी सभ्यता की तरफ धकेल रहे हैं। Materialism (भौतिकता) में सुख शांति खोजने की बात सिखा रहे हैं। घर में, समाज में, संसार में, झगड़े, झंझट, अशांति का साम्राज्य बढ़ता जा रहा है,

किसलिए? सुख शांति पाने के लिए। यह मृगमरीचिका की हालत हर कोई अनुभव करने के बाद ही समझता है, लेकिन तब तक देर हो चुकी होती है। काश! हम नैतिकता को जीवन में महत्त्व दें। अपने मन को आराम (rest) दें, जो आहार व विहार की शुद्धि से ही संभव है। मनुष्य जीवन में मोक्ष प्राप्त करने का मतलब है कमलवत हमारा जीवन हो जैसे– कमल पानी में रहते हुए उसके स्पर्श (भीगने) से बचा रहता है, ऐसे ही हम इस संसार में रहें। जो भी कार्य हमें भाग्यवश प्राप्त है उन्हें धर्माकूल एवं दक्षतापूर्वक करते हुए आत्मसाक्षात्कार कर सकें। हमें इस बात का अनुभव हो जाए कि इस सृष्टि में सब कुछ एक ही है, इस विभिन्नता में एकता है। महात्मा तुलसीदास जी द्वारा रचित चौपाई "जड़ चेतन जग जीव जन सकल राम मय जान" की वास्तविकता का अनुभव हो जाए या भगवान कृष्ण द्वारा अर्जुन को कराये गया आत्मसाक्षात्कार का अनुभव कि सारा जगत हमारी आत्मा से ओत-प्रोत है, का प्रत्यक्ष दर्शन मनुष्य कर सके। ऐसा होने से सबसे बड़ा लाभ यह होगा कि जितना हम अपने को प्यार करते हैं, वैसे ही सभी को, हर वस्तु को प्यार

करेंगे, जो हम अपने लिए चाहते हैं, वही सब के लिए चाहेंगे। प्यार का दरिया बहेगा इस संसार में। समाज में, हमारे मनीषियों ने इस तथ्य को अनुभव ज्ञान द्वारा जाना, समझा व प्रयास करते रहे हैं कि मनुष्य इस यथार्थ को समझें व अपने अंदर छिपी गुप्त शक्तियों का विकास कर पूर्णत्व को प्राप्त हों। वसुधैव कुटुंबकम के महान आदर्श को स्थापित करने में सहयोग दें।

यह लेख माला सिलसिला परम पूज्य बाबा जी का इसी दिशा में महात्माओं के सतत् प्रयास का हिस्सा है जो संत-सुधा पत्रिका के माध्यम से जनमानस तक पहुंचाया जा रहा है। काश! हम सभी आप की विचारधारा को अपनाकर इस संसार को परमात्मा की इच्छा के अनुरूप बना सकें तो यह पृथ्वी स्वर्ग हो जाए। ना कोई भूखा हो और न ही नंगा। प्यार का दरिया बहे इस संसार में। "परमात्मा तू ही है, तेरी इच्छा पूर्ण हो।"

सरिता सिंह

(पुरस्कृत लेख, सन्त सुधा)

परिशिष्ट-III

गुरु तत्व-एक विवेचना/विश्लेषण

'गुरु तत्व' प्रत्येक व्यक्ति के अंदर विद्यमान है। इसे आंतरिक गुरु (आत्मा-परमात्मा का अंश) भी कहते हैं। यह संपूर्ण जीवन के समस्त क्रियाकलापों का साक्षी है तथा अव्यक्त रुप से उच्चतर आत्म ज्ञान की ओर व्यक्ति का मार्गदर्शन करता रहता है। अधिकांश लोग अपनी उलझनों व समस्याओं से घिरे रहने के कारण उसकी आवाज को सुन/समझ नहीं पाते। जो सुनते हैं, इस अव्यक्त तत्व से परिचित न होने के कारण उसकी आवाज को समझ नहीं पाते और उसके निर्देशों की उपेक्षा करते रहते हैं। ऐसी स्थिति में मानव (शरीरधारी) गुरु ही व्यक्ति को सचेष्ट व जागरूक बनाता है। मृत्यु के साथ इस तत्व का अंत नहीं होता, वह जन्म-जन्मांतर तक साथ चलता है। अंर्तदृष्टि वाले ही इस अंर्तध्वनि को सुन, ग्रहण और उसका परिपालन करते हैं। स्थूल गुरु, इस गुरुतत्व का मूर्तिमान प्रतीक है। यदि मन की गहराईयों से हम मूर्तिमान गुरु के प्रति सच्चे व ईमानदार बन सकें तो फिर कर्तव्यनिष्ठा ही हमारी साधना बन जायेगी। फिर किसी भी प्रकार के जप-अनुष्ठान, ध्यान-धारणा अथवा योगाभ्यास की कोई जरूरत नहीं रह जाती।

अध्यात्म में पवित्रता सर्वोपरि है। यदि साधक उसे अपने अन्तःकरण में धारण कर सके और गुरु के निर्देशानुसार चले तो इतने भर से ही तो वह अध्यात्म तत्व ज्ञान के उस चरम सत्य को उपलब्ध कर सकता है, जिसे पाने के लिए जन्मों-जन्मों तक परिश्रम करना पड़ता है। पर साधक को इसे अपना निजी उपार्जन मानने की भूल नहीं करनी चाहिए। इसके पीछे भी गुरु की

प्रच्छन्न भूमिका होती है। यदि गुरु से साधक का संबंध वास्तविक और गहरा है तो इसके साथ ही साधक का आंतरिक गुरुतत्व से संबंध स्वतः विकसित होता जाता है, जो स्पष्ट भी होता जाता है। ऐसा समझा जाता है कि स्थूल गुरु अपनी उपार्जित शक्ति का एक अंश साधक को देकर, उसे समर्थ बना देने में सक्षम होते हैं, लेकिन आधार समर्थ होने पर ही यह संभव है। साधक के लिए सबसे सरल तरीका है कि वे गुरु चरणों में आत्मसमर्पण कर दें और उनकी इच्छा में ही अपनी इच्छा मानें और उनके संतोष में ही अपना संतोष।

साधक जब अपने आपको संपूर्ण रुप से गुरु में विसर्जित कर देता है तो वह महसूस करता है कि एक अज्ञात शक्ति न सिर्फ भौतिक क्षेत्र में बल्कि आत्मिक प्रगति में भी समान रूप से निरंतर उसका सहयोग कर रही है, यह स्थिति गुरु के स्थूल शरीर में न होने पर भी बनी रहती है। जो निष्ठावान साधक हैं, उनके लिए लिए गुरु कार्य ही सर्वोपरि है। ऐसे साधकों के प्रति गुरु भी अहैतुकी कृपा करते हैं, इससे कोई फर्क नहीं पड़ता कि वे इस संसार में अब हैं या नहीं। आत्म-ज्ञान प्राप्त गुरु कभी मरते नहीं, उनका सिर्फ परमात्मा में विलय होता है और अभिन्न हृदय साधकों की आत्मिक प्रगति तक वे प्रतीक्षा करते रहते है। उनकी दृष्टि में वह शिष्य महान है, जो उनके आदर्शों पर चलकर, निरंतर उनके कार्यो को अग्रगामी बनाने में संलग्न रहता है, उन्हीं पर उनका विशेष अनुग्रह बरसता है। गुरु इस प्रक्रिया को नियंत्रित करते हैं।

गुरु कार्य पर आचार्य श्री राम शर्मा जी ने कहा है "आप हमारा काम कीजिए, हम आपका काम करेंगें। माँ के पेट में जब बच्चा आता है, तब उसका हक पिता की जायदाद में हो जाता है। इसी तरह हमारी कमाई में आपका हक है। आप कहिए हम आपका काम करते हैं और आपको हमारा हक चुकाना पड़ेगा। आप बीमार रहते हैं तो हम आपकी बीमारी को अच्छा करेंगें। आप पैसे की तंगी में आ गये हैं तो हम उस तंगी को दूर भी करेंगे। आप लड़ाई-झगड़े में फँस गये हैं तो हम उसमें भी आपकी मदद करेंगे। आप पर मुसीबत आ गई है तो ढ़ाल बनकर उस मुसीबत को भी हम रोंकेंगे। श्री कृष्ण ने अर्जुन का रथ चलाया था, आपका रथ हम चलायेंगें। आपके

कारोबार का रथ, आपके व्यापार का रथ, आपके धन्धे का रथ, आपके शरीर का रथ, आपकी गृहस्थी का रथ, ये सब हम चलायेंगें, इसका हम वादा करते हैं। क्या है गुरू कार्य? यह 'उनका मिशन' ही है। यह समझने वाली बात है। उपरोक्त बातें इसी गुरु कार्य के संदर्भ में ही हैं।

लेखक स्वाध्यायी रहा है, जिसका चस्का इसे पारिवारिक परम्परा से मिला था। इसी प्रवृत्ति की धर्मपत्नी भी मिलीं। गुरूतत्व का यह यथार्थ ज्ञान गायत्री पत्रिका 'युग निर्माण योजना' वर्ष 57, अंक 1, जुलाई 2020 के लेखों से हुई, जो लेखक के मन में, वर्षों से चले आ रहे प्रश्न का उत्तर भी देता है कि क्या आत्मा की आवाज सबको सुनाई नहीं देती? आवाज का सुनना व उस पर ध्यान देकर लाभ उठाना दोनों अलग-अलग बातें हैं, जो संस्कारों और गुरूकृपा पर निर्भर करती हैं। इन बातों पर पूर्ण विश्वास बने, के लिए सतत् स्वाध्याय तथा स्वयँ/और साधकों के अनुभव ज्ञान से ही संभव है, जो सत्संग या आध्यात्मिक चर्चा से मिलता है। अध्यात्म साधना में अभिरुचि रखने वाले साधकों को, नीचे लिखे शोध आधारित अनुभव ज्ञान संकलित पुस्तकें, साधना व गुरूतत्व की यथार्थ पूर्ण गहरी समझ बनाने में सहायक हो सकती हैं–

1. श्री बृजमोहन वचनामृत (भाग 1 से 5); लेखक, गृहस्थ हिन्दू सूफी सन्त यशपाल (भाई साहब), अखिल भारतीय सन्तमत सत्संग, दिल्ली-110007
2. आओ कबीर को जिएंः लेखक डॉ. अक्षयबर सिंह। प्रकाशक, कबीर शान्ति मिशन, लखनऊ (उ.प्र) Ph. 9415215859
3. गृहस्थ जीवन में अध्यात्म-सन्त यशपाल कथनामृतः लेखक डॉ. अक्षयबर सिंह (genNEXT) Publication, Delhi-52, Ph. 9212142040।

अध्यात्म विज्ञान, अनुभव आधारित, डाटा बेस माँगता है। इस मामले में लेखक ने दो गृहस्थ संन्तों यशपाल जी महाराज और कबीर मिशन के संस्थापक, राकेश कुमार मित्तल साहब के अनुभव आधारित सृजित साहित्य को बहुमूल्य आध्यात्मिक संपदा मानता है।

दोनों सन्तो ने कबीर जी सी जीवन यात्रा की है। आवश्यकता है, इन पर शोध व जनोपयोगी साधना तकनीक विकसित करने की। व्यक्ति का आध्यात्मिक विकास, साधना पुरूषार्थ से ही होगा। शास्त्र, पाठन तो मात्र प्रेरणा देते हैं, लेकिन करें कैसे का अभाव अपने स्वाध्याय व शोध प्रयास से ही पूरा होगा। परमात्मा तू ही है तेरी इच्छा पूरी हो।

डॉ. अक्षयबर सिंह

मो. **9811814235**

परिशिष्ट-IV

ब्रह्म की उपासना-एक अनुभवः

जिस महाशक्ति से जीव प्रकट होते हैं और जीवित रहते है और अन्ततः उसी में विलीन हो जाते हैं, उसी महाशक्ति का नाम ब्रह्म है।

प्रतीकोपासना उसी अद्वैत ब्रह की उपासना का व्यवहारिक रूप है। 'कनिष्ठ' वस्तु में श्रेष्ठ वस्तु की स्थापना की भावना ही प्रतीकोपासना है-मूर्ति-पूजा है। अतः मूर्ति-चित्र-इत्यादि में-ईश्वर या देव भाव या ब्रह्म भाव करते हैं तो उसी 'एक' की उपासना करते हैं। वह ब्रह्म 'सच्चिदानन्द' है। वह 'सत' है अर्थात-अस्तित्व है।

वह चिद् अर्थात् ज्ञानमय चैतन्यमय-प्रकाशमय है। तथा आनन्द अर्थात् सत्य रूप-प्रेम स्वरूप-'सत्यं शिवम्-सुन्दरम'।

इस विश्व ब्रह्मंड का, निर्माण कर्त्ता संचालक और संहारक भी वही है। सूत्रधार और साक्षी भी वही है। हमारे शरीर-मन-वाणी-बुद्धि-विचार-प्राण सबका नियामक वही है। जीव भी वही है, प्रकृति भी वही है, ब्रह्म भी वही है। पुरुष भी वही है और पुरषोत्तम भी वही है।

यह सम्पूर्ण सृष्टि, ब्रह्म-ईश्वर की कृति नहीं, बस उसकी अभिव्यक्ति मात्र है। यह सारा फैलाव उसी का है। अस्तु सृष्टि में ईश्वर नहीं है, बल्कि यह सृष्टि ही ईश्वर है। आत्मा परमात्मा से भिन्न नहीं है। जीव और जगत में भिन्नता नहीं है। प्रकृति और पुरुष एक ही है। जड़-चेतन, उसी एक तत्व-परमात्मा-ब्रह्म की-विभिन्न अवस्थायें हैं।

1. शरीर और आत्मा जैसी दो चीजें नहीं हैं। आत्मा का जो छोर (किनारा) दृश्य हो गया, दिखाई देता है, वह शरीर है और जो अदृश्य है, जो छोर नहीं दिखाई देता है, वह आत्मा है। इसी प्रकार, प्रकृति और परमात्मा जैसा द्वन्द कहीं नहीं है। परमात्मा का जो हिस्सा दृश्य हो गया, दिखाई पड़ता है, वही प्रकृति है, सृष्टि है और जो हिस्सा अभी भी अदृश्य है-दिखाई नहीं पड़ता है-वह परमात्मा है-ब्रह्म है।

कहीं भी ऐसी जगह नहीं है, जहाँ प्रकृति खत्म होती है और परमात्मा शुरु होता है। बस फर्क सिर्फ इतना ही है कि प्रकृति में लीन लय होते ही साधना द्वारा-हमारा जीवन अर्थात जीव जब पूर्णता लीन हो जाता है, सम्पूर्ण लय की अवस्था प्राप्त हो जाती है, तो हमारे अंदर ही वह परमात्मा तत्त्व प्रकट हो जाता है। हमारा जीवन परमात्मा मय (ईश्वरमय जीवन-हरवक्त परमात्मा की याद) हो जाता है। वह परमात्मा बन जाता है। पुनः परमात्मा ही प्रकट-दृश्य होते-होते, प्रकृति बन जाता है। इस प्रकार परमात्मा (ब्रह्म) और प्रकृति, जड़ और चेतन, जीव और ब्रह्म का खेल निरन्तर चलता रहता है।

परम सन्त मौलान रुम (रूमी सूफी सन्त) फरमाते हैं-पूर्ण मनुष्य वह है जो परमात्मा के अधिक से अधिक निकट पहुँचा है। निकट आने पर यानि, अपने भीतर ईश्वरीय गुण (परमात्म तत्व) अधिकाधिक विकास कर लेने पर, प्रत्युत परमात्मा ही उसके भीतर समाहित-विलीन हो जाता है। तब वह परमात्मामय हो जाता है। आत्मसाक्षात्कार प्राप्त कर लेता है।

लेकिन यह उच्चतम अवस्था प्राप्त करना केवल सद्‌गुरूदेव की कृपा कटाक्ष से संभव है। सद्‌गुरूदेव जी कृपा से सर्वतोभावेन समर्पित साधक का जब अन्दर बाहर एक हो गया है, हृदय का आइना साफ हो जाता है तो पहले अनेकता (कसरत) का पर्दा रहता है और एकत्व (वहदत) का उदय-प्रकटीकरण होता है। फिर एकत्व भी अपने आप मिट जाता है। तब साधक-शिष्य को अपने निज स्वरूप का बोध होता है। ज्ञायता-ज्ञान-ज्ञेय की त्रिपुटी मिट जाती है। एक विलक्षण दशा की प्राप्ति होती है, जो अवर्णनीय है। इस प्रक्रिया को एकत्व में लीनता एवं तत्व में लीनता कहा जाता है। लेकिन यह स्थिति, यह

ज्ञान, यह अनुभव साधक द्वारा-स्वयं साध्य नहीं है, बल्कि गुरु कृपा दृष्टि ही साधक को उस उच्च अवस्था तक पहुँचाती है। कहा गया है-

यह गुन साधन ते नहीं होई। तुम्हरी कृपा पाव कोई कोई॥
जो गुरु कृपा करहि मन मांहि। शिष्य निहाल होय क्षण मांहि॥
सोइ जानत जेहि देहू जनाई। जानत तुम्हहि तुमहि होइ जाई॥
तुम्हरि कृपा तुमहि रघुनन्दन। जानही भक्त, भगत उर चन्दन।
गुरु चरन रेणु सिर धरहि। ते जनु सकल विभव बस करहि।
मोहि यही सम अनुभव न दूजे। सब पावहि पद रावरी पूजे॥

2. सत्य (यथार्थ) की पहचान-ओशो के विचारः

यदि व्यर्थ-(असत्य), व्यर्थ की तरह दिखाई पड़ जाये, तो सार्थक (सत्य-सार्थक)-सार्थक की तरह देखना सुगम हो जाता है। व्यर्थ को हम जब तक सार्थक मानते रहेंगे, तब तक सार्थक को देखने और मानने में अड़चन होती है। झूठ को यदि सच माना है, जीवन भर, तो एकाएक सच सामने खड़ा हो जाय, तो बेचैनी होती है, क्योंकि जिसे हमने सच माना है, वह झूठ होने लगता है।

यदि कोई व्यक्ति तीस-चालीस साल तक, एक मान्यता को पकड़े रहा, उसको पोषित करने में अपना तन-मन-धन-समय सभी लगाया है, तो उसमें उसका न्यस्त-स्वार्थ हो जाता है। अचानक कोई ऐसी बात सुनाई देती है या अनुभव होता है कि तीस-चालीस वर्षों तक, जिस बात को मानता रहा, पकड़े रहा, वह गलत असत्य है, व्यर्थ है, तो बड़ी हिम्मत चाहिए, इस बात को स्वीकार करने में कि मेरे तीस-चालीस साल बेकार हो गये।

इतनी लम्बी अवधि में मान्यतायें, आदतें, स्वीकृतियाँ इतनी प्रौढ़ हो जाती हैं (पक जाती हैं) कि-इसे स्वीकार करने में कठिनाई होती है, काफी अड़चनें आकर उपस्थित हो जाती हैं। आदमी अपनी इस मूढ़ता को स्वीकार नहीं कर पाता है और बहुत-से बहाने खोज कर, बना कर इसकी रक्षा करने की कोशिश करता है।

जीवन में सार्थक की पहचान, सत्य की पहचान तब होती है, जब उसके जीवन में एक महान क्रांति आती है। वह क्रांति तब आती है, जब उसके जीवन में-सद्‌गुरु का आगमन होता है। सद्‌गुरु द्वारा प्रदत्त ज्ञान की अग्नि में, सारी झूठी मान्यतायें, व्यर्थ की बातें, असत्य का आडम्बर, जल के स्वाहा हो जाता है। शर्त है कि सद्‌गुरु द्वारा प्रदत्त साधना में गहरा उतरना पड़ता है। अपना सर्वस्व न्यौछावर-अर्पित कर देना होता है। कुछ भी अपना अहं नहीं रखना होता है। कहा गया है–

जिन ढूँढ़ा तिन पाइया, गहरे पानी पैठ।
जो बौरा डूबन डरा, रहा किनारे बैठ॥

३. जीवन में आनन्द की प्राप्ति-के० कृष्ण मूर्ति

जीवन जीने की सरल शैली है कि जीवन की छोटी–छोटी चीजों में आनन्द का अनुभव करना। जब छोटी–छोटी चीजों में आनन्द का अनुभव होने लगेगा यह आसान हो जायेगा। दुनिया के छोटे–छोटे आनन्दों को इकट्ठा करके जोड़ करके ही बड़े आनन्द को पाया जा सकता है और जीवन आनन्दमय बन जायेगा।

जैसे–कपड़ा पहनना, भोजन करना, स्नान करना, रास्ते पर चलना,, चाँद को देखना, बाग में खिले हुए फूल को देखना इत्यादि छोटी बातें हैं, लेकिन साधक को यदि आनन्द की ही साधना करनी है, तो उसे हर छोटी–छोटी बातों से ही आनन्द उठाना होगा। आनन्द की अनुभूति प्राप्त करनी होगी। यह बड़े आनन्द प्राप्त करने की पूर्व भूमिका है।

यदि इस जीवन में किसी भी व्यक्ति को कहीं भी आनन्द नहीं है, तो यह सिर्फ कहने का ही जीवन है। वास्तव में वह मृतक की ही तरह है। उसके जीवन में अमृत नहीं है। इस आनन्द रुपी अमृत का अनुभव कर लेना ही जीवन की उपादेयता है। जिसके जीवन में आनन्द नहीं है, वह धीरे–धीरे मरता जाता है।

यह आनन्द रुपी अमृत की प्राप्ति होती है, इस विराट–जगत समस्त संसार के प्रति प्रेम करने से। प्रेम को फैलाना होगा। इसकी परिधि का विस्तार

करना होगा। चारों तरफ फैलाना होगा। प्रकृति-सृष्टि की प्रत्येक वस्तु से प्रेम करना होगा। प्रकृति परमात्मा की ही सजीव व चैतन्य अभिव्यक्ति है। जीवन में प्रेम सुवासित होना चाहिए।

ध्यान के सुमन विकसित करने के लिए, समाधि का सहस्त्रदल कमल को प्रस्फुटित करने के लिए यही आधार भूमि है। ध्यान की ठोस भूमि आनन्द की दिव्य अनुभूति, पर ही प्रेम का रंग महल निर्मित होता है। समाधि का सहस्त्रदल कमल खिलता है, क्योंकि प्रेम ईश्वर का स्वरूप है। प्रेम ही ईश्वर है। जो इस सृष्टि से प्रेम करता है, उसकी प्रत्येक वस्तुओं और व्यक्तियों को देखकर आनन्दित होता है, वही व्यक्ति ईश्वर से प्रेम कर सकता है, क्योंकि परमात्मा-सत् चित आनन्द-सच्चिदानन्द है। एक-एक ईंट जोड़कर भव्य महल का निर्माण होता है। अस्तु सृष्टि के सभी वस्तुओं को, व्यक्तियों को देखकर आनंदित होना और उनसे प्रेम करना ही ईश्वर से प्रेम का परिचायक है, आज की पूजा है, उसकी भक्ति, यही उसके प्रति प्रार्थना है।

यही है वह बड़ा सूत्र-बहुमूल्य निर्देश, जिससे हमारा जीवन आनंदित हो सकता है। हम आनन्दमय जीवन जी सकते हैं। तथास्तु-

4. स्वामी विवेकानन्द का विचार-

प्रत्येक आत्मा (जीवात्मा) अव्यक्त ब्रह्म है। बाह्य एवं अन्तः प्रकृति को वशीभूत करके आत्मा के इस ब्रह्मभाव को व्यक्त करना ही मानव जीवन का चरम लक्ष्य है।

हम, कर्म-उपासना-भक्ति-ज्ञान-इनमें से एक या सभी उपायों का सहारा लेकर हम अपना ब्रह्मभाव व्यक्त करें और मुक्त हो जायें।

यही सभी धर्मों का सार-सर्वस्व है। मत-संप्रदाय-अनुष्ठान मंदिर मस्जिद-इत्यादि बाह्य क्रिया कलाप (कर्मकान्ड) हैं। ये सब इसके गौण ब्यौरे मात्र हैं।

दुख हरन चौधरी,

लेखक का जीवन परिचय

डॉ. अक्षयबर सिंह का जन्म ग्राम व पोस्ट बभनगवाँ, जिला सुल्तानपुर (उत्तर प्रदेश), 1 जुलाई 1943 को एक आध्यात्मिक परिवेश के कृषक परिवार में हुआ। शिक्षा स्थानीय ग्रामीण स्कूल सरैया मझौवा से प्रारंभ हो सुल्तानपुर, इलाहाबाद, आई.आई.टी खड़गपुर व विधानचंद कृषि विश्वविद्यालय कल्याणी (पश्चिम बंगाल) से हुई। डॉ. सिंह का सेवाकाल उत्तर प्रदेश सरकार के कृषि विभाग में वर्ष 1968 से राजपत्रित अधिकारी के पद से प्रारंभ हुआ। आप ने वर्ष 1970 से भारतीय कृषि अनुसंधान परिषद के रिसर्च संस्थानों (Central Soil and Water Conservation, Research and Training Institute, Dehradun, ICAR Research Complex for North Eastern Region, Shillong and IndianAgricultural Research Institute, New Delhi) में वैज्ञानिक के पद पर कार्य करते हुए 2003 में भारतीय कृषि अनुसंधान संस्थान, नई दिल्ली के 'जल तकनीकी केंद्र' प्रोफेसर के पद से सेवानिवृत्त हुए। कार्यकाल के दौरान आपको चार राष्ट्रीय स्तर के एवार्ड एवं नार्थ ईस्ट में किए गए कार्य (प्राकृतिक संसाधन प्रबंधन) पर लाइफ टाइम अचीवमेंट अवार्ड मिले। आपका संपर्क 1979 में गृहस्थ हिन्दू सूफी संत महात्मा श्री यशपाल जी (भाई साहब) महाराज से हुआ और तब से इस विषय में अनुभव आधारित, व्यवहारिक आध्यात्मिक ज्ञान का संकलन, विश्लेषण तथा शोध करते रहे। सूफी संतों का मानना रहा है कि मानव समस्या का मूल कारण है जीवन में राम नाम (ध्यान/चित्त की एकाग्रता) की कमी हो जाना। डॉ. सिंह की इस बात में पूर्ण आस्था बनी, जो आपके संकलनों में दिखती है। यह आपके आध्यात्मिक जागृति श्रृंखला की 10 वीं पुस्तक है। अध्यात्म ज्ञान के

व्यावहारिक पक्ष से संबंधित विभिन्न प्रकार के आपके लेख भी प्रकाशित हो चुके हैं। आप महात्मा यशपाल जी द्वारा प्रतिपादित 'आनंद योग' के साधक रहे हैं जिसमें गृहस्थ में रहते हुए दुनिया के काम धर्मानुकूल करते हुए दिन के 24 घण्टे ध्यान में रहने की साधना का प्रावधान है। आनन्द योग साधना पद्धति में कबीर दर्शन की छाप दिखती है, जो एक सरल एवं व्यवहारिक रूप में अपनाई गई है व विकसित हो रही है।

आध्यात्मिक जागृति सेवा केंद्र

3340/1, विवेकनगर, सुल्तानपुर

उत्तर प्रदेश 228001 Phone-9811814235

आध्यात्मिक क्रांति के बढ़ते कदम

इस पुस्तक में महात्मा यशपाल जी 'गृहस्थ जीवन में अध्यात्म' प्रयोगों का संक्षिप्त विवरण तथा साधन पद्धति के कुछ गृहस्थ साधकों के जीवन यात्रा के अनुभवों का संकलन है, जिसे लेखक ने अध्यात्म विकास में एक क्रांति माना है। एक साधक अपने अनुभव से 'आनन्द योग' साधन-पद्धति पर लिखते है "आनन्द-योग, आनन्दपूर्वक जीवन जीने की शिक्षा देता है। हमारा जीवन योग-युक्त होकर कैसे दिनचर्या के सभी कामों में आनन्द का अनुभव करे तथा कर्म बोझ न बन सकें। ऐसी जीवन पद्धति का नाम 'आनन्द-योग है', जीवन में कैसे विषय वासनाओं के आनन्द को शुद्ध आनन्द में बदला जाय, इसी सुलभ, सरल, सहज पद्धति का नाम है आनन्द-योग। हम स्वान्तः सुखाय के लिए जो काम करते हैं वह भी आनन्द योग हैं।

"आवश्यकता है शोध, चिन्तन तथा मानव मन की समझ बढ़ाने की"।

लेखक का मानना है कि पाठक बन्धु इस पुस्तक से अपनी जीवन यात्रा के अनुभवों का सकारात्मक विश्लेषण करते हुए लाभान्वित होंगें।